人形浄瑠璃の「近代」が始まったころ

観客からのアプローチ

海老根 剛

和泉書院

1　大阪御霊文楽座図（『風俗画報』207号、明治34年）

2　四ツ橋文楽座　外観（『文楽座建築概要』昭和4年）

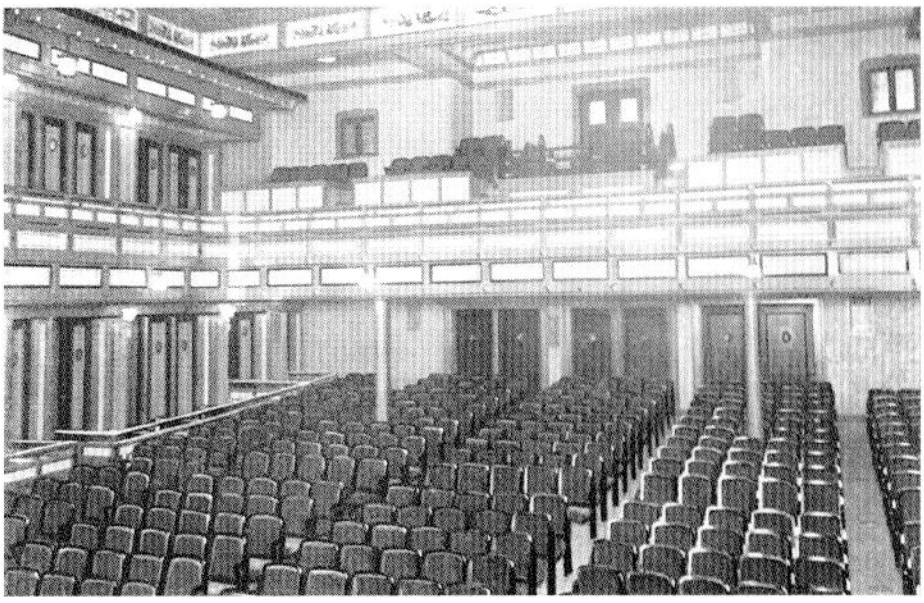

3　四ツ橋文楽座　観客席（同上）

4　俊成記念初春興行プログラム表紙
（昭和５年）

5　二月興行プログラム表紙
（昭和５年）

梅花の馨り一段とよろしき候、いよ〳〵御清穆に被為遊恐悦申上ます。偖て、當文樂座の竣成記念初春興行は絶大の好評を賜はり空前の滿員記録を創つて、その盛況を二月へも打越し得たるは偏に御贔負の御餘光と厚く[illegible]上ます。つきましては當二月興行は引續き[illegible]狂言の儀も亦たとなき名狂言[illegible]淨瑠璃中の傑作を並べ、太夫[illegible]人形の名匠連を網羅して、各獨自の藝境[illegible]大節會興行より以上の盛況[illegible]得られます様、御後援のほどお願ひ申上ます。

昭和五年二月

四ツ橋
文樂座

昭和五年二月七日初日
初日より二日目まで午後一時卅分開演
三日目より午後三時卅分開演

二日目よりの
・御觀劇料・
一等お座席　御一名――金三圓五十錢
一等椅子席　御一名――金三圓
二等席　御一名――金一圓五十錢
三等席　御一名――金八十錢

一等お座席
一等椅子席は五日前より
前賣切符發賣致居候
前賣切符專用電話　南四七一一番
電話南　七四〇八番
　　　　三七八八番

お草履の準備は御座ゐますが、靴、草履はそのまゝ御入場出來ますからなるべく靴、草履でお越しを願ひます。

6　二月興行プログラム挨拶文
（昭和５年）

7　四月興行プログラム表紙
（昭和５年）

8　五月興行プログラム表紙
（昭和５年）

9　六月興行プログラム表紙
（昭和５年）

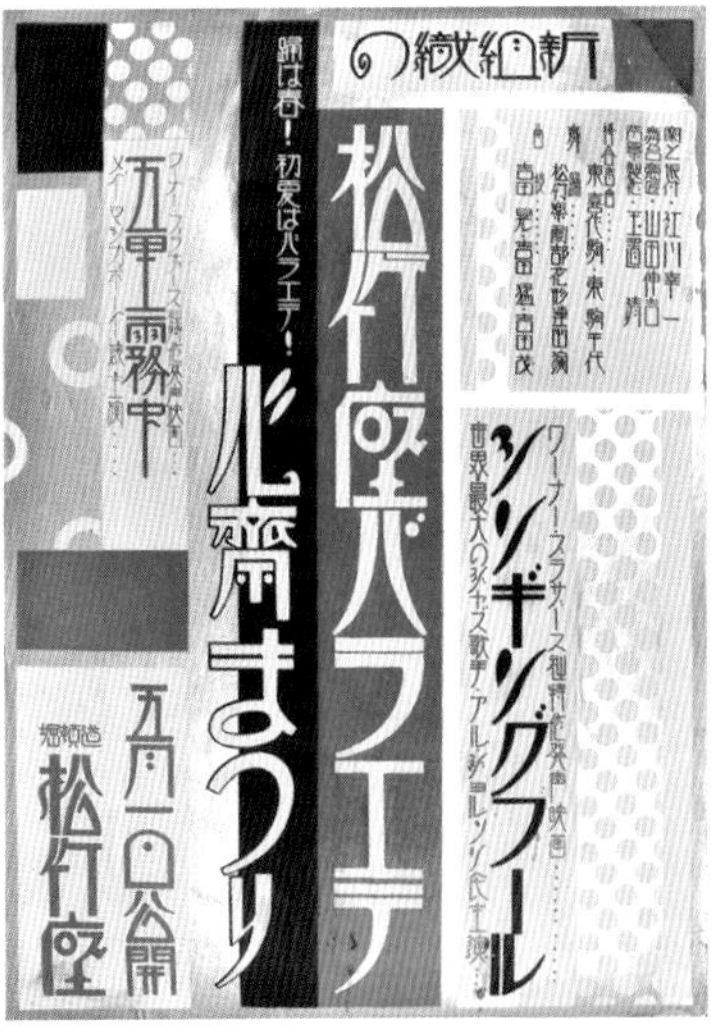

10　松竹座ポスター
（昭和５年）

11　七月興行プログラム表紙
（昭和５年）

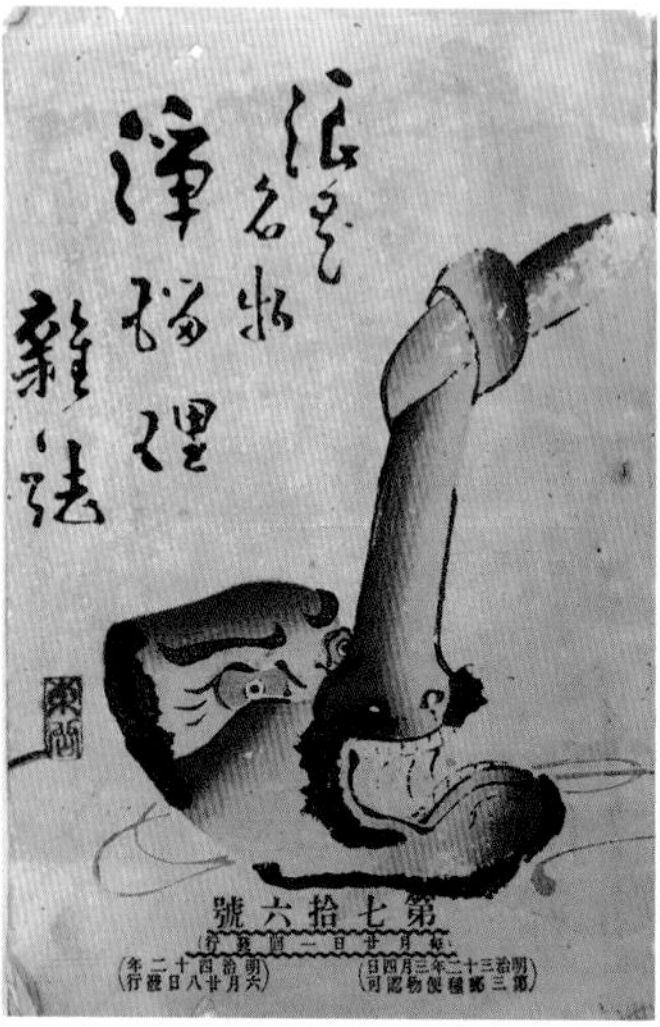

12 『浄瑠璃雑誌』表紙
（第76号、明治42年）

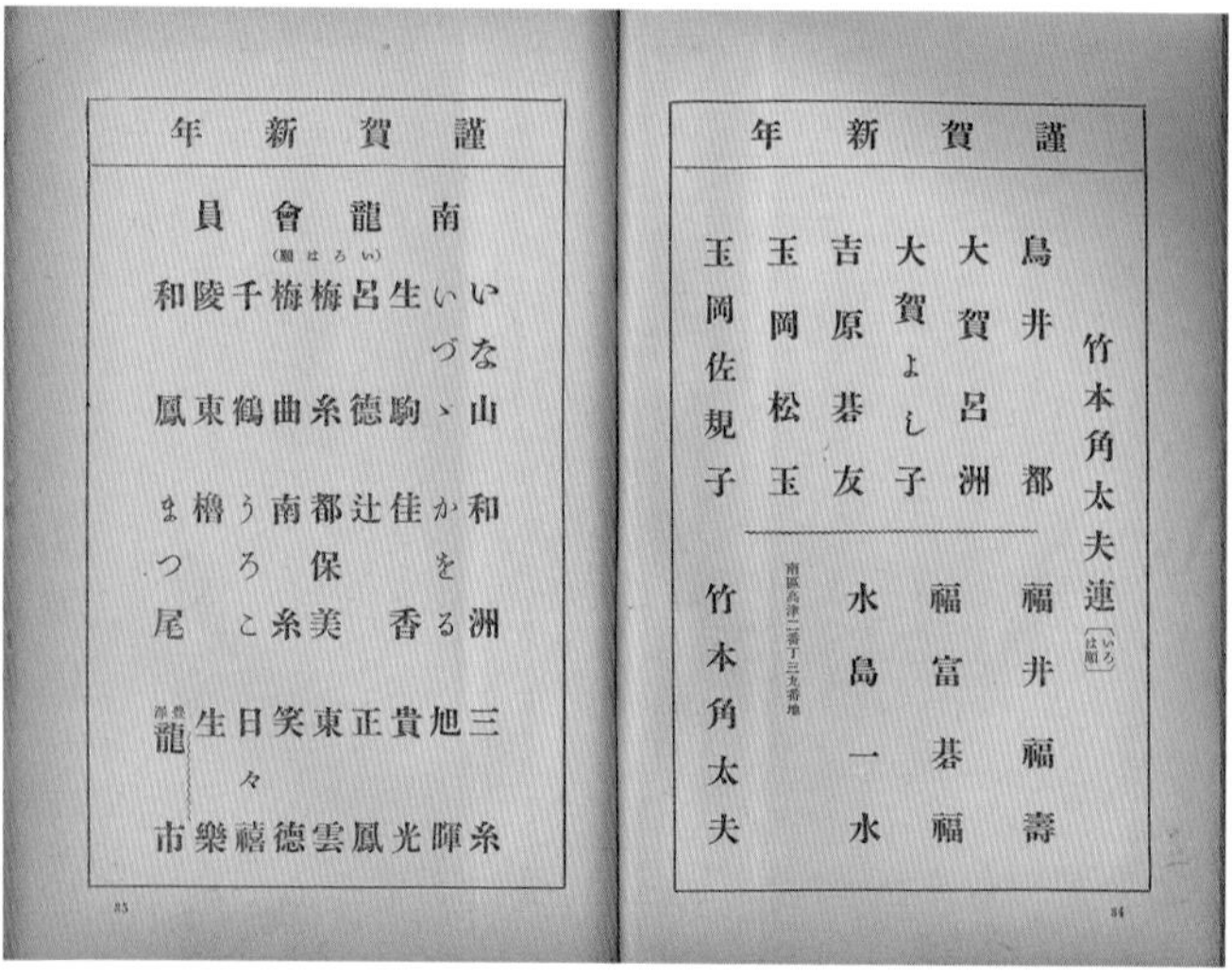

謹賀新年

竹本角太夫連（いろは順）

鳥井都
大賀呂洲
大賀よし子
吉原碁友
玉岡松玉
玉岡佐規子

福井福壽
福富碁福
水島一水

南區高津一番丁三九番地
竹本角太夫

84

謹賀新年

南龍會員（いろは順）

いな山
いづゝ
生駒
呂徳
梅糸
梅曲
千鶴
陵東
和鳳

和洲
かをる
佳香
辻
都保美
南糸
うろこ
櫓
まつ尾

三糸
旭暉
貴光
正鳳
東雲
笑徳
日々禧
生樂
豊澤龍市

83

13 新年挨拶（『浄瑠璃雑誌』298号、昭和6年）

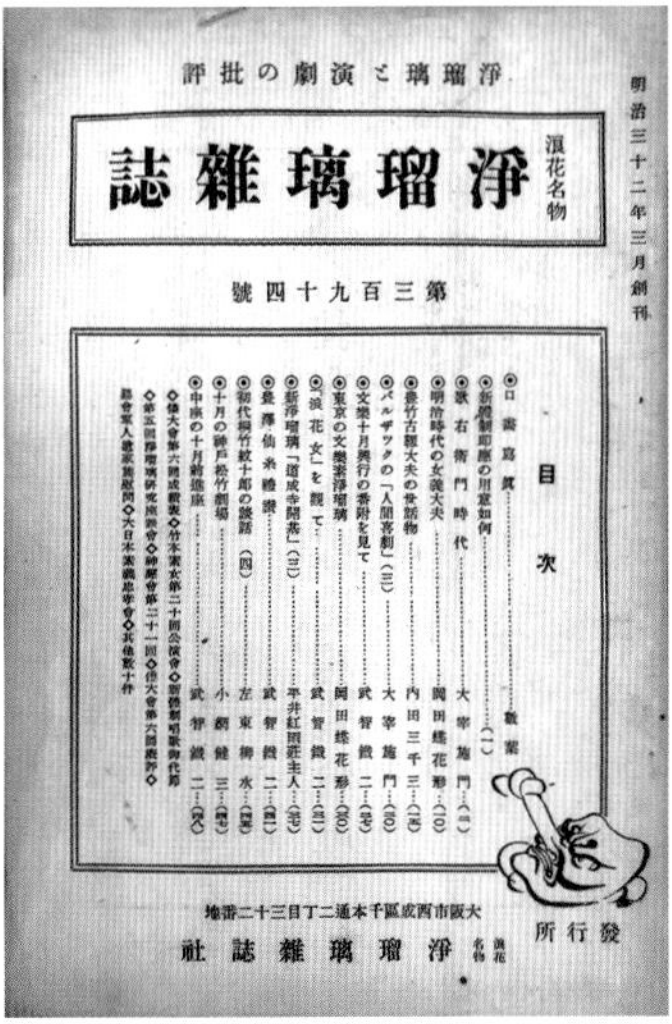

14 『浄瑠璃雑誌』表紙
（394号、昭和15年）

15 『浄瑠璃雑誌』表紙
（401号、昭和16年）

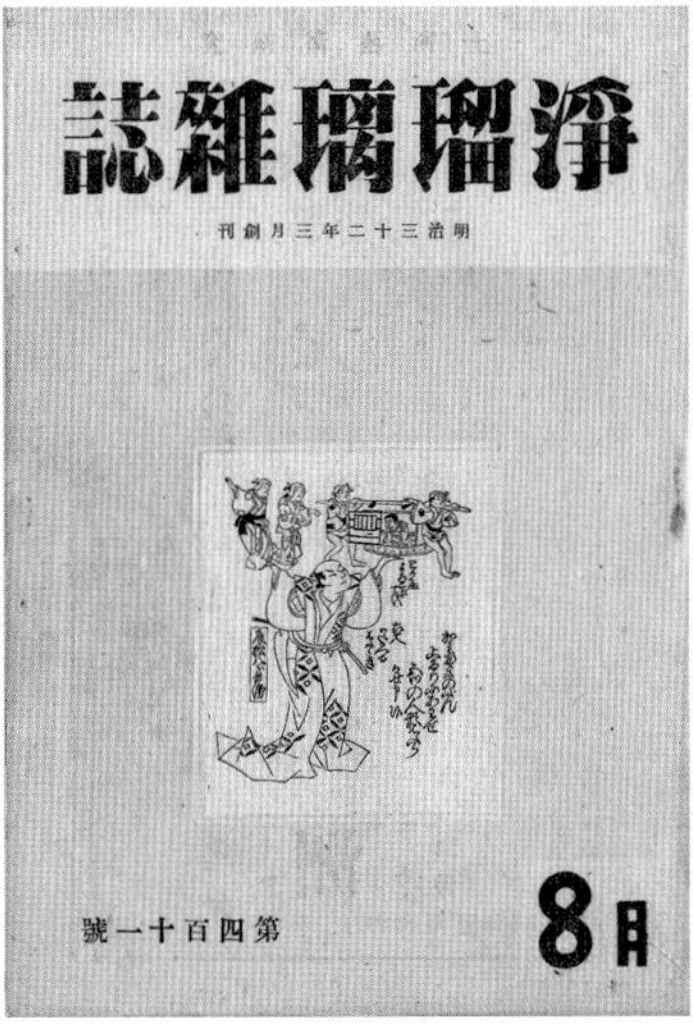

16 『浄瑠璃雑誌』表紙
（411号、昭和17年）

■口絵図版出典

1 大阪御霊文楽座図（『風俗画報』二〇七号、明治三十四年、個人蔵）
2 四ツ橋文楽座 外観（『文楽座建築概要』、昭和四年、個人蔵）
3 四ツ橋文楽座 観客席（『文楽座建築概要』、昭和四年、個人蔵）
4 俊成記念初春興行プログラム表紙（昭和五年、国立劇場所蔵資料）
5 二月興行プログラム表紙（昭和五年、国立劇場所蔵資料）
6 二月興行プログラム挨拶文（昭和五年、国立劇場所蔵資料）
7 四月興行プログラム表紙（昭和五年、国立劇場所蔵資料）
8 五月興行プログラム表紙（昭和五年、国立劇場所蔵資料）
9 六月興行プログラム表紙（昭和五年、国立劇場所蔵資料）
10 松竹座ポスター（昭和五年、関西大学図書館所蔵資料）
11 七月興行プログラム表紙（昭和五年、国立劇場所蔵資料）
12 『浄瑠璃雑誌』表紙（七六号、明治四十二年、個人蔵）
13 新年挨拶（『浄瑠璃雑誌』二九八号、昭和六年、大阪公立大学図書館所蔵資料）
14 『浄瑠璃雑誌』表紙（三九四号、昭和十五年、京都府立京都学・歴彩館所蔵資料）
15 『浄瑠璃雑誌』表紙（四〇一号、昭和十六年、京都府立京都学・歴彩館所蔵資料）
16 『浄瑠璃雑誌』表紙（四一一号、昭和十七年、大阪公立大学図書館所蔵資料）

目次

凡例

一、資料の引用に際しては、原則として、旧仮名遣いを現代仮名遣いに改め、必要に応じて句読点を補っている。ただし、作品名の表記や議論の必要上、旧仮名遣いを残した個所もある。
一、引用資料のルビや圏点は基本的に省略しているが、読みやすさを考慮してルビを残したり、補ったりした個所がある。
一、引用中の（中略）は引用者による省略を、〔　〕は引用者による補記を示す。
一、本書で引用した表現には、一部、今日から見れば人権上不適切なものも含まれるが、書かれた時代背景と作品的価値を考慮し、そのままとした。

序章　観客から考える

本書のテーマ

本書の主題は、今日一般に「文楽」と呼ばれる人形浄瑠璃の「近代」の始まりを、「観客」という観点からとらえ直すことである。明治期以降の人形浄瑠璃の歴史については、すでに着実な研究成果の蓄積が存在するが、それらの研究は主に演者・興行者の側に立つ視点からなされてきた。演者の世代交代と芸の継承、上演演目の変化、劇場立地と興行主体の変遷、時代の変化に適応するための興行政策上の改革といった点に注目して、近代社会における人形浄瑠璃の歩みが論じられてきたのである。(1)それに対して、演者や興行主ではなく、劇場で人形浄瑠璃の舞台を体験していた観客たちに焦点を合わせた研究は、いまだ十分になされているとは言いがたい。(2)こうした方面に関する研究の少なさは、観客史の方法論にもとづく研究成果の刊行が相次いでいる映画研究や、観客の観劇体験、贔屓《ひいき》の活動などに注目するアプローチが試みられてきた歌舞伎研究とは対照的だと言えるだろう。(3)本書では、それら他分野の観客史研究の成果も視野に収めつつ、昭和初年に人形浄瑠璃の劇場に現れた新しい観客たちに注目し、人形浄瑠璃の「近代」に従来とは異なる角度から光を当てることを試みてみたい。

観客という観点に立つとき、人形浄瑠璃の「近代」とは、さしあたり、現在の私たちにとっていまだ自明であるような人形浄瑠璃の舞台との向き合い方が成立した時代だと定義することができる。

現在、私たちが人形浄瑠璃について語るとき、自明の前提になっているのは、それが能・狂言や歌舞伎とならぶ「古典芸能」のひとつだということである。観客の側から見て、「古典芸能」に分類される表現を、映画やテレビアニメやマンガやゲームといった現代の表現から区別するものは何だろうか。それは、後者がさしたる予備知識もなしに誰もが楽しめるものとしてあるのに対して、前者は楽しむために特別な予備知識を必要とする（と信じられている）ことである。私たちが映画やテレビアニメやマンガやゲームを楽しむのに予備知識を必要としない（ように思える）のは、幼少のころからそれらの表現に触れ、慣れ親しんでいるために、物心つくころにはそうした表現への接し方に習熟してしまっているからである。それに対して、現代社会を生きる人々の大多数にとって、人形浄瑠璃は、それを味わい楽しむために特別な予備知識を必要とする（ように思える）表現として存在している。多くの人々にとって、人形浄瑠璃の舞台は普通に生活していれば自然と出会うものではなく、すっかり物心がついた後に、何らかのきっかけで興味を抱き、意識的に接近を試みる対象になっている。そのきっかけは、古典芸能ファンの友人の誘いかもしれないし、文楽の芸を紹介する新聞・雑誌の記事やテレビ番組かもしれない。また学校や劇場が主催する鑑賞教室で人形浄瑠璃と出会うこともあるだろう。そうした機会に人形浄瑠璃に触れて興味をもった人々は、入門書を読んだり演者や専門家の話を聞いたりして必要な予備知識を蓄えながら劇場に通い始める。しかしながら、社会全体としてみるならば、そうした人々は少数派である。人形浄瑠璃に触れるきっかけを持たぬまま暮らしている人々や、きっかけがあっても特別な予備知識を要求する（ように思われる）芸のあり方に煩わしさを感じて遠ざかる人々の方が数としては圧倒的に多い。そういうわけで、人形浄瑠璃は、少数の熱心な愛好者を持ちながらも、分厚い無関心の壁に取り囲まれているのというのが実情である。

本書で素描してみたいのは、いわば現在の私たちにまで繋がる人形浄瑠璃のこうしたあり方の「始まり」の光景である。いつごろ、どのようにして人形浄瑠璃は民衆的な娯楽であることをやめ、特別な予備知識を要求する（ように思える）舞台表現になったのか。そしてそれは人形浄瑠璃にとって、いかなる意味を持つ出来事だったのか。本書ではこの問いについて考えてみたい。これは観客という観点から人形浄瑠璃の歴史にアプローチするときにのみ、明らかにすることのできる問いである。というのも、ここで問題になっているのは、手摺《てすり》舞台と床《ゆか》で演じられる芸の内実の変化である以上に、その芸を見つめ、それに耳を傾ける観客の側に生じた変化であるからだ。物心つくころには義太夫節の節回しや太棹《ふとざお》三味線の響きに親しみ、ごく自然に人形芝居を楽しむすべを心得ていた観客が徐々にその数を減らしてゆき、それに代わって特別な予備知識を必要とする（ように思える）舞台芸術として人形浄瑠璃と出会い、そのようなものとして上演に立ち会う観客が登場してきたのである。本書はこの「新しい観客たち」の登場に注目し、彼らがどのように人形浄瑠璃の舞台に向き合ったのかを考察する。

昭和五年一月の「事件」

　従来の人形浄瑠璃の愛好者とはタイプの異なる新しい観客たちの登場については、数多くの証言が残されている。というのも、それは興行主にとっても、演者にとっても、そしておそらくは当の観客自身にとっても、想定外の出来事だったからである。それはひとつの「事件」だったと言ってよい。昭和五年一月、大阪市南区（現在、中央区）佐野屋橋南詰に四ツ橋文楽座が開場した。するとそれまで閑古鳥が鳴いていた文楽座の劇場に、突如、大量の観客が押し寄せたのである。ここではその現場に居合わせた人々の証言を四つ参照してみよう。

　当時すでに四代目吉田文五郎とならんで文楽座の人形遣いの中心的存在であった初代吉田栄三《えいざ》は、昭和十三年に出版された『自伝』のなかで次のように回想している。

　昭和五年の一月元旦に、新文楽の初日は開きましたが、その勢《いきおい》といったらとても凄いもので、毎日補助椅子の出るのは勿論、前売のお客様にも帰って頂かねばならず、誰一人として予想しなかった三十四日間という、大掾さん引退興行以来の大入続きで打った為、二月へかゝり、二月興行は七日が初日でしたから、一日も休まずして、直ぐ次の拵えに掛からねばならず、こんな状態が七月まで続きましたから、我々は、正月から七月まで、楽屋へ足を踏み入れない日はなく、芝居は、十二月まで一月も休みなしに打ちましたので、この年の打った日数は三百幾日で、こんな事は、私の五十余年間の舞台生活の中に、後にも先にも全くなく、この年限りでした。会社も、こんなになるとは想像して居なかったらしく、二月頃に、築地小劇場とかの一座が懸かる咄《はなし》が

あったとの事でしたが、（中略）そんな話は蹴飛ばしてしまって、五月まで当たり祝いの続出で打ちました。(4)

一方、三味線弾きの豊澤猿糸《えんし》（後の七代目広助）は、昭和五年二月号の『道頓堀』の特集記事のなかで、新しい文楽座の客層が変化したことに触れ、歓迎の意を表している。

次にお客様が従来の如き御老人が僅少で若い方が大変殖えた事で是迄とは正反対の有様、全く大衆的に成った事を心から悦んで居ります。最近開始せられたマチネーの如き実に悦ばしい現象で、青年の男女学生達に古典芸術の真髄を普及せらるゝ、当事者の方々と松竹会社々長始め御一同の御努力を厚く謝したいと思うて居ります。(5)

ここでマチネーと呼ばれているのは学生を対象として日曜日に開催された鑑賞教室のことである。同様に劇評家の高谷伸も客層の変化に注目して同年四月号の『道頓堀』に次のように書いている。

新築後の文楽座の興行成績は実にすばらしいものらしい。以前の悲観時代とは隔世の感がある。観客の種類も変った。興行方針も変った。

以前は限られた浄瑠璃愛好者だけであったと見られたが、今では浄瑠璃を、これまた知るも知らぬもである。(6)

新しい観客たちの多くは、旧来の観客とは異なり、浄瑠璃に馴染のない、したがって予備知識を必要とする観客たちだったというのである。では最後に、当時まさしく若い観客のひとり（高校生）であった吉永孝雄の回想も引いておこう。吉永が人形浄瑠璃の舞台を見始めたのは四ツ橋文楽座だったという。

四ツ橋文楽座というのは、それまでの御霊さんなんかとは全然違う建て方なんですよ。収容人数は八五〇人、桟敷もあれば、御霊さんにはなかった椅子席もあって、照明装置もちゃんとしていた。（中略）小さな劇場で、後ろにいてもちゃんと人形が見えて、やる方も当時張り切っていたでしょう、だから非常に楽しい芝居で、いつでも満員でしたわ。この年は一年三〇四日も興行したんですよ。僕も喜んで行き出して、非常に好きになって、兄には怒られても、家庭教師もやりまして、内緒でできるだけ行ったんですね。(7)

文楽座の面々が張り切っていたのは、新しい劇場で満員の観客に迎えられたのだから当然であるが、そこにはまた、大正末期から深刻な興行不振に陥っていた文楽座の危機的状況に、思いがけず変化が訪れたという事情もあっただろう。とりわけ大正十五年十一月に御霊《ごりょう》文楽座が火事で焼け落ち、根城を失った一座が道頓堀の弁天座で興行していた数年間は、最初の二ヶ月を除いて極度の不入りに見舞われていた。

この不入りについても多くの証言が残されている。たとえば三宅周太郎は、昭和三年に弁天座での興行の惨状を嘆いて次のように書いている。

それが、時として一日の入りが六十人位で、文楽座の座方が百四十人いるのに対して、その半分にすぎぬ日がある時さえあると云うではないか。これは決して文楽が悪いのでない。興行者松竹の罪ではない。却って、大大阪の夥しい人口の中で、何十人より文楽に行かぬなどと云う大阪市

民の方に罪があると思うのである。(8)

弁天座の収容定員は千人程度であったから、どれほど客席が閑散としていたか想像してみてほしい。演者の証言も引いておこう。当時はまだ文字太夫を名乗っていた六代目竹本住太夫《すみたゆう》は、『文楽浄瑠璃物語』（昭和十八年）のなかで、弁天座での興行を最も苦しかった一時期として回想している。

だがこの仮宅《かりたく》興行の侘びしさ苦しさは、今から思っても、まことにみじめだったと思います。それは興行上の不成績――ガラあきつゞきの不入りであったばかりでなく、出演する者にとっては、その不入りに対して気が滅入ってしまい、前途暗澹とでもいうような苦しい沈淪時代であったからであります。(9)

四ツ橋文楽座開場直前のこうした状況を思い返すならば、昭和五年一月の俊成記念初春興行とともに起こった状況の劇的な変化と新しい観客たちの唐突な出現がもたらした衝撃を、ありありと思い浮かべることができるだろう。

新しい観客たちの登場は一過性の現象だったのか？

しかしながら、大正・昭和の人形浄瑠璃を論じた従来の研究では、この出来事はとりたてて考察するに値しないものとみなされてきた。要するにそれは、劇場の新しさと人形芝居の物珍しさに起因する一時的かつ表面的な現象であり、近代における人形浄瑠璃の凋落という大きな流れのなかの取るに足りないエピソードにすぎないと考えられてきたのである。(10)

しかし、四ツ橋文楽座の開場とともに生じた新しい観客の出現は、本当に一過性の現象だったのだろうか。

少なくとも当時の数字と劇評を見る限り、いっとき話題になった後に、ただちに弁天座時代の状況に舞い戻るといったことは起こっていないようにみえる。昭和五年の文楽座の興行日数と観客動員数については複数の異なる数字が存在しており、厳密に検証するのは困難だが、たとえば倉田喜弘は『文楽の歴史』のなかで、昭和五年には「十五万九千人」であった観客数が翌年には「七、八万人」に落ち込んだと書いている(11)。たしかにこれだけを見ると劇的な減少にみえるが、実際には興行日数も大幅に減っており、実情に迫るには一公演当たりの観客数で比較してみる必要がある。『義太夫年表』にもとづいて四ツ橋文楽座の興行日数を数えてみると、昭和五年は三〇三日、昭和六年は二四四日である(12)。したがって、昭和六年の観客動員数を八万人と仮定して計算すると、公演一回あたりの入場者数は昭和五年が五二五人、昭和六年が三二八人となる。確かに減少してはいるものの、三宅周太郎や六代目住太夫が報告していたような弁天座時代の惨状とは比較にならない（四ツ橋文楽座の収容定員は約八五〇人）。むしろ昭和五年後半から昭和八年にかけて、興行界全体が昭和恐慌のあおりを受けて深刻な不振に見舞われており、松竹全体の興行収益も大幅に落ち込んでいたことを考慮するなら、健闘しているとすら言えるかもしれない(13)。じっさい、四ツ橋文楽座の興行ごとに掲載されていた『浄瑠璃雑誌』の劇評を通覧しても、不況の影響で文楽座の成績が悪くなっているという記事が出始めるのは昭和七年も押し迫ってからであり、それまでは相応の入りがあったようである(14)。

これらの点を考慮すると、昭和五年に四ツ橋文楽座に現れた新しい観客たちのなかには、そこで人形浄瑠璃の魅力を発見し、その後も劇場に足を運んだ人々が一定数存在したと考えるのが妥当だろう。そして、さきほど引用した吉永孝雄がその実例であるように、そうした観客たちの中から、新しい世代の批評家や研究者が登場してきたのである。だとするなら、新しい観客たちの登場はただちに雲散霧消した一過性の現象などではなく、人形浄瑠璃をめぐる言説の歴史に少なからぬ影響を及ぼした出来事だったことになる。

そのさい特に注目に値するのは、これら新しい観客たちの登場が、世間一般に人形浄瑠璃が「古典芸術」と呼ばれるようになる時期と重なっていることである。「古典芸術」という言葉は、もともとは主に西洋の文芸・美術と能楽に限定して用いられていたが、大正後期から徐々に人形浄瑠璃に対しても用いられるようになり、四ツ橋文楽座が開場する昭和五年ころまでに人形浄瑠璃を形容する言葉として急速に一般化した（ちなみに「古典芸能」という言葉が使われ始めるのは一九四〇年代になってからである）。こうした趨勢のなかで昭和四年に批評家の石割松太郎は、古典芸術の特徴はその鑑賞に特別な予備知識を必要とする点にあると述べたのだった(15)。だとするなら、四ツ橋文楽座に詰めかけた新しい観客たちは、大阪において人形浄瑠璃の舞台を「古典芸術」として鑑賞した最初の観客たちだったと言えるのではないだろうか。この点については、第二章と第三章で詳しく検討する。

大正・昭和の人形浄瑠璃を扱う従来の研究が四ツ橋文楽座における新しい観客たちの登場に注意を払ってこなかったのは、そうした研究があくまでも演者とその芸を中心に据えてきたからである。

じっさい、演者の世代交代と芸の継承に注目するなら、四ツ橋文楽座の開場よりも、大正十三年の三代目竹本越路《こしじ》太夫、六代目豊澤広助（名庭絃阿弥《なにわげんあみ》）の相次ぐ逝去のほうが一時代を画する出来事としてはるかに重要である。したがって、従来の人形浄瑠璃研究の問題関心に立脚する限り、昭和初年に進行した新しい観客たちの登場に注意が払われないのは当然なのである。本書で試みてみたいのは、観客に注目することで、これまでほとんど注視されてこなかった昭和初年の人形浄瑠璃の一側面に光を当てることである。

本書で扱う時代と場所について

さて以上のような問題関心のもとになされる本書の考察は、大正末期から昭和十年代の大阪における人形浄瑠璃とその観客を主な対象としている。

期間をこのように限定する理由は、この時期が人形浄瑠璃の近代史において大きな転換期に当たっているからである。この時期には立地、劇場設備、上演時間、上演方式、観客層の大きな変化が集中して起こっただけでなく、近代社会における人形浄瑠璃の位置づけと存続の可能性をめぐる議論が活発に展開した(16)。とりわけ御霊文楽座の焼失後、道頓堀・弁天座での仮宅興行を経て開場した四ツ橋文楽座は、人形浄瑠璃の上演と観劇の点で重要な画期をなしている。明治十七年に御霊神社の敷地内に建てられ大正七年に改装された御霊文楽座が、劇場構造の点でも興行方式の点でも幕末以来の操《あやつり》芝居の伝統に連なる劇場であったのに対して、鉄筋コンクリート構造の近代建築として竣功した四ツ橋文楽座は、人形浄瑠璃の劇場としては初めて観客席の大部分に椅子席を採用し、近代的な舞台・照明設備を完備していた。また開演時間は午後三時前後となり、上演時間が短縮され、見取《みど》り方式に移行するとともに、初心者への配慮として人形浄瑠璃の入門的な解説と演目紹介および床本《ゆかほん》を掲載したプログラムが販売されるようになる。さらに新たな観客層の開拓のため、学生や各種団体向けの鑑賞教室が開催されるようになるのもこのときからである。これらの点を考慮すると、四ツ橋文楽座の開場は、今日まで続く人形浄瑠璃の上演と観劇のあり方の起点をなしていると言える。大正末期から昭和十年代にいたる文楽座の観客を考察することで、人形浄瑠璃の観劇体験の変容を通時的に把握することが可能になる。

次に本論の考察が大阪の観客を中心に据えるのは、旧来の観客たちと新しい観客たちとの比較が可能なのは大阪だけだからである。子どものころから義太夫節や太棹三味線の響きに親しみ、ごく自然に人形芝居を楽しむすべを心得ていた人々は、淡路など浄瑠璃の盛んな地域にも存在した。しかし、そうした人々が一定の厚みをもつ観客層を形成し、浮き沈みこそあれ人形浄瑠璃を上演する小屋や寄席が江戸時代から昭和まで途切れることなく存続し得たのは大阪だけである。したがって、四ツ橋文楽座では、みずから素義《そぎ》として浄瑠璃を嗜むことも多かった旧来の観客たちが、浄瑠璃を味わうための予備知識を欠いてはいるが好奇心旺盛な新しい観客たちと同じ客席で交じり合っていた。そのような新旧の観客層の共存をつぶさに観察できる場所は大阪をおいてほかにない。

文楽座は明治期と大正期に何度か東京で出張興行を行っている。しかし、成績はあまり芳しくなかったようである[17]。そうした状況に変化が生じ、東京での興行に観客が詰めかけるようになるのは昭和になってからである。とりわけ昭和三年に三宅周太郎が『中央公論』に「文楽物語」、「文楽人形物語」を連載して大きな反響を呼び、昭和五年にそれらの文章をもとにした『文楽之研究』が刊行されると、東京では文楽ブームが巻き起こる[18]。近代の人形浄瑠璃の観客史に東京の観客が本格的に参入し始めるのは、このときからである。これ以降、主に東京を拠点とする論者によって、東京の観客と大阪の観客を比較する言説が定期的に生み出されていくことになる。そうした比較論が、しばしば大阪の観客の観劇態度について有益な示唆をもたらしてくれるのは事実である。しかし人形浄瑠璃における新旧の観客の違いを論じるにあたっては、東京の観客を中心に据えることはできない。

加えて大正末期から昭和初年という一時期が大阪では「大大阪」の時代に当たっており、道頓堀を中心にしてモダンな都市文化が花開いたことも指摘しておきたい。大正末から昭和初年の大阪に現れた新しい観客たちに注目することは、従来の研究では見落とされがちだったモダンな都市文化と人形浄瑠璃との結びつきを考える材料も提供してくれるだろう。

本書の構成

さきに引用した同時代の証言に姿を見せているような「新しい観客たち」は、原則として無名の人々（大衆）であり、たとえその社会的地位をある程度推定できるとしても、彼ら一人一人が実際にどのような人物であり、どのように人形浄瑠璃の舞台を体験していたのかを知ることは極めて難しい。

女学生によるマチネー公演の感想文のような例外もわずかに存在するものの、すでに著名人であったり、後に書き手にまわったりしたケースを除けば、新しい観客たちがみずからの観劇体験を記した文書はほとんど残されていないのが実情である。したがって、本書では新しい観客たちの観劇体験を当人たちの証言に基づいて実証するのではなく、様々に視点を切り替えながら、間接的な仕方で彼らの経験にアプローチすることを試みてみたい。以下にそれぞれの章の概要とそこで採用されるアプローチを簡潔に記しておく。

第一章では四ツ橋文楽座の開場に先立つ弁天座時代に注目し、弁天座の劇場にすでに現れていた新しい観客の姿を確認してみたい。弁天座時代は、幕末以来の伝統に連なる御霊文楽座時代と近代的な観劇環境が整った四ツ橋文楽座時代との過渡期に当たるとともに、道頓堀に進出したことで人形浄瑠璃とモダニズム文化のあいだに接点が生まれる契機ともなっている。本章では特に弁天座時代に文楽座に足繁く通った新しい観客のひとりとして作家の谷崎潤一郎に注目し、彼の小説と随筆に読みとれる観客の姿を考察する。

第二章では四ツ橋文楽座の開場時に現れた新しい観客たちに注目する。本章ではそれらの観客を二重の「無知」によって特徴づけられる観客として定義したうえで、この観客たちがどのように人形浄瑠璃の舞台に向き合ったのかを検討する。四ツ橋文楽座のプログラム冊子、観劇空間の構造、そして同時代の批評家らの言説の検討を通して、新しい観客たちの観劇体験を条件づけた社会的・文化的文脈を明らかにすることが目指される。本章の考察を通して、四ツ橋文楽座の新しい観客たちこそが

「古典芸術」として人形浄瑠璃の舞台と向き合った観客であったことを示してみたい。

第三章では、人形浄瑠璃が「古典芸術」になるということが、いかなる変化であったのかを考察する。「古典芸術」という言葉が人形浄瑠璃に対して用いられるようになった経緯を確認し、四ツ橋文楽座開場前後の言説を検討することで、当時一般に人形浄瑠璃を形容する言葉として定着することになった「古典芸術」という言葉が持った意味内容を明確化する。ひとたび人形浄瑠璃が「古典芸術」として把握されるようになると、文楽座の舞台で上演されるべき演目についても再検討がなされることになる。そのときに生じるのが「新作」をめぐる論争である。本章では新作論争の先鋭化を古典芸術への移行の徴候として読み解くとともに、旧来の人形浄瑠璃愛好家たちの雑誌であった『浄瑠璃雑誌』において、古典芸術の概念がどのように受容され、また新作についていかなる試みがなされていたのかを確認する。そのうえで、四ツ橋文楽座における新作の上演についても一瞥してみたい。

第四章では、昭和十年代半ば以降に『浄瑠璃雑誌』を舞台に展開した人形浄瑠璃をめぐる批評的言説の刷新を「新しい観客」による「新しい批評」の出現として辿り直す。当時『浄瑠璃雑誌』に集まった二十代後半から三十代前半を中心とする書き手たち（武智鉄二、鴻池幸武、中野孝一、大西重孝、祐田善雄、吉永孝雄）は、旧来の劇評の書き手とはまったく異なる問題意識を持って人形浄瑠璃の舞台と向き合っていた。一言で言えば、彼らは人形浄瑠璃に「近代批評」を導入したのである。そうした彼らの思考が鍛えられた場所こそは、四ツ橋文楽座の客席だった。

終章では、本書の考察にもとづいて、私たち自身の人形浄瑠璃の舞台との向き合い方について一瞥してみたい。本書のタイトルが「現代」ではなく「近代」という語を選んでいるのは、私たち自身の現在はすでに新たな局面に足を踏み入れているように思えるからである。「古典芸能」としての人形浄瑠璃というあり方は、間違いなく、近代の荒波を乗り越えるために有効な戦略であった。しかし近代そのものの枠組みがいたるところで流動化している現在、「古典芸能」というパラダイムもまた再検討されるべき局面に到っているのではないだろうか。

『浄瑠璃雑誌』について

最後に本書にとって特別に重要な一次資料である『浄瑠璃雑誌』という媒体について簡単に説明しておきたい。『浄瑠璃雑誌』は明治三十二年二月に創刊された大阪の浄瑠璃専門誌で、昭和二十年二月に廃刊されるまで四十六年間にわたって四百二十五号が刊行されている。明治から戦前にかけて、大阪や東京を中心に浄瑠璃（義太夫節）の愛好者を読者とする雑誌が多数刊行されているが、明治・大正・昭和をまたいで継続的に刊行され続けたのは『浄瑠璃雑誌』だけである。

雑誌の所有者でありかつ主筆を務めていたのは樋口吾笑（本名樋口伊兵衛）で、「松葉連」という素義（素人義太夫）の団体を組織するなど素義界ではそれなりに知られた人物であったようだ。大阪の素義界の盛り上がりを背景として創刊された『浄瑠璃雑誌』は、当初はもっぱら素人の浄瑠璃愛好者のあいだの情報交換と交流を目的とした雑誌であった。しかし、明治三十八年ころになると同誌は堀江座や文楽座の興行について長文の劇評を定期的に掲載するようになり、素義界だけでなくプロ（当時は黒人《くろうと》と呼ばれた）も含めた人形浄瑠璃界全体の動向に介入する媒体になっていく。大正十年に吾笑が死去すると、息子の樋口虎之介が二代目吾笑を襲名して編集を引き継ぎ、刊行を継続した。そして、昭和十四年、古希を前にした吾笑は、雑誌を武智鉄二や鴻池幸武といった若手に開放することを決断する。結果として、『浄瑠璃雑誌』は三八三号から同人体制に移行し、何度かメンバーを入れ替えつつ、最終的には歌舞伎や新劇も扱う総合演劇批評誌に変貌していくことになる。その後、実質的な編集長であった大西重孝が昭和十八年十月に編集から外れると雑誌の継続が困難になり、昭和二十年二月、ついに廃刊にいたっている。

以上の概略からもわかる通り、『浄瑠璃雑誌』は大阪における人形浄瑠璃の観客の二つの世代を架橋する媒体だったといえる。それはまず、御霊文楽座や堀江座で明治大正の名人たちの芸を味わい、みずからも義太夫節を嗜む人々の雑誌として出発した。そこに掲載された劇評は幼いころから浄瑠璃に親しみ、その芸を隅々まで味わうすべを心得ていた観客たちの観劇体験を生き生きと伝えている。しかし、他方で『浄瑠璃雑誌』はまた、四ツ橋文楽座で本格的に人形浄瑠璃と出会い、旧来の愛好者とは異なる観劇態度で舞台に接した若い書き手たちの批評のプラットフォームとしても機能した。本書にとって、この雑誌が重要である理由はここにある。

（なお本書では学術性を確保するため、やや細かく注を付しているが、本文だけを読み進めても理解に支障はないはずである。資料の詳細などに関心のない読者は、注を気にせずに読み進めていただいて構わない。）

第一章　弁天座の谷崎潤一郎

人形浄瑠璃はどこにあるのか

昭和初年に登場した新しい観客たちが文楽座の劇場で人形浄瑠璃の舞台と向き合ったとき、義太夫節・三味線・人形によって作り上げられたドラマは、彼らとどのような関係を取り結んでいたのだろうか。必ずしも三業の芸に精通していたわけではない彼らが、それでも人形浄瑠璃の舞台に触れて感動したり、面白いと感じたりすることがあったとするなら、そのとき彼らと人形浄瑠璃とのあいだには、何かしらの繋がりが生まれていたはずである。彼らは眼前の舞台と自分たちの現在をどのような仕方で関係づけていたのだろうか。本章ではまず弁天座時代の文楽座に注目して、新しい観客と人形浄瑠璃との出会いについて考えてみたい。

この出会いを考えるにあたって有益な手がかりを与えてくれるのは、明治期の人形浄瑠璃の歩みを精緻に跡づけた祐田善雄の論考である。祐田は『義太夫年表　明治篇』のために書かれた文章の末尾で次のように述べている。

番附の複雑化によって象徴される如く、摂津《せっつ》大掾《だいじょう》や団平《だんぺい》・玉造《たまぞう》等の新しい型は近代的な解釈として人形浄瑠璃史を特長づけるかもしれないが、そんな場合でも浄瑠璃の中の問題であって、封建的伝統芸術たる人形浄瑠璃が異質の近代性と直接結びつく事はなかった。その上、名人の努力が継承される場合には、名人芸の外形を模倣する稽古が重んぜられる結果、時代の創造性や民族を引き上げる力となった努力が見失われてしまうのであった。それどころか、形骸が神話として崇められ尊ばれた。(1)

祐田がここで論じているのは演者の芸とその伝承の問題であるが、この発言には近代社会における人形浄瑠璃と観客との関係を考えるうえでも重要な示唆が含まれている。

ここで祐田は二つの事柄を指摘している。第一の点は、「封建的伝統芸術」としての人形浄瑠璃にとって、近代的な思考・感受性・生活様式(「近代性」)は根本的に異質なものであり、両者が直接に結びつくことはなかったということである。摂津大掾や団平や玉造らによる芸の更新は、確かに人形浄瑠璃史のうえでは重要な業績であるとしても、それらは封建的伝統芸術としての人形浄瑠璃のあり方そのものを変革するものでは決してなかった。それらは言わば、文楽座などの劇場の内部の出来事に留まっており、その外部にすでに広がり出していた近代の現実と直接に対峙するものではなかったというのである。同様の観点から祐田は、文楽における「活歴ブーム」について、歌舞伎における団十郎の試みと対比して次のように述べる。

成否はともあれ、団十郎は一種の演劇改良を意図した信念をもっていたが、文楽はその筋より命ぜられて名義だけを実名に改めたり、それに応じて文章の一部を変更した、極めて安易な改名にすぎなかった。(中略)浄瑠璃近代化の演劇運動に燃焼する情熱をもった行動でなかったから、極端な言い方をすれば、場当たり的にレッテルを張り替えただけである(2)。新しい時代に対峙することで芸そのもののあり方を更新するような試みは、明治期の人形浄瑠璃ではなされなかったというのが、祐田の認識である。そうした芸のあり方は、人形浄瑠璃と観客との関係にも大きな影響を及ぼさずにはおかなかった。というのも、近代的な思考・感受性・生活様式をみずからのものとする人々の割合が増えていくにしたがって、人形浄瑠璃とその観客となり得る人々とのあいだに、大きな溝が生じることになったからである。すなわち、観客の側でも伝統的・封建的な意識や価値観が支配的であるうちはまだ興行が成り立っていたが、大正期に入りそうした人々の数が減っていくと、文楽座の興行成績は急速に悪化していくことになったのである。本書が注目する四ツ橋文楽座における新しい観客たちの登場が、ひとつの「事件」であると言えるのは、それがまさしく「異質の近代性」をみずからの現実として生きる人々と人形浄瑠璃との直接的な出会いだったからである。

祐田が指摘している第二の点は、本来、芸の伝承がなされるときには、つねに「時代の創造性」や「民族を引き上げる力」といった要因が深いところで関与しているということである。芸の継承は、時代やそこで生きる人々からまったく隔絶した一種の真空地帯でなされるのではない。どんな時代であっても、芸はその時々の舞台において——観客たちの前で——連綿と演じ継がれることによってのみ継承され得る。芸の継承がなされるのは、いつでもそれぞれの時代の「現在」なのである。近代歌舞伎批評の系譜を論じた上村以和於は、演者も観客も批評家もつねに「時代の子」であり、それぞれの時代の「現代人」であると述べたうえで、次のように書いている。

歌舞伎はア・プリオリに「そこにある」のではなく、時代時代の状況の中で「そこにある」のであり、それは観客の受容の問題を抜きにはあり得ない。批評はそこに抜き差しならず関わりあってこそ、「批評」と呼ぶに値する。(3)

この指摘はそのまま人形浄瑠璃にも当てはまる。人形浄瑠璃もまたア・プリオリに、すなわちあらゆる経験に先だって――あたかも真空のなかにあるかのように――存在するのではない。それはつねにそれぞれの時代の状況のなかで、時代の空気のなかで「そこにある」。たとえ人形浄瑠璃が「封建的伝統芸術」であるとしても、この事実は揺らがない。文楽の劇場の中だけはいつでも十八世紀の大阪のままであり、観客も劇場に入るや当時の人々に変身するというわけにはいかない。演者も観客も批評家も等しくそれぞれの時代の「現在」を生きているのであり、誰もそこから逃れ去ることはできないのである。上村によれば、批評の任務とは、まさしくそうした「現在」において受け渡される一筋の「芸の感覚」を陶冶し育んでいくことにある。(4) 本章で考察する弁天座時代は、文楽座が道頓堀という「異質の近代性」が跋扈する「現在」のただ中へと放り出された一時期であった。そこで生じた新しい観客と人形浄瑠璃との出会いを考察することが、本章の主題である。

モダニティという観点

そうした出会いを考察するにあたって、本章では「モダニティ」という観点を導入する。「モダニティ」の概念は、本来、映画研究で用いられてきたものであるが、本章ではそれを祐田の言う「異質の近代性」をパラフレーズする概念として使用することで、昭和初年の人形浄瑠璃と観客の関係の考察に援用してみたい。

「モダニティ」の概念は、明治期以降の人形浄瑠璃を扱う従来の歴史記述でしばしば前提されてきた「近代化」の概念とは区別される。この点を明らかにするために、まず「近代化」の概念を明確にし、その観点のもとで観客の経験がどのように扱われてきたのかを確認しておきたい。

明治期以降の人形浄瑠璃の展開は、しばしば「近代化」という観点から論じられてきた。「近代化」とは、ある事象が近代社会にふさわしいあり方へと変化するプロセスを指し示す概念である。たとえば、松竹《まつたけ》合名会社という近代的企業によって文楽座が買収され（明治四十二年）、対抗勢力の試み（彦六座、稲荷座、堀江座、近松座など）がことごとく挫折することで、人形浄瑠璃の興行が松竹に一元化される過程（近松座の解散は大正三年）は、人形浄瑠璃興行の近代化だとされる。(5) また芸の継承に関しては、丸本《まるほん》に立ち返って伝承を批判的に再検討することで従来の語り口を刷新した二代目豊竹古靱《こうつぼ》太夫（山城少掾《やましろのしょうじょう》）の業績が、浄瑠璃の近代化を成し遂げたものとして論じられる。(6)

さらにもうひとつ、従来の人形浄瑠璃研究では、上演演目の変化に注目して近世から近代への移行過程を論じるさいに「古典化」を指摘するのが定型的な議論となっている。ここで「古典化」と呼ばれるのは、優れた新作の成立が途絶え、すでに評価の確立した一定数の作品が繰り返し上演される状態への移行である。「古典化」は、主に十九世紀に生じた人形浄瑠璃の変化を指して用いられる概念であるが、人形浄瑠璃が近代社会に特徴的な「古典芸能」というあり方に移行する過程を説明する点で、近代化の議論の一部をなしていると言える。このような意味での「古典化」は、すでに江戸の末期、文化文政年間には始まっていたとされる(7)。

さて人形浄瑠璃の近代化に関わるこれらの論点のうち、観客の経験に関係するのは最後に触れた「古典化」をめぐる議論である。というのも、この議論によれば、人形浄瑠璃の「古典化」は、単なる演目の変化ではなく、演者と観客の意識の変化をも伴っていたとされるからである。すなわち、演目の固定化によって、演者の側ではそれぞれの演目で確立された表現の規矩（風《ふう》）の継承への意識が強まっていくとともに、観客の側でも関心の重心がドラマから芸の鑑賞へと移行していったと論じられる(8)。しかしながら、十九世紀以降の観客の経験を分析する視点として見た場合、この「古典化」の議論には大きな難点があると言わざるを得ない。

「古典化」の議論には、少なくとも相互に関連する二つの難点がある。第一の難点は、「古典」という近代に特有の概念を江戸末期の芸能のあり方にまで遡及的に適用することに存する方法論上の問題である(9)。文化文政期以降の観客の関心の重心がドラマから芸の鑑賞へと移っていったのが事実だとしても、そのことは必ずしも当時の観客がすでに近代的な意味での「古典」として人形浄瑠璃を受容していたことを意味してはいない。詳しくは第三章で論じるが、人形浄瑠璃が「古典芸術」と呼ばれるようになるのは大正後期からであり、それ以前には人形浄瑠璃が「古典」という観念と結びつくことはなかった。みずからも義太夫節を嗜み、人形浄瑠璃の芸を味わう術を心得ている人々の雑誌であった『浄瑠璃雑誌』で確認してみても、「芸術」という言葉が明治四十年頃にはすでに頻繁に用いられているのに対し、「古典芸術」という言葉が最初に誌面に登場するのは大正十三年である。しかもそこで「古典芸術」という言葉は否定的なニュアンスで用いられているのである。[10]同雑誌の語彙としてこの言葉が定着するのは、ようやく昭和に入ってからである。芸の鑑賞に重きを置く人々が人形浄瑠璃を「古典」として味わっていたのなら、『浄瑠璃雑誌』の書き手たちがいち早くこの言葉を採用してもおかしくないはずだが、実際にはそうなっていない（この点も第三章で詳しく論じる）。この事例を見るだけでも、芸の鑑賞に重点を置くことと、人形浄瑠璃を「古典」として味わうことをイコールで結ぶことには慎重でなくてはならないことがわかるのである。

「古典化」に関する二つ目の問題点は、第一の問題点から帰結するものであるが、より直接に本書の主題に関係している。すなわち「古典化」の議論は、近代の「古典」の概念を江戸末期の芸の受容のあり方にまで遡及的に適用することで、観客の観劇態度に時代を超えた連続性を想定してしまうのである。文化文政期にはすでに人形浄瑠璃は芸を楽しむ芸能――つまり「古典芸能」――に移行していたとみなすことによって、江戸末期から昭和を経て現在に至るまでの観客の観劇態度に本質的な連続性が付与されることになる。極端に言えば、江戸末期の観客も、今日の古典芸能ファンも、人形浄瑠璃の舞台を「現代劇」としてではなく「古典劇」として楽しんでいる点では変わりがないということになる。[11]こうした展望のもとでは、昭和初年に登場した新しい観客たちの姿が完全に消え去ってしまうのは自明である。それによって、彼らの登場が示唆する観劇態度の根底的な変容もまた見逃されてしまう。しかしながら、次章で確認するように、四ツ橋文楽座の新しい観客たちの観劇態度は、御霊文楽座の観客たちのそれとはまったく異なっていた。そこには人形浄瑠璃の舞台に向き合う態度の根底的な変化が見いだされる。「古典化」という観点は、この事実を覆い隠してしまうのである。

そういうわけで、昭和初年の新しい観客たちと人形浄瑠璃との出会いを考察するには、「近代化」とは異なる観点を導入する必要がある。それが「モダニティ」という観点である。この観点を導入することで、新しい観客の「新しさ」をより明瞭に把握できるようになり、またすでに述べた、人形浄瑠璃とそれぞれの時代の「現在」とののっぴきならぬ結びつきにも、より繊細な注意を向けることが可能になる。

それではモダニティとは何か。この言葉は、ひとつの時代としての「近代」ではなく、近代の大都市生活に典型的に観察される意識や知覚や経験の様態を指し示している。より具体的に言うなら、資本主義的な消費活動の中心としての大都市でなされる運動と速度の経験、断片的で移ろいやすい知覚、空間感覚の変容（高速の移動による距離の圧縮）、時間感覚の合理化（分秒単位で機能するシステムによる時間管理）、大量の情報の高速の流通（マスメディア）、匿名性の経験（見知らぬ他人たちとのすれ違いや束の間の出会い）といったものが、モダニティの内実をなしており、それが大都市の人々の感受性を形作る。一言で言えば、モダニティとは、近代の大都市生活者が内面化している意識と感受性のありようだと言うことができる。モダニティという観点は、従来、映画研究において、都市と映画の密接な結びつきを分析するさいに生産的に活用されてきた(12)。というのも、映画と都市は、ともにモダニティの経験がなされる特権的な場だという共通点を有しているからである。そのさい映画は、それ自体がモダニティの経験（運動と速度、断片的知覚、匿名性など）を提供する装置であるだけでなく、映画作品という形でそうした経験を主題化し、反省的に分節化する表現媒体でもあった。それゆえ映画はモダニティの中心的なメディウム（表現媒体）とみなされたのである。

以下では、モダニティの観点を導入することで、四ツ橋文楽座の開場に先だってすでに弁天座の客席に姿を見せていた新しい観客たちを考察してみたい。弁天座時代の文楽座は、道頓堀での興行を強いられたことで、思いがけず同時代のモダニズム文化の渦中に投げ込まれることになった。弁天座時代とは、その意味で、人形浄瑠璃とモダニティとの最初の出会いが起こった一時期だったと言える。文楽座の劇場への新しい観客の登場は、こうした外的環境の変化と密接な関係にある。したがって、私たちはまず、弁天座時代を御霊文楽座から四ツ橋文楽座にいたる立地と劇場の変遷のなかに位置づけ、その過渡期的性格を確認する。そのうえで、弁天座における「新しい観客」の登場を、モダニティの感受性を内面化した観客と人形浄瑠璃との出会いとして考察してみたい。モダニティの感受性との親密さこそは、新しい観客たちを旧来の人形浄瑠璃の観客から区別する特徴であった。彼らにとって、祐田が述べた「異質の近代性」はまったく異質ではなかった。むしろ人形浄瑠璃のほうが、彼らにとっては異質だったのである。ここでは、そうした弁天座時代の「新しい観客」の一事例として谷崎潤一郎を取り上げる。脚本部顧問として映画会社に在籍した経験があるだけでなく、みずから映画評も執筆し、『痴人の愛』（大正十三年）でモダン都市の風俗を活写してみせた谷崎が、モダニティの経験と感受性を内面化した作家であったことは論を俟たない。その谷崎が関西移住後、人形浄瑠璃に深く魅了されたのが、弁天座時代の文楽座であった。谷崎が人形浄瑠璃について書き残した文章を検討することで、人形浄瑠璃とモダニティとのあいだに起こった出会いとすれ違いを素描してみたい。

過渡期としての弁天座時代

昭和初年における新しい観客の登場は、舞台で演じられる芸そのものよりも、むしろ劇場の立地と客席構造、上演時間および上演方式の変化と密接な関係にある。したがって、まずそれらの点に関して三つの劇場（御霊文楽座、弁天座、四ツ橋文楽座）の特徴を確認し、立地の変転に伴って生じた変化を概観することで、過渡期としての弁天座時代の位置づけを明確にしておきたい。

明治十七年に御霊神社の社地に開場し、大正七年一月に改装された御霊文楽座は、収容人員六百十三名、一階中央の平土間を二人詰めの升席とし、その左右に出孫《でまご》（高土間《たかどま》）と桟敷を配置する伝統的な客席構造を持つ劇場だった（口絵1）。開場当初の開演時間は七時半ないし八時で、打ち出しは十八時十五分から二十時四十分のことが多かったが、大正八年九月以降は正午十二時開場、二十一時終演に短縮された。[13] 上演方式も前狂言・中幕・切狂言からなる伝統的な三部構成が基本であり、「通し」で上演される前狂言（建て狂言）に、人気の演目を有力な太夫が語る二つの「付け物」が組み合わせられるのが通例であった。この劇場の向かいには本家茶屋があり、お茶子《ちゃこ》（出方《でかた》）たちが客の注文を取って酒や料理を提供していた。

大正末期の御霊文楽座は、すでに客の入りがかなり悪化していた。森西真弓は御霊文楽座を世間から隔絶した「浄るり国」と揶揄する大正十四年の新聞記事を紹介しているが[14]、大正十五年十月の『浄瑠璃雑誌』の劇評でも、「二階の正面が八分通り、平場《ひらば》が五六間と、南の出孫に二三十、跡《あと》はがら空きで、淋しい事じゃ」という評者の嘆きが記されている[15]。こうした大正末期の御霊文楽座の寂しい情景を、経済的成功に背を向け、世間に忘れられながらも血を吐くような修業に励む芸人たちの道場として「芸術至上主義」のオーラで包んでみせたのが三宅周太郎である。三宅は大正十二年の文章のなかで、義太夫節とは一種の悟りの芸術であり禅宗のようなものだと述べて、御霊文楽座を禅寺に喩えている。

> これはあの文楽の小屋に這入ると殊にこの感が深い。中には軽佻な所謂天狗連もいようが、大体に義太夫の多少共分る人ばかりが聞きに行っている事からして、私に云わせると、大阪の文楽は「禅寺」である。
>
> 芝居は芝居の分る人ばかりは行かない。が、文楽だけは兎に角義太夫の世界に憧憬する人ばかりが行っているのだ。「選ぶ」と云う事の出来ない今の世の中に、文楽だけはよく選んでいるのだ[16]。

御霊文楽座はみずからも義太夫節を嗜み、浄瑠璃の響きを隅々まで味わうことのできる少数の愛好者ばかりが集うストイックな空間だというのである。昭和初年の文楽ブームに火をつけた『文楽之研究』（昭和五年）でも、三宅は御霊文楽座を「修道院」になぞらえている[17]。

しかしながら、三宅の筆によって描かれ東京の読者を魅了したと思われる、侘しくも美しい御霊文楽座のイメージは、この劇場の全期間に当てはまるものではない。それが妥当するのは、せいぜい大正期（摂津大掾引退後）の文楽座である。明治期には、御霊文楽座は連日多くの観光客で賑わう名所のひとつだった。たとえば、明治三十三年の『浄瑠璃雑誌』では、『新薄雪物語《しんうすゆきものがたり》』を段の順序を入れ替えて上演したことを論難する記事のなかで、「文楽座に毎日大入りする所の聴人《ききて》は忠臣蔵の立会《たてがい》に茶屋場の懸合《かけあい》を大切《おおぎり》に聞きなれ居る大阪人ばかりにあらず、諸国の人々が大阪の話土産に耳に入れて持ち帰らん為に来るが過半なるに」順序を入れ替えるとは何事か、と述べられている[18]。じっさい、『大阪名勝記』や『大阪案内』といった明治期のガイドブックには、御霊神社の市内随一の規模を誇る縁日や各種興行の賑わいとならんで、文楽座が人形芝居の名所として紹介されている[19]。

ともあれ、大正十五年十一月二十九日の御霊文楽座の焼失は、人形浄瑠璃を愛好する人々にとって、すでに衰運にあった人形浄瑠璃に下された鉄槌であった。批評家の石割松太郎は、「内容的にはすでに陵遅《りょうち》の極にあった人形浄るりは、この根城の焼失という外形的の打撃を蒙って、実はぺちゃんこに逝ってしまった形です」と述べている[20]。

本拠地を失った文楽座は、昭和二年一月から道頓堀の弁天座で興行を再開する。弁天座はかつて竹田の芝居があった場所に建てられた松竹の劇場で、大正末期には歌舞伎や近代劇を上演していた。平土間升席の伝統的な客席構造を備えたこの劇場は、収容人数が約千人と大きく、船底がないため手摺りを高くすることになり、舞台が見にくく、人形浄瑠璃の上演には適していなかったという(21)。開演時間や上演方式は御霊文楽座を踏襲していたが、昭和三年十月には昼夜二部制を試している。

道頓堀に移ったことで、開場当初はそれまで人形浄瑠璃に縁のなかった人々が多数来場し、劇場は賑わった。それらの新しい観客たちについて、『浄瑠璃雑誌』（昭和二年二月）の記事は次のように報告している。

けれども人形が珍しいので人は来る、来ても浄瑠璃に趣味は持たないものが多い、甚だしきに至りては、津太夫《つだいふ》はどんな芝居をするのかと思うたという全然方角違いの観客もある(22)

すなわち、浄瑠璃に馴染がないどころではなく、人形浄瑠璃の形式そのものを知らない客すらいたのである。だが、こうした当初の賑わいは短命に終わり、まもなく極度の興行不振に陥ったことは、序章でも触れた通りである。石割松太郎も先に引用した文章の中で、弁天座の興行は芸術的にも興行的にも「実に惨憺たるものであった」と評したうえで、初日の劇場で「両桟敷を通じて唯《た》った一人の私のみを、桟敷に見出すことが度々《しばしば》あったのです」と述懐している(23)。だが、その一方で、弁天座での興行が始まった当時まだ高校生だった武智鉄二は、当時の文楽座の興行についてやや異なる回想を残している。甲南高校在学時、現代音楽に熱中する一方で、英語教師香西精の影響で能・狂言をはじめとする伝統芸術に目覚めた武智は、松竹が集客対策として弁天座に導入した一幕見席を利用して人形浄瑠璃を見始めた。武智によれば、当時、そのようにして人形浄瑠璃を発見したのは彼だけではなかったという。

当時のサラリーマンや学生は、案外安直な一幕見を利用したものだった。潜在的な文楽への関心が、われわれ学生の仲間でも、いつとはなしに、高まってきていた。そうして、四つ橋文楽座の新築開場が、この潜在的関心に、一挙に火をつけた。(24)

つまり、たとえ興行的には不入りだったにせよ、四ツ橋文楽座の開場に先立って、すでに弁天座時代には、知的好奇心を持って舞台を見つめる新しい観客層が萌芽的に形成され始めていたというのである。じっさい、本章で考察する谷崎潤一郎も、すでに著名な作家であったとは言え、弁天座で人形浄瑠璃の魅力を発見していった新しい観客の一人だった。

最後に四ツ橋文楽座であるが、昭和五年一月に開場したこの劇場は鉄筋コンクリート構造の近代建築で、収容定員は八百五十名、人形浄瑠璃の劇場としては初めて一階・二階のほとんどの席に椅子席を採用した(口絵2・口絵3)。したがって、この劇場には出孫(高土間)はなく、一階左右と二階正面前方にのみ、従来通りの桟敷席が残された。設備面を見ると、近代的な照明・空調設備に加えて、上映のための設備も備えており、映画、音楽、舞踊などの公演にも対応できるようになっていた。さらに従来の茶屋制度を改め、劇場内に食堂を配置したのも、これまでにはなかった特色である。開演時間と上演方式は、開演を午後三時前後として上演時間を短縮するとともに、通し狂言を廃止して見取り方式を採用した。観客層拡大のために鑑賞教室的な催しが企画されるのも、ここからである。(25) 一言で言えば、今日の私たちが慣れ親しんでいる人形浄瑠璃の劇場の姿が最初に成立したのが、四ツ橋文楽座だと言うことができる。このとき生じた上演環境の変化が観客の観劇態度に及ぼした影響については、次章で詳しく検討する。

以上の概観からもわかる通り、弁天座時代は、江戸末期以来の人形浄瑠璃の上演と興行のスタイルを受け継いでいた御霊文楽座時代と、近代的な劇場設備を導入し新たな観客層をターゲットにした興行が試みられる四ツ橋文楽座時代との過渡期に当たっている。弁天座時代は上演と興行のスタイルという点では御霊文楽座の延長線上にあったと言えるが、劇場を取り巻く周辺環境は激変した。すなわち、大正末期には繁華街から離れた静かな地区になっていた御霊神社周辺から喧騒に満ちた道頓堀に移動することで、文楽座は期せずして同時代のモダニズム文化の直中に放り込まれることになったのである。弁天座時代に人形浄瑠璃はモダニティとの最初の直接的な出会いを経験したのだった。

従来の人形浄瑠璃の歴史記述のなかで御霊文楽座末期から四ツ橋文楽座開場にいたる時期が扱われるさいに、等閑に付されているように思われるのは、大正末期から昭和初年のこの一時期が関西におけるモダニズム文化の最盛期と重なっているという事実である。また逆に「関西モダニズム文化」を論じる文献においても、当時の文楽座の動向に触れられることは極めて稀である。(26)

大正十四年四月、「大阪市は東西南北の四区の周辺地域を併合し、東京市を抜き、人口が世界第六位、日本第一の巨大都市」となる。(27)いわゆる「大大阪」時代の始まりである。大正十二年の関東大震災は古い東京の街並みを一掃し、銀座などに近代建築が立ち並ぶ街並みを現出させる契機となったが、谷崎潤一郎を始めとする多くの文化人を一時的にせよ関西に移住させることにもなった。鈴木貞美は、震災以後、「東京、大阪とその周辺に「サラリーマン」「サラリーガール」を中心とした新中間層が急増し、また大衆相手の消費、娯楽施設が展開」することで、「デパートやカフェ、ネオンサインに代表される都市風俗におけるモダニズム」が本格化したと指摘している。鈴木によれば、大阪は東京よりも鉄筋コンクリート建築の建設が早く行われ、当時のニュースフィルムで確認する限り、洋装の女性が行き交う姿も銀座よりも心斎橋のほうにはるかに多く見られたという。「モダン都市とその風俗の浸透は、東京よりも大阪の方が早かった」のである(28)。また、大阪の映画文化の誕生を考察した笹川慶子は、大阪市内の映画館の数が大正十三年から十五年にかけて急増し、映画館ブームが起こっていたことを指摘している(29)。じっさい、昭和初年の道頓堀には松竹の経営する二つの高級映画館、すなわち邦画封切館の朝日座と洋画新作とレビューなどを見せた松竹座があった。劇場、カフェ、映画館が集積した道頓堀界隈は、心斎橋とならぶ大阪のモダンな風俗の中心地だったのである。

それゆえ、文楽座が弁天座で興行を再開したとき、大正末期の御霊文楽座の雰囲気に親しんでいた同時代の観察者が危惧の念を抱いたのも無理はない。石割は「人形浄るりは、騒々《ざわざわ》した道頓堀では興行は駄目です」、「周囲が静かなところでなくては人形浄るりは発達しない」と断言し、三宅は「成可《なるべく》早くあの良風をこわさぬ中《うち》に道頓堀を引上げさせたいと思う。太夫《たいふ》や人形遣いが道頓堀の芸人と同一になっては、それこそもう文楽は終わりである」と警鐘を鳴らした(30)。しかし三宅はまた、『文楽之研究』の初版に収録された「ある若い太夫《たいふ》の独語」と題された小文において、モダニズム文化の喧騒の中に放り込まれた人形浄瑠璃の姿をビビッドに描き出してもいた。この文章で三宅は、ある若手太夫の愚痴という形でモダンな風俗に取り囲まれた人形浄瑠璃のありさまをユーモラスに活写している。

それを何だ。我々を見ると、丸できんたまのない人間か何かのように、お前らは問題にならぬ。昔の太夫《たいふ》はどうだこうだとばかり云っている。だが、今名人の長門《ながと》太夫《だいふ》を弁天座へつれて来て、床で語らせて見ろ、どんな神様のような名人だって、その声が川向うの宗右衛門町は愚か、弁天座の表へだって響くわけがない。電車は一分毎にガアッ、ガアッ、モーターボートはブッブッ、乗り合い自動車はストップ、オーライ、ブウッ、道頓堀の通りはジャズや蓄音機、ブーブーガンガンの楽隊の広告屋も十五分ごと位には通る。昔から見たら嵐とつなみと地震とが、一緒くたになって、道頓堀に一時に起こったようなものやないか。その音の中で、しかも監獄の鉄の扉のような今日日《きょうび》の弁天座の木戸の格子がはまっているのに、たかが人間の声が、四町四方、八町四方とかに聞こえたりする道理がないじゃないか。(31)

十歳で入門して今は二十五歳だという若い太夫は、昔の名人が弁天座と同じ場所にあった竹田の芝居で浄瑠璃を語ると川向こうの宗右衛門町まで声が届いた、という言い伝えを引き合いに出して悪態をついてみせる。「いくら義太夫の文句が今も昔も「残る蕾の花一つ」と変わりがないと云っても、人間や道頓堀の繁昌を同じように変わらずにいろと云ったって、それはちと無理と云うもんです」と彼は続ける。(32) 人形浄瑠璃は否応なく移り行く時代時代の現在のなかにあり、そこから逃れることなどできはしない。たとえ浄瑠璃の文句は不変でも、その響きは、時代とそれに耳を傾ける人間とともに変わらざるを得ないのである。それでは昭和初年の道頓堀の劇場で人形浄瑠璃の舞台と向き合った観客たちの体験は、いったいどのようなものだったのだろうか。

『蓼《たで》喰ふ虫』に描かれた弁天座の観客たち

すでに武智の回想でも語られていたように、モダンな風俗の喧騒に取り囲まれた弁天座には、御霊文楽座時代とは異なる「新しい観客」がすでに姿を現しつつあった。この新しい観客は、大都市の雑踏やカフェや映画館やジャズの響きに慣れ親しんだ観客、すなわちモダニティの感受性をすでに内面化した観客だったろう。しかし、彼らはまだ、四ツ橋文楽座の開場時のように劇場を満たしてはいない。むしろ御霊文楽座時代からの常連客のあいだに紛れて閑散とした客席を埋めていたに過ぎない。そうした過渡期の観客たちの姿を思い描いてみるために、谷崎潤一郎の『蓼喰ふ虫』（昭和三年）に描かれた弁天座の観客たちの姿を簡潔に考察してみたい。なお最初に断っておくが、私たちの考察の目的は、『蓼喰ふ虫』に描かれた弁天座の場面を小説全体の主題との関係において解釈することではない(33)。当時の観客の多様な経験を条件づけていた歴史的・文化的文脈を探り当てることが、ここでの私たちの目標である。

この作品の冒頭で主人公の斯波《しば》要《かなめ》と妻の美佐子は、美佐子の父親の誘いに応じて弁天座を訪れ、『心中天網島《しんじゆうてんのあみじま》』を観劇する。二人が到着したときにはすでに芝居は始まっていて、美佐子の父親と妾のお久は「殆ど平土間の三分の二まではガラ空き」の客席の、舞台に近いところにある枡席で人形芝居を見つめていた(34)。要と美佐子も彼らの枡席に加わり腰を下ろす。この場面が私たちにとって興味深いのは、ここで谷崎がこの四人の観客——要、美佐子、美佐子の父親、父親の妾のお久——の人形浄瑠璃に対する態度を明確に描きわけているからである。以下に簡潔に整理してみたい。

まず「老人」と呼ばれる美佐子の父親であるが、要たちが劇場に到着したとき、この老人はすでに平土間の枡席に腰を下ろし、お久の手料理の詰まった重箱の傍らで、朱塗りの杯で酒をちびりちびりとやりながら、「一心に舞台のほうへ首を伸べて」いた（六六頁）。要によれば、この老人も昔は活動写真に相当入れ込んでいた時期もあったようだが、現在は京都に隠遁し、骨董を愛でるようになっている（五七頁）。老人は要に対して、文楽人形と西洋の人形劇（当時浅草で興行していた「ダークの操り」）の人形を比較して、文楽人形がいかに優れているか蘊蓄を傾ける。老人に言わせれば、文楽の人形は西洋のマリオネットとは異なり、「人形使いの手がそのまま胴体に這入っているので、真に人間の筋肉が衣装の中で生きて波打って」おり、それゆえ人形に人間らしい弾力やねばりが付与されるのだという（六九－七〇頁）。だがこのように力説するからといって、この老人は人形だけに心酔しているわけではなかった。浄瑠璃の文章を褒めて「今の小説なんかとても及ばない」と断言してもいるからである（七七頁）。人形浄瑠璃の劇場は「先《せん》の文楽座ぐらいの方が、小ぢんまりしていい」と語っていることからもわかる通り（七三頁）、老人は御霊文楽座の時代から人形芝居に足を運んでいたのだった。

一方、要の妻の美佐子は父親である「老人」とは対照的である。御霊文楽座が焼失したことを知らない彼女は、「文楽座って一体どこなの?」と夫に尋ねるのだが、今は「弁天座」で興行しているのだと聞くと、「それじゃどうせ据わるんでしょう?　敵わないわ、あたし、――あとで膝が痛くなっちまうわ」（五七頁）と難色を示す。昭和初年は関西でも劇場が椅子席に移行し始めていた時期に当たり、とりわけ映画館の椅子席に慣れた若い世代の観客には旧来の劇場の枡席が不自由なものに感じられ始めていた。その後、じっさいに劇場に到着して、お久に「たまには人形もよろしおすやろ」と尋ねられると、美佐子は「あたしさっきから義太夫語りの顔つきばかり見ているの、あの方がよっぽど面白いわ」（六九頁）と答えてみせる。ほんらい見るものであるはずの人形には目もくれず、聞くものである義太夫語りを見世物として面白がってみせる美佐子は、人形浄瑠璃に対する挑発的な無理解を誇示していると言っていいだろう。

幕間の休憩時間には、早々に芝居見物を切り上げて恋人に会いに行きたい美佐子と父親とのあいだに、ちょっとした言い争いが持ち上がる。美佐子が義太夫節は騒々しくて嫌だと言ったのが発端である。

「騒々しいと云やあ此の間或る所で聴いたんだが、あのジャズ・バンドという云うものは、ありゃあ何だい？　まるで西洋の馬鹿囃しだが、あんなものが流行《はや》るなんて、あれなら昔から日本にもある。――――テケレッテ、テットンドンと云う、つまりあれだ」

「きっと低級な活動小屋のジャズでもお聴きになったんじゃないの」

「あれにも高級があるのかい？」

「あるわ、そりゃあ、………ジャズだって馬鹿になりやしないわ」（七三―七四頁）

そして美佐子は人形芝居から退散するために、煮え切らない態度を示す夫に対して、高級洋画封切館の松竹座に映画を観に行かないかと提案する。

　こうしたやりとりを通して、映画が人形芝居に、ジャズのリズムが義太夫節の響きに対置される。先に引用した三宅のユーモラスな文章がはっきり示していた通り、ジャズは道頓堀で鳴り響く音楽であった。したがって、私たちはここで対置されているものを、弁天座の内部空間と外部の都市空間（道頓堀）と解釈することも可能である。すなわち人形浄瑠璃がモダニティと対置されているのである。

　他方、十年ほど前に御霊文楽座で人形浄瑠璃を見た時には何の興味も湧かず、ひどく退屈した記憶しかなかった要は、特段の期待も抱かずに弁天座の枡席に身を落ち着けたのだが、意外にも「知らず識らず舞台の世界へ惹き込まれて行く自分」を発見する（七一頁）。このとき要を魅了したのは、浄瑠璃の響きではなく、人形の美しさだった。お久に注いでもらった酒を味わいながら、要は「じいっと瞳を凝らして、上手にすわっている小春」を眺める（六九頁）。老人の蘊蓄を思い出しながら人形を見つめる要は、小春のちょっとした仕草に不気味なくらいの生々しさを感じ、ふと小春を遣っている吉田文五郎の様子に視線を移す。するとその瞬間、要の眼差しの中で人形の姿がアメリカ映画（ハーバート・ブレノン監督『ピーターパン』、一九二四年）のイメージと重なり合う。

　絶えず落ち着きのあるほほえみを浮かべて、我が児をいつくしむような慈愛のこもったまなざしを手に抱いている人形の髪かたちに送りながら、自分の芸を楽しんでいる風があるのは、そぞろに此の老芸人の境涯の羨ましさを覚えさせる。要はふとピーターパンの映画の中で見たフェアリーを想い出した。小春はちょうど、人間の姿を備えて人間よりはずっと小さいあのフェアリーの一種で、それが肩衣を来た文五郎の腕に留まっているのであった。（七〇頁）さらに「根気よく視つめていると」、ついには人形遣いの姿も意識から消え、要は舞台上に「畳に腰を据えて生きて」いる女の姿を見ることになる（七一頁）。要は人形を見つめながら昔の人々が理想とした美人について思いをめぐらし、「此の人形の小春こそ日本人の伝統の中にある「永遠女性」のおもかげではないのか」と考える（七一頁）。

ここで重要なのは、こうして要が人形浄瑠璃の舞台に魅了されていくプロセスが、アメリカ映画のイメージによって媒介されていることである。アメリカ映画に登場する妖精のイメージこそが、「伝統的封建芸術」たる人形浄瑠璃と要の現在とを結びつける繋がりを提供しているのである。

こうして人形浄瑠璃の舞台に引き込まれた要は、小春だけでなく他の人形にも魅力を感じ始め、ついには「義太夫節の騒々しさも使い方に依って下品ではない」と思うようになる（七八頁）。要は自分のハイカラ趣味は「今の日本趣味の大部分を占めている徳川時代の趣味と云うもの」への反感に由来するものであり、徳川期の町人趣味とは遠くかけ離れた「宗教的なもの、理想的なものを思慕する」気持ちがそうさせるのだと考える（八〇頁）。そして、そうした彼の憧れを満たすものこそ、「ロス・アンジェルスで拵えるフィルム」なのだった（八一頁）。ところがいまや要は、浄瑠璃と太棹三味線の響きに耳を傾け「お定まりの舞台装置」を眺めるうちに、人形浄瑠璃の舞台にも同じ憧れを満たすものがあるのを発見する。

そして落ち着いて味わって見ると、彼のきらいな町人社会の痴情の中にも日頃のあこがれを満た

> すに足るものがないでもない。暖簾《のれん》を垂らした瓦燈口《かとうぐち》に紅殻《べんがら》塗りの上《あが》り框《がまち》、――世話格子で下《しも》手《て》を仕切ったお定まりの舞台装置を見ると、暗くじめじめした下町の臭いに厭気を催したものであったが、そのじめじめした暗さの中に何かお寺の内陣に似た奥深さがあり、厨子《ずし》に入れられた古い仏像の円光のようにくすんだ底光りを放つものがある。しかしアメリカ映画のような晴れ晴れしい明るさとは違って、うっかりしていれば見過してしまうほど、何百年もの伝統の埃の中に埋まって佗しくふるえている光だけれども。（八一頁）

美佐子の場合とは異なり、要にとって、人形浄瑠璃と映画はたがいに対立し排除しあうものではない。むしろ両者は観客の眼差しの中で重なり合い、たがいに響きあう関係にある。その意味で要は、モダニティの感受性をもって人形浄瑠璃の魅力を発見する「新しい観客」の一人だと言えるだろう。

最後にお久であるが、いま考察している場面には、お久がどのように人形浄瑠璃の舞台を眺めていたのかを示す記述はない。だが、この記述の欠如には理由がある。というのも、この小説において、お久は見る主体ではなく要の眼差しと欲望の対象（客体）であり、「人形のような女」（五七頁）として小春になぞらえられる存在だからである。[35] それゆえ、お久の観劇態度についてはなにも語られないのである。

ここで考察した『蓼喰ふ虫』の一場面では、それぞれに異なる観客の姿が的確に描き分けられている。義太夫節、三味線、人形からなる人形浄瑠璃の芸を味わう術を心得た「老人」、伝統的な升席の劇場を好まず、義太夫節を嫌悪し、人形芝居よりも映画を好む美佐子、そして最初はもっぱら人形の美しさに目を奪われていたものの、映画のイメージを想起しながら舞台で展開するドラマを凝視するうちに、少しずつ浄瑠璃と三味線の響きが描き出す世界の魅力をも感じはじめる要。ここに私たちが見るのは三者三様の観客の姿であり、この三人が形作る布置《ふち》を通して、弁天座時代という過渡期の人形浄瑠璃のありようがくっきりと浮かび上がる。道頓堀に立地する弁天座の劇場空間は、もはやモダニティの経験から遮断された場所（「浄るり国」や「禅寺」）ではない。好むと好まざるとにかかわらず、そこでは誰もが映画の瞬きやジャズのリズムにさらされており、人形浄瑠璃の舞台を、そうした映像や音響と対立させたり、比較したり、共鳴させたりしながら体験することになる。人形浄瑠璃の舞台は、各人の現在において、モダニティと衝突したり、すれ違ったり、接続したりするのである。

もちろん、ここに描かれているのは虚構の人物たちであり、彼らの観劇体験を現実の観客のそれと同一視することができないのは自明である。しかし、少なくとも私たちはこの場面のうちに、当時姿を現わしつつあった新しい観客たちと人形浄瑠璃との出会いを条件づける歴史的・文化的文脈のきわめて正確な記述を見いだすことができるだろう。昭和初年にはまだ都市部に限られていたモダニティの経験は、その後、日本社会に暮らす大多数の人々にとって共通の生の基盤となっていく。それによって誰もがモダニティの経験と感受性を内面化した観客として、人形浄瑠璃の舞台と向き合うようになる。だとするなら、『蓼食ふ虫』に描かれた弁天座の観客たちの姿は、人形浄瑠璃の「近代」の始まりの光景――少なくともそのひとつ――を仮構するものであったと言えるだろう。

昭和七年十二月の『浄瑠璃雑誌』に掲載された文楽座の劇評では、古靭太夫の浄瑠璃に心酔する

「大天狗」（義太夫節の愛好者）の次のような発言が紹介されている。

此の浄瑠璃を聞いて誰れが飽きます、次から次へと映画の如く展開して行く瞬速の間と拍子に云うべからざる味がある、是れは到底真似得ざる古靱師独占場の特産物です(36)

浄瑠璃の語りの運びを映画になぞらえて賞賛するこうした発言が示しているのは、昭和七年頃には人形浄瑠璃の初心者だけでなく熱心な愛好者たちのあいだにも、モダニティの感受性をもって舞台と向き合う観客が現れていたという事実である。

「新しい観客」としての谷崎潤一郎

私たちが考察した『蓼喰ふ虫』の一場面で、谷崎は人形浄瑠璃を道頓堀の都市空間の中に位置づけるとともに、モダニティの感受性をもって人形浄瑠璃の魅力を発見していく人物の姿を描き出した。小説の主人公である要の眼差しの中で文楽人形の女のイメージとアメリカ映画の妖精のイメージが重なり合うとき、二つの異質なものが架橋される。すなわち、十八世紀と二十世紀、近世と近代、日本とアメリカ（西洋）のあいだに、思いがけない回路が開かれるのである。

では谷崎が人形浄瑠璃について書いた随筆を読み直すとき、私たちはそこにどのような観客の姿を見いだすだろうか。結論を先取りしてしまうと、随筆の中に浮かび上がる「新しい観客」としての谷崎自身の姿は、『蓼喰ふ虫』の主人公の姿とは極めて対照的である。というのも、谷崎の随筆においては、小説では架橋されていた異質な二項が鋭く対立しあうものとして立ち現れてくるからである。

以下では、この点を簡潔に確認してみたい。

昭和二年に『改造』に連載された「饒舌録」のなかで、谷崎は人形浄瑠璃を話題にしている。そこで谷崎は自身の観劇体験について語っているが、その記述で際立つのは人形偏重・視覚偏重の傾向である。谷崎は文章の冒頭から人形浄瑠璃を「見るもの」として導入する。

前号で私は、上方にいると「食うもの」には事を欠かないが「見るもの」が不足だと云った。しかし此処にたった一つ「見るもの」がある。それは文楽座（焼失後は弁天座）の人形浄瑠璃である。(37)

この括弧を付された「見るもの」という規定が意識的に選ばれたものであることは、あとに続く「大阪人が文楽へ行くのは浄瑠璃を聴く為めであって人形を見る為めではない、人形は寧ろ邪魔になるのだそうであるが、私はそれの反対で、浄瑠璃よりも人形の方が好きなのである」（三三四頁）という文章からも明らかである。谷崎はみずからを人形に魅了されて「文楽を見に行く」観客として提示する。すでに引用した『浄瑠璃雑誌』の記事（昭和二年）でも「人形が珍しいので人は来る、来ても浄瑠璃に趣味は持たないものが多い」と述べられていたことからもわかる通り、人形目当てに文楽を「見に行く」ことは、新しい観客たちの特徴とみなされていた。谷崎はここで意識的に大阪の通人たちとは異なる新しい観客のひとりとして、自分を位置づけているのである。

谷崎の人形浄瑠璃との関わりにみられる視覚偏重の傾向は、元来義太夫節が嫌いであった理由を述べた次のような文章にとりわけ鮮明である。

なぜ嫌いかと云うと、あの語り方がいかにもキタナラしい。太い、不自然な声を出して、熱して来ると顔じゅうへぎら〳〵脂汗を浮かし、鼻だの口だのを滅茶苦茶に歪めて、見台《けんだい》を叩いたり仰け反ったり、七転八倒の暴れ方をする。苟《いやしく》も公衆の面前でやるのに実に無作法千万である。（三三四頁）

たつみ都志も指摘するように、ここで「キタナラしい」と批判されているのは、義太夫節の音声的側面ではなく、もっぱら視覚的側面であり、浄瑠璃を語る太夫の床での振る舞いである。(38) こうした視覚的印象にもとづく義太夫節への嫌悪感は、後年の「所謂痴呆の藝術について」（昭和二十三年）まで一貫している。そこでも谷崎は「傑出した一人か二人の名人」は別として、「他の凡庸な人々の芸は、大袈裟な表情や、行儀の悪い身振や、汗でぬる〳〵光った皮膚や、騒々しい怒罵や号泣以外の何物でもなく、ただ醜悪そのものである」と書いている。(39)「饒舌録」における人形浄瑠璃への言及は、その大半を人形についての考察が占め、浄瑠璃の音曲的側面への言及はほとんど見当たらない。

興味深いことに、谷崎が太夫や三味線弾きの芸を絶賛する場合にも、その評価は浄瑠璃の音曲的側面ではなく、視覚的印象にもとづいている。昭和十年に『改造』に掲載された「大阪の藝人」と題された随筆で、谷崎は文楽の芸人についても語っている。「初め私は、人形だけが好きで義太夫は嫌いであったが、既に人形に惹き入れられれば、義太夫に魅了されずにいる筈がない」と書き出した谷崎は、お気に入りの三味線弾きとして四代目鶴澤綱造《つなぞう》の名を挙げる。(40) しかし、綱造の美点を述べる言葉は、三味線の響きへの賞賛からその顔貌の見事さの描写へとただちに横滑りしていく。

綺麗なことが義太夫の三味線としては第一の条件でないかも知れぬが、兎に角私はあの音色を最も綺麗なように感じ、そうしていつも恍惚とする。が、恍惚とするのは、実を云うとその音色の故のみでなく、彼と津太夫《つだゆう》が肩衣を並べて燭台を前に端坐する時の、形の上の美感にも依る。と云うのは、いったい名人と云われる程の芸人の顔は取り〴〵に一と癖あって、聴衆の脳裡に強い印象をとどめるものであるけれども、綱造の容貌は分けても印象的であり、彼と対照される時に津太夫のそれも一段と引き立って、両者が互いに輝きを増す。（三五六頁）

谷崎は「芸人中での有数の美丈夫」である綱造の顔貌を詳細に記述したのち、「彼の右側に見台を控えてすわっている津太夫が又好いのである」と述べて三代目竹本津太夫の容貌を描き出す（三五七－三五八頁）。そして、この二人の名人への賞賛は、最終的に次の言葉で締めくくられることになる。

私は二人の姿を眺めて、何と実に揃いも揃った老芸人であることよと思い、又二人ながらにほんとうに立派なおじいさんであると思う。蓋し此の光景は文楽座に於ける一箇の比類なき壮観であって、時には人形劇以上の感銘を与えるのである。（三五八頁）

たしかに谷崎は視覚的描写に秀でた作家だが、声に対して鈍感な書き手では決してない。たとえば「私が見た大阪及び大阪人」という昭和七年に書かれた随筆では、歌舞伎俳優一人一人の声質の違いや東京の女と大阪の女の声の特徴の違いが詳細に語られている(41)。それだけにいっそう、浄瑠璃の聴覚的側面への言及の極端な少なさが印象的なのである。

人形浄瑠璃の受容における人形あるいは視覚面への偏重は、実は四ツ橋文楽座の新しい観客たちにみられる特徴でもあった。次章で検討するように、批評家の石割松太郎は、四ツ橋文楽座の新しい観客たちの主要な特徴のひとつとして視覚偏重・人形偏重の観劇態度を指摘している。浄瑠璃作品について谷崎が四ツ橋文楽座の新しい観客たちの大半よりもはるかに豊富な知識を持っていたのは間違いないとしても、観劇態度の点では、谷崎もまた新しい観客たちと同じ特徴を共有していたのである。

　四ツ橋文楽座の新しい観客たちの観劇態度に石割が見いだしたもうひとつの特徴も、谷崎のうちに認められる。すなわち、浄瑠璃の文句の意味内容への拘泥《こうでい》である。関西に移住してからもしばらくのあいだは、義太夫語りに対する嫌悪感と小さい子供が斬り合いをするようなむごたらしい物語に恐れをなして文楽座を敬遠していた谷崎は、ふとした好奇心で覗いた舞台をきっかけに人形浄瑠璃にのめり込むことになる。そのとき谷崎の文楽熱の発火点となった舞台は、大正十五年十一月に御霊文楽座で上演された『法然上人恵月影《ほうねんしょうにんめぐみのつきかげ》』だった。この新作浄瑠璃は御霊文楽座で上演された最後の演目だが、批評家の石割によって「駄作」の烙印を押された作品である[42]。谷崎がこの作品を気に入ったのは、法然上人の人形が魅力的だったのに加えて、「新作だけにサラサラとしていて、いつものアクドイ不自然な場面や組み立てが少く、上人の一代記をあっさりと述べていたからであった[43]」。すなわち、浄瑠璃の音曲としての美しさではなく、無闇矢鱈とむごたらしい切腹の場面を積み重ねるような「筋の不自然とか荒唐無稽」がなかったことが、谷崎の気に入ったのである[44]。

　よく知られているように、時代物の浄瑠璃に顕著な内容の荒唐無稽や筋立ての不自然さは、昭和二十三年の随筆「所謂痴呆の藝術について」のなかで、人形浄瑠璃の痴呆性を示す証拠として集中砲火的な批判を浴びることになる。谷崎はそこで「合邦《がっぽう》と云う義太夫がいかに馬鹿々々しいものであるか」を事細かにあげつらってみせる。[45] この演目の大団円では、玉手御前《たまてごぜん》の内臓から取られた生血の効能によって俊徳丸《しゅんとくまる》の病が治癒し、再び眼が見えるようになる。このくだりについて谷崎は、特定の日時に生まれた人間の生血に具わる特別な効能という「仮定の事実そのものが馬鹿げているから、それを中心にして泣いたり喚いたり喜んだりする劇中の人物の凡べてが馬鹿げて見える上に、それを一生懸命に見物している観客までが馬鹿に見える」と断言する（四一三頁）。しかも谷崎によれば、「馬鹿々々しい」のは『摂州 合邦 辻《せっしゅうがっぽうがつじ》』（「合邦内《がっぽううち》の段」）に限らなかった。『義経千本桜』（「鮓屋《すしや》の段」）や『菅原伝授手習鑑《すがわらでんじゅてならいかがみ》』（「寺子屋の段」）、あるいは『一谷嫩軍記《いちのたにふたばぐんき》』（「熊谷陣屋《くまがいじんや》の段」）といった一般に名作とされる演目であっても、人物造形における「人間性を無視した歪曲」（四〇九頁）や筋立てにおける「滑稽なる不合理や不自然」（四一五頁）が充満しているのである。それゆえ谷崎は、名人の芸が放つ強烈な魅力を認めつつも、人形浄瑠璃を「われわれが生んだ白痴の児」（四二一頁）と呼び、次のように結論する。

　因果と白痴ではあるが、器量よしの、愛らしい娘なのである。だから親であるわれ〳〵が可愛がるのはよいけれども、他人に向かって見せびらかすべきではなく、こっそり人のいないところで愛撫するのが本当だと思う。（四二一頁）

谷崎の考えでは、痴呆の芸術たる人形浄瑠璃は「誤った義理人情や犠牲的精神」を見る者に吹き込みかねないがゆえに、いまだ思想の固まっていない子どもたちに安易に見せてはならず、ましてや子どもたちがそれを「日本の誇り」だと勘違いするような事態は何としても避けねばならなかった（四二二頁）。

こうした谷崎の主張を検討するにあたって最初に確認しておかねばならないのは、昭和二十三年の時点においても、その主張が目新しいものでも、独創的なものでもなかったことである。佐藤淳一が指摘するように、それは明治以降に生まれた多くの知識人に観察できる定型的な主張のバリエーションにすぎなかった。「そこには、歌舞伎や文楽、あるいはその表現様式を評価していたとしても、西洋由来の近代的な批判精神ゆえにそこに描かれたものの不合理さなどを否定的に捉えざるをえず、全体としては歌舞伎や文楽を特殊なものとしてしか評価できなかった近代知識人の特有の思考というものを見ることができる」(46)。じっさい、すでに昭和二年に歌舞伎の「痴呆性」について語っていた正宗白鳥は(47)、昭和六年七月に『中央公論』に掲載された「明治劇壇総評」のなかで、あらかじめ谷崎の主張の要点を言い尽くしていた。

私は、明治に生まれたお陰で外来の思想に接し、外来のさま〴〵な知識に接し、外来のさま〴〵な叡知に富んだ芸術に接しながら、徳川期の痴呆の文化の感染を脱していないのに気がつく。私は、謂われなき恐怖を抱かせられるような愚昧なお伽噺を、祖母から聞かされたのを悔いているが、人間の知慧を麻痺させるような歌舞伎劇に親しんだことも悔いることもある(48)。

したがって、ここで問われるべきは、谷崎の主張それ自体ではなく（そこに新規性はない）、次の二点である。最初に考えねばならないのは、谷崎の人形浄瑠璃への批判が、なぜあれほどまでに激烈なものになったのかということである。そのうえで私たちはまた、谷崎の批判の根底にある問題意識にも注意を向ける必要がある。谷崎の痴呆芸術論に対して、近代人の価値尺度を近世の芸術表現に短絡的に適用して批判するという「近代主義者」の誤りを指摘するのは容易い。しかし谷崎の激烈な言葉の裏には、観客と人形浄瑠璃の関係に向けられた無視できない問いかけがあったのである。

まず批判の激烈さの理由であるが、それは一方では、「戦時中に文楽が軍国主義体制を支えるプロパガンダとして利用されたことに対する強い反発」と関係していた(49)。

何にしても、近年漸く衰微しかかっていた義太夫や人形浄瑠璃が、俄に息を吹き返して頽勢を挽回することを得たのは、戦争に便乗したからであって、今日もなお幾分かはその余勢が残っていないとは云えない。それかあらぬか、私はどうもあれから此方、義太夫を聴くと軍閥の野蛮性を思い出し、あの当時の国民全体の馬鹿さ加減を思い出して、一層厭な気がするのである。(四一七頁)

谷崎がここで「戦争に便乗した」と述べているのは、直接には、昭和十年代に上演された一連の時局物の新作に顕著な軍国主義体制への加担であろう(時局物の新作については第三章で検討する)。谷崎にとって、人形浄瑠璃と軍国主義体制との癒着は故なきものではなかった。両者は知性の欠如と野蛮性という特徴を共有していたのだった。

しかし他方において、谷崎の人形浄瑠璃に対する断罪があれほどまでに激烈なものになったのは、そこで断罪されていたのが人形浄瑠璃だけでなかったからでもある。すなわち、その断罪の鉾先は、あからさまな知性の欠如や不合理にもかかわらず人形浄瑠璃に愛着を感じてしまう自分自身の内なる前近代性にも向けられていた。

> それと云ふのが、近代の教養を身に着けた一人前の男子の理性に照らして見れば、正しくあれは痴呆の芸術に違いないからで、あの極まりの悪いやうな、忌ま〳〵しいような気持、――感心はするものゝ、感心する自分自身を嘲るような、批判するような気持ちは、たとい山城少掾のような名人の芸を聴く場合に於いても、なお全くは禁じ難いのみならず、どうかすれば感心の度合が強いだけ、一層その半面の気持ちも強いことがある。（四〇三頁）

谷崎によれば、山城少掾のような名人の芸の核心とは、「有り得べからざることを迫真の妙をもって語り、聴き手をしてその不合理を一時全く忘れさせてしまうところ」にあった（四一五頁）。しかし、そうした芸の力をもってしても、できるのは浄瑠璃に耳を傾ける観客に内容の不合理をしばし忘却させるだけであり、それを解決するわけでは決してなかった。ひとたび二流の芸人たちによって演じられれば、人形浄瑠璃の痴呆性はただちにあらわになるのである。

『蓼食ふ虫』の冒頭に描かれた弁天座の観客（斯波要）の場合とは異なり、この観客（谷崎自身）のもとでは十八世紀と二十世紀、近世と近代、日本と西洋が鋭く対立し、愛着と否定の感情がないまぜになった葛藤を作り出す。「封建的伝統芸術」たる人形浄瑠璃と「異質の近代性」（モダニティ）は、この観客の身体を舞台にして真正面からぶつかりあうのである。こうした苦境の直中で谷崎が導き出した結論が、「因果と白痴ではあるが、器量よしの、愛らしい娘」という人形浄瑠璃の規定であり、

「こっそり人のいないところで愛撫する」という向き合い方であった。

「器量よしの、愛らしい、白痴の娘」としての人形浄瑠璃。谷崎が与えたこの定義は、人形浄瑠璃の不変の本質を言い当てんとしたものではない。私たちが本章の冒頭で参照した上村の言い回しを借りるなら、この表現で谷崎が言い表そうとしたのは、ア・プリオリにそこにある人形浄瑠璃の姿ではない。そうではなく、ひとりの観客（谷崎自身）が居合わせた時代状況のなかにある人形浄瑠璃の姿である。近代という時代状況において、人形浄瑠璃の舞台と観客が生きる現在とのあいだにはどのような繋がりがあり得るのか。谷崎の激烈な批判の背後には、こうした問いかけが潜んでいる。谷崎の議論が、そのあからさまな近代主義的偏向にもかかわらず、私たちにとって無視できぬものであり続けているのは、この問いかけゆえである。「痴呆の芸術」という谷崎の言葉を、近代以降の社会における観客と人形浄瑠璃の関係を問う発言として理解するのではなく、人形浄瑠璃の文学的内容を評した発言であるかに誤解するとき、痴呆芸術論はその批判的鋭さを削がれてしまう。そのとき谷崎の議論は、無内容だが美しい形式として「芸」を味わえばよいのだという一種の様式美論に正当性を与えてしまうことになる。(50) だがそもそも谷崎が昭和二十三年に痴呆芸術論を蒸し返してみせたのは、すでに当時の人々が人形浄瑠璃を無内容であるけれども美しい芸として楽しみ始めているように感じられたからだった。

尤も以上のようなことは多くの人が疾うから知っていることなので、何も私が事新しく指摘する迄もないようなもの、、でも人々は知っていながらそれを已むを得ないこと、するか、或は今更咎め立てするのは野暮なことゝして許そうとする気持ちがあるように見え、その気持ちがもとになってだん〳〵その不合理を忘れかけているようにも思えるので、こゝでちょっぴり、忘却の埃を払って日光に曝して見たのである。（四一五頁）

もちろん、近代以降の社会を生きる人間にとって「人形浄瑠璃は本当に白痴の娘なのか」と問うことは可能であり、戦後の優れた人形浄瑠璃の研究者や批評家には、この問いに答えることが暗黙の課題となっていたと言ってよい。しかしすでに谷崎の随筆に先立って、また谷崎が経験したのと同じ戦時下の現実のなかで、文楽座の舞台と向き合いながら、人形浄瑠璃のうちに痴呆性の対極にある内実を探り当てようとした人々も存在した。それは昭和十年代半ばに『浄瑠璃雑誌』に集った武智鉄二を筆頭とする若い書き手たちである。だが、彼らの批評を辿り直す前に、まずは四ツ橋文楽座の開場とそのとき客席を埋めた新しい観客たちの姿を振り返っておきたい。

第二章　四ツ橋文楽座の「無知な」観客たち

新しい観客の登場

前章でも簡潔に触れた通り、昭和五年一月に開場した四ツ橋文楽座は、いくつかの点で、今日まで続く人形浄瑠璃の公演形態の起点をなしている。四ツ橋文楽座は鉄筋コンクリート構造の近代建築のなかの劇場であり、最新の電気照明と空調設備を備えていた。劇場の内部構造も大きく変化しており、常設の人形浄瑠璃の劇場としては初めて客席の大部分に椅子席を導入し、場内に食堂を併設した。開演時間は午後三時前後に設定され、公演全体の上演時間が短縮されるとともに、通し狂言と付け物を基本とする演目構成から見取り方式へと移行した。さらに新たな観客層を開拓すべく、学生や各種団体向けの鑑賞教室（マチネー公演）も開催されるようになる。そして公演当日に人形浄瑠璃の入門的な解説と演目紹介、床本を収録したプログラム冊子が販売されるようになるのもこのときからである。四ツ橋文楽座の開場とともに、人形浄瑠璃の観劇環境は、今日私たちが慣れ親しんでいる形に一気に近づいたのである。

本章では、四ツ橋文楽座開場前後に生じた人形浄瑠璃を取り巻く環境の変容を、観客の観劇体験に注目して考察してみたい。序章でも触れた通り、四ツ橋文楽座には開場と同時に従来とはまったく異なるタイプの観客が大量に押し寄せた。先に引用した証言でも述べられていたように、それらの観客たちは全体的に若く、人形浄瑠璃をよく知らない人々だった。前代未聞の大入りが続いた四ツ橋文楽座の観客席を埋めたのは、そうした新しい観客たちだったのである。たとえば、昭和五年四月の『浄瑠璃雑誌』に掲載された劇評では、それらの観客たちについて、次のような観察が述べられている。

聴客《ちょうきゃく》は満員、無論組見《くみけん》もあれど、所謂すき者よりも大衆的となり就中棒給生活者が其の大部分を占め、そしてそれ等の批評を聞くに最も人形に多量の興味を持てるものゝ如く。卑猥に流るゝかの文句を笑うも其の実は喜び、道行きは長唄にして義太夫節にあらずと断定を下すなど。浄瑠璃を玩味する上に於て滑稽皮相誤謬の点もありと雖《いえど》も。なか〳〵皮肉なる意味の潜める評語を洩すを聞く[1]。

このコメントは旧来の浄瑠璃愛好者の目に映った新しい観客たちの姿を特徴的な仕方で描き出している。評者はまず、演者の後援会が組織する団体観劇（組見）もあるものの、観客の大多数を占めたのは従来の愛好者（すき者）とは異なる棒給生活者たちだったと述べているが、これは客層が大幅に若返ったことを意味している。というのも、大正末期の御霊文楽座では観客の高齢化が急速に進み、それが人形浄瑠璃の衰退を象徴する現象として、しばしば話題になっていたからである。たとえば、大正十年の『浄瑠璃雑誌』の論説記事では、「聴客は十中の九部通り五十歳以上の老人にて少壮者の顔は殆んど見るを得ざる」という指摘がなされていたし、三宅周太郎も大正十五年の文章のなかで御霊文楽座の客は「爺さん婆さんのお寺の参詣客」と変わらないと書いていた[2]。次に評者は、それら新しい観客たちについて、もっぱら人形に魅せられているようであり、浄瑠璃（義太夫節）についてはきわめてあやふやな知識しか持っていないと断じながらも、他方では、批評精神が旺盛で、なかなか皮肉な（機知を含んだ）意見を述べると言い添えてもいる。こうした描写から浮かび上がるのは、人形浄瑠璃を楽しみ味わうための予備知識を欠いてはいるものの、活発な知的好奇心をもって舞台と向き合う観客たちの姿である。本章で私たちが考察してみたいのは、こうした観客たちの観劇体験のありようである。

従来の研究で昭和初年の四ツ橋文楽座が扱われる場合、主要な関心は代表的な演者たちの動向と変化する時代への対応策としての上演方式の変更——通し狂言を基本とする方式から見取り方式への移行——に向けられており、新しい観客層の登場については、ごく少数の例外を除いて、周縁的かつ挿話的な言及に留まることが多かった[3]。同様に、近代の人形浄瑠璃史において異例とも言える興行的成功も、ほとんどの場合、一過性の表層的現象にすぎないとみなされてきた。それに対して本章では、四ツ橋文楽座における新しい観客たちの登場を、観客史の観点から、人形浄瑠璃の近代の始まりを画する出来事として検討してみたい。

本章では、これまでほとんど学術的な議論の対象とされてこなかった四ツ橋文楽座の新しい観客たちに注目し、彼らを二重の無知によって特徴づけられる観客として定義したうえで、この観客たちがどのように人形浄瑠璃の舞台に向き合ったのかを考察する。もちろん、当時四ツ橋文楽座の客席を埋めた新しい観客たちは無名の人びと（大衆）であり、たとえその社会的地位をある程度推定できるとしても、彼ら一人一人が実際にどのように人形浄瑠璃の舞台を体験したのかを知ることはきわめて困難である。[4] したがって、ここでは次の三つの観点から当時の新しい観客たちに間接的に接近することを試みてみたい。

第一に、興行主体である松竹が新しい観客たちをどのように認識し、彼らの観劇体験をいかなる仕方で文脈化しようと試みたのかを、四ツ橋文楽座のプログラム冊子の表紙デザインと挨拶文の分析を通して明らかにする。次に、新しい観客たちの観劇体験を条件づける四ツ橋文楽座の劇場空間の特徴を分析し、それが従来の人形浄瑠璃の観劇体験にいかなる影響を与えるものだったのかを明らかにする。そして最後に、新しい観客たちの観劇態度についての同時代の観察を参照することで、彼らに特徴的な観劇のあり方に接近することを試みる。これら一連の考察を通して、四ツ橋文楽座開場後に出現した「無知な」観客たちのもとでこそ、今日の私たちにも通じる人形浄瑠璃との特徴的な向き合い方が形成されたことを示してみたい。

プログラム冊子にみる新しい観客の認知と観劇体験の文脈化

すでに述べたように、昭和五年の四ツ橋文楽座に出現した新しい観客たちは、二重の意味で「無知な」観客だったと言うことができる。なぜなら、彼らは舞台で上演される作品（演目）についてだけでなく、人形浄瑠璃の形式そのもの、とりわけ浄瑠璃の音曲的側面に対しても無知であり、それを味わうすべを知らない観客たちだったからである。じっさい、彼らの二重の無知については同時代のコメントのなかですでに話題にされていた。たとえば、石割松太郎は昭和五年四月の『演芸月刊』の劇評において、「いろ〳〵な理由で、人形芝居を見た事のない人が、今日の文楽座の主なるお客である事を思うと、実はビラが利くも利かないもない。「酒屋」でも「太十《たいじゅう》」でもが初めてのお客が多い」と述べており、同年五月の『郷土趣味　大阪人』の座談会でも、高安六郎が「この間もみていると、一体何所で手を叩いたらい丶のか分《わか》らんと、へんな所でも、誰かが手を叩くとそれにつれて、ぱちぱち叩く、だから文楽も（中略）聞きどこ、見どこが分らなくなって来ているらしい」と発言している。(5)

なお念のために付言すると、ここで私たちが注目する新しい観客の「無知」とは、知識の欠如を指しているのであって、知性の欠如を意味してはいない。本章の考察が明らかにするとおり、「無知な」観客は知性を欠いた観客であるどころか、旺盛な知的好奇心をもって人形浄瑠璃の舞台に接するきわめて知的活動性の高い観客である。

さて、いま説明したような二重の無知によって特徴づけられる観客は、人形浄瑠璃の歴史において新たな類型だったと言ってよい。というのも、昭和初年以前には、新作が上演される場合に演目を知らないということはあり得ても（じっさいにはほとんどの新作に先行作品があり、まったく馴染みのない題材は稀だった）、人形浄瑠璃の形式、とりわけ浄瑠璃（義太夫節）の響きに馴染みのない観客はほとんど存在しなかったからである。確かに大正以降、活動写真や浪花節といった新たな娯楽の台頭に押されて浄瑠璃の音曲的側面に精通した愛好者（好き者とか天狗と呼ばれた）の数は減っていき、御霊文楽座の観客動員も急速に減少した。しかし、その結果生じたのは、御霊文楽座がみずからも浄瑠璃を嗜み、その響きを隅々まで味わうことのできる通人の集うストイックな空間になることだった。まさしくそのような場所として、三宅周太郎は御霊文楽座を「禅寺」や「修道院」に喩えたのだった。そこには二重の無知によって特徴づけられる観客が登場する余地は、ほぼ存在しなかったと言える。

御霊文楽座の焼失後、文楽座は道頓堀の弁天座で仮宅興行を行うものの、すぐに極度の不振に見舞われたことはすでに述べたとおりである。それゆえ、四ツ橋文楽座の開場と同時に押し寄せた大量の新しい観客の出現は、興行主の松竹にとっても、文楽座の演者たちにとっても、まったく予想外の出来事だった。演者についてはすでに栄三の証言を参照したので、ここでは興行主の開場前の見通しを示唆する逸話を紹介しておこう。石割が伝えるところによれば、昭和四年末、松竹の幹部は紋下津太夫以下の面々を集めて、（1）年間の興行は三回ないし四回、（2）正月は人形芝居を上演するが二月は未定、三月は築地小劇場をかけるかもしれない、（3）女義太夫や素人義太夫の催しも開催したいと告げ、「名前は『文楽座』だが要は、お前さん達の人形浄るり専用の小屋だと思ってもらっては困る」という趣旨の訓示を行ったという(6)。このことは松竹自身が開場後の盛況をまったく予想できていなかったことを物語っている。それでは新しい観客たちの予期せぬ出現に対して、興行主である松竹はどのように応答したのだろうか。当時の新しい観客たちを松竹はどのような存在として認識し、彼らにどのような仕方でアプローチしたのか。この点を確認するために、四ツ橋文楽座が発行したプログラム冊子を考察してみたい。

まず最初に興行主である松竹の状況を手短に確認しておくと、明治四十二年に御霊文楽座の経営を引き継いだ松竹《まつたけ》合名会社は、四十四年に松竹合名社と改称し、大正五年頃までには道頓堀五座や歌舞伎座を始めとする大阪・東京の主要な劇場を手中に収め、歌舞伎・新劇・喜劇をカバーする多角的な劇場経営を実現していた（社名は昭和四年に松竹土地建物興行株式会社に改称）。加えて、松竹《しょうちく》キネマ合名社の設立（大正九年）後は映画の制作と配給にも進出し、大正十二年には道頓堀に松竹座を開場している。松竹座では洋画の上映の他にレビューなども上演され、そこには松竹楽劇部（昭和九年に松竹少女歌劇部に改称）が出演した。昭和五年一月に開場した四ツ橋文楽座が、伝統演劇から映画・レビューまで幅広い娯楽を提供する近代的企業によって経営されていたことは、以下のプログラム冊子の分析にとって重要な意味を持つ。

戦前期日本の映画館と観客のメディア史を研究する近藤和都は、映画館が発行する宣伝媒体としてのプログラム冊子には、「映画産業界の送り手たちが、地政学的・時政学的条件との関係から同時代の「オーディエンス」をどのように理解し、その理解と相関しながらどのような自己認識を獲得したのか、そしてその自己認識を介してどのような広告実践をしなければならないと考えるにいたったのか」という言説的・非言説的過程が反映していると指摘している(7)。やや抽象的な言い回しなのでわかりやすく言い換えると、映画館の興行主は、みずからの映画館の立地（地政学的条件：交通アクセス）と配給システムの中での位置づけ（時政学的条件：封切館か二番館か）にもとづいて映画館に来場する観客がどのような人々であるのかを理解し、それに合わせて興行のあり方を調整するとともに、観客に訴求する最善の方法を考える。そうした反省と実践のプロセスが、映画館のプログラム冊子の形式と内容を規定するのである。したがって、プログラム冊子を分析することは、興行主がどのように観客を理解し、それにもとづいていかに自己認識を調整して、観客へのアプローチの仕方を選択したのかを読み解く手がかりになる。本章では、四ツ橋文楽座のプログラム冊子を考察するにあたって、近藤が提出した観点を援用してみたい。すなわち、新たな立地で新たな上演時間のもと開場した四ツ橋文楽座が、新しい観客たちをどのように認識し、いかにみずからの位置づけを調整したのか、そして新しい観客たちにどのように呼びかけ、いかなる仕方で彼らの観劇体験を文脈化しようとしたのかを検討する。

ここで取り上げるのは、昭和五年に四ツ橋文楽座が来場者に販売したプログラム冊子（口絵4）である。それらの冊子の構成は基本的に変化がなく、次の九つの要素で構成されている。（1）表紙、（2）挨拶文、（3）折り込み式の番付、（4）演目表、（5）人形浄瑠璃の入門的解説、（6）演目解説と床本、（7）「四ツ橋畔より」と題された消息記事、（8）劇場設備・施設の説明、（9）広告である。このうち（7）のニュース記事は掲載されない場合もあった。（5）や（6）の存在は、興行主の松竹が開場前から人形浄瑠璃に初めて接する観客に配慮していたことを示唆しているが、すでに述べたように、新しい観客が来場者の大半を占め満員大入の盛況になるとは、松竹も予想していなかった。ここでは上記の要素のうち、特に（1）表紙と（2）挨拶文の変化に注目する。というのも、来場の記念品ともなるプログラム冊子の表紙は、観客の美意識に訴求することを目指してデザインされるからであり、挨拶文は番付の口上とは異なり、興行主による観客への呼びかけとして理解できるからである。じっさい、開場後約半年の間に表紙デザインと挨拶文に生じた大きな変化には、松竹による観客の認識の変化と新しい観客への接近の試みを読み取ることができる。

劇場のプログラム冊子は公演初日よりもかなり早い時期に編集されるため、四ツ橋文楽座開場後の状況に対する松竹の反応がはっきりと現れるのは、四月公演のプログラム冊子からである。そこでここでは二月公演、四月公演、五月公演、六月公演のプログラム冊子を比較していく。

まず二月公演のプログラム冊子では、表紙に絵尽しの図柄にも似た一人遣いの人形が描かれ、それが竹本座・豊竹座の紋と勘亭流の縦書きの文字列と組み合わされている（口絵5）。表紙裏面に印刷された挨拶文（口絵6）も、こうした伝統的なデザインに対応して非常に畏まった文体で記されている。ここでは文章表現も重要な要素なので、旧仮名遣いのまま引用する。

梅花の馨《かお》り一段とよろしき候、いよ〳〵御清穆《せいぼく》に被為《あそばされ》遊恐悦申上ます。偖《さ》て、当文楽座の竣成記念初春興行は絶大の好評を賜はり空前の満員記録を創つて、その盛況を二月へも打越し得たるは偏に御贔屓の御餘光と厚く御礼申上げます。（以下略）(8)

こうした挨拶文の文体は御霊文楽座時代から引き継がれたものであり、従来の観客（浄瑠璃愛好者）を想定した呼びかけだと言える。

それに対して、四月公演のプログラム冊子では、表紙デザインも挨拶文も大きく変化する。表紙の図柄自体は桜の花びら舞い散る川辺の風景であり、日本的なモチーフであるものの、鮮やかな色彩

（赤、黄、青、緑）の平面的な配置がモダンな印象を与える（口絵7）。さらに注目すべきは文字の扱いであり、縦書きではなく横書きに改められ、勘亭流ではなくグラフィカルな図案文字が採用されている。同様に「文楽座」のロゴの変化も注目に値する。「座」の文字のデザインを比較すると一目瞭然だが、新しく採用されたロゴは、洋画やレビューの劇場であった松竹座のロゴと同じデザインなのである（口絵10）。そして表紙と同様に挨拶文の文体も完全に一新される。

> 郷土趣味の香り豊かな 春四月の文楽座は 花の女学生を感動魅了したる 人形浄瑠璃の集粋です 矜持高く世界にほこる唯一の郷土芸術文楽座人形浄瑠璃は 輝く昭和の若き女性の憧れの的となり世界の人気を蒐めて今や新時代の頂点に立つてよりよき春興の第一者となりました(9) いみじき香り、華やかな彩り 新様式の完備せる あなたの 文楽座 へと お揃ひでお運びのほどを

世界に誇る郷土芸術であると同時に「新時代」「昭和」の「若き女性」たちを魅了する人形浄瑠璃の舞台へのいざないが、親しみやすい「です・ます」調の文体で語られている。

五月公演のプログラム冊子になると、表紙（口絵8）のデザインにおいては、人形の首《かしら》と牡丹の図像がそれぞれ単色の平面上に配置され、赤、茶、白、水色からなる背景に重ね合わせられている。一方、挨拶文は、人形浄瑠璃を印象的な仕方で同時代の都市文化のなかに位置づける。

> プラタナスの若葉には生々した近代色の香りが漂つてゐます。クラシカルシーンを近代都市の真只中に映す文楽座にも郷土の初夏が訪れました 絢爛より清新へ躍進した国粋芸術は今や精気満点です。三〇年劇壇の人気を一つに蒐めている四ツ橋文楽座の五月興行は巨匠連に花形軍の総出

陣です。いみじき情懐に近代的芳香高き美と興趣の殿堂あなたの文楽座は茲によりよき好箇の名作を揃えました。[10]（以下略）

カタカナ語（プラタナス、クラシカルシーン）が用いられ、「近代色」、「近代都市」、「近代的芳香」といった語彙を投入する挨拶文に読みとれるのは、四ツ橋文楽座の新しい観客たちを同時代のモダンな都市文化を享受する人々と理解したうえで、文楽座を近代都市の風景の一角を占める存在として位置づけ直そうとする松竹の試みである。

こうした松竹の試みは、六月公演のプログラム冊子でその頂点に達する。この冊子では表紙裏に挨拶文がなく、代わりに津太夫のレコードの広告が掲載されているが、その表紙は、おそらく人形浄瑠璃公演のプログラム冊子の歴史なかで最もモダンなデザインだと言えるだろう（口絵9）。平面的な色彩のコンポジション、幾何学的形態の使用、単純化された人形の形態など、構成主義的なデザインであり、装飾的な図案文字の使用と相俟って同時代の松竹座の映画ポスターを連想させる（口絵10）。[11]

ここに簡潔に考察した四ツ橋文楽座のプログラム冊子の表紙デザインと挨拶文の変遷に見て取れるのは、従来とはまったく異なる種類の観客の登場とそれによる興行の成功によって徐々に自信を深めていく興行主の姿である。松竹は四ツ橋文楽座の新しい観客たちを同時代のモダンな都市文化（映画やカフェー）に慣れ親しんだ人々とみなし、文楽座をそうした都市文化の一端を担うものとして位置づけなおすことで、人形浄瑠璃の観劇体験を同時代のモダニズム文化に接続可能なものとして文脈化しようとしたのである。[12]

ところが、四ツ橋文楽座のプログラム冊子におけるモダニズム文化路線は唐突に終わりを迎える。七月公演のプログラム冊子の表紙は、大胆な文字の配置などに洗練されたデザイン感覚を感じさせるものの、全体としては純和風の図案に変わり（口絵11）、挨拶文も「です・ます」調ではあるがより古風な文体に回帰している。

なつ七月、輝かしい季で御座ゐます。いよ〳〵御清康《せいこう》にあらせられまする段欣慶《きんけい》に存上ます。当文楽座も開場以来六ヶ月間連日満員、劇壇未曾有の絶対的好成績にてこゝにまた〳〵七月劇壇の覇権を握らんといたします。（以下略）(13)

表紙のデザインと挨拶文のこのような変化は七月公演だけのものではなく、これ以降のプログラム冊子にも引き継がれていく。こうした変化の原因はなんだったのだろうか。残念ながら、それを示唆する資料が見当たらないため、はっきりとしたことはわからない。二月公演以降、プログラム冊子の発行人・印刷者・印刷所に変化はなく(14)、興行もいまだ好調を維持していたので、発行主体の変更や興行成績の悪化が路線変更の理由だとは考えにくい。一方、開場後の四ツ橋文楽座をめぐる当時の議論を通覧すると、ここで検討したようなモダニズム文化路線に異議を唱える声も存在したことが明らかになる。たとえば評論家の大久保恒次は、『郷土趣味　大阪人』（昭和五年五月号）の座談会で次のように憤慨している。

若い何とかに、価値を見出されたなんてポスターの宣伝は、ちゃんちゃらおかしい。大阪の一部の女学生は決して、若い女全体を率し得られぬと同時に若い男女の真の代表ではない。(15)

こうした外部の意見が影響した可能性もあるだろう。もうひとつ考えられるのは、四ツ橋文楽座の新しい観客たちに人形浄瑠璃を売り込むにあたっては、それをモダニズム文化の一部として位置づけるよりも、むしろ「古典芸術」の風格を強調したほうが得策であるという判断がなされた可能性である。じっさい、昭和五年十一月の『浄瑠璃雑誌』の記事では、四ツ橋文楽座の新しい観客たちについて、次のような認識が語られているのである。

それに最近の文楽座は客筋がすっかり一変したことで御霊時代には隠居さんや婦人が主であったが、此時分には朝八時頃から夕方迄約十二時間打続けだ、真に文楽又は堀江座行は一日仕事であった。然るに彼の火災後近松座の跡へ新築以来時間は早くなり、客種も現代式の紳士淑女に変り余り白髪頭を見ないのは確に此古典芸術の価値が知識階級の人々に認められ、最早バタ臭い映画やダンスでは満足出来ない時代に推移しつゝ、あるを認むる事が出来る様になって来た。(16)

四ツ橋文楽座の客席を埋めた新しい観客たちはモダンな都市文化を享受し、モダニティの感受性を内面化した人々であるが、だからこそ人形浄瑠璃に特別な古典の品格と芳香を感じ、そこに新たな魅力を見いだしているのかもしれない。そのような洞察がプログラム冊子の表紙デザインと挨拶文の変化の背後にあったという可能性を排除することはできないように思われる。

劇場空間の近代化と観劇体験の変容

ここからは四ツ橋文楽座の開場とともに生じた人形浄瑠璃の観劇環境の変容と、それが観客の観劇態度に及ぼした影響について考えてみたい。ここでの眼目は、当時の新しい観客たちの観劇体験の歴史的条件を明確化することである。

すでに簡単に触れたように、四ツ橋文楽座は人形浄瑠璃の興行実践にいくつかの新機軸を導入した。観客の観劇体験に特に関わる点に限定してそれらを列挙すると、（1）一部の桟敷席を除いて定員八百五十名の観客席のほとんどを椅子席にしたこと、（2）電気照明と近代的な空調設備の導入、（3）出方（茶屋）によるサービスの廃止と劇場内への食堂の設置、（4）開演時間を午後三時前後として上演時間を短縮したこと、（5）通し狂言を基本とする上演方式を廃止し、「見取り」に移行したことが挙げられる。（1）から（3）の変更と、（4）と（5）の変更はそれぞれ相互に密接な関係にある。したがって、ここでは四ツ橋文楽座における観劇条件の変化を椅子席への移行と見取り方式への移行の二つに分け、それぞれが観客の観劇体験に及ぼした影響を確認していく。

まずは椅子席への移行であるが、明治以後の劇場の近代化の歩みを検討した永井聡子は、「枡席から椅子席への変換は、単に生活習慣を一変させた西洋指向の劇場版としてだけでない劇場空間そのものを劇的に変化させた」と指摘している[17]。椅子席への移行は、劇場でなされる観劇体験のあり方そのものに大きな影響を及ぼしたのである。具体的に言えば、桟敷や枡席や大入場で坐って観劇することから椅子席に移行したことで、観客の観劇態度が「明治末期には食べながら見るということから、見ることに集中し、幕間にくつろぐという、現在の観劇態度と同様のものに変換して」いった[18]。ちなみに四ツ橋文楽座が開場した昭和五年は、東京で松竹がほぼ椅子席のみの東京劇場を開場した年であり、関西でも椅子席主体の劇場が増え始めた時期にあたる（京都南座は昭和四年、中座は昭和七年に椅子席中心に移行）[19]。ここでは当時の議論や証言を参照しつつ、この変化を四ツ橋文楽座に即して考察してみよう。

弁天座までの桟敷と枡席を基本とする観客席を廃止して椅子席に移行することが、人形浄瑠璃を楽しむ観客の体験に大きな影響を及ぼす変更であることは、興行主である松竹にも十分に認識されていた。昭和四年七月十四日の大阪朝日新聞に掲載された「文楽雑話」と題された記事は、松竹の白井社長、木谷蓬吟、高安六郎、大西利夫、田中総一郎らが集まったときに交わされた会話の内容を伝えている。そこでは椅子席の導入について次のような懸念が表明されている。

ところで問題になっているのは、新文楽座の椅子席である。果して何時間もの間、椅子席にチャンとすわったまま聞いているであろうかというのである。矢張り文楽の見物は、酒に親しみ重箱を開き、五行本を持つのんびりとした気持であろう。なければ、辛抱が出来まい。あの短い幕合に食事時間はいつにするかというのである[20]。

ここでは椅子席への移行とそれに伴う客席での飲食の禁止によって、人形浄瑠璃の観劇から「のんびりとした気持」が失われてしまうのではないかと危惧されている。じっさい、翌年に四ツ橋文楽座が開場すると、椅子席への移行と出方制の廃止をめぐって賛否が分かれることになる。たとえば、武智鉄二は「この新文楽座は、当時としては、なかなかすっきりした劇場建築で、平土間が椅子席になっていたことも、われわれ若者にはかえって便利だった」と述べ、椅子席が若い観客に歓迎されたことを指摘している。(21) 同様に当時二十代半ばだったフランス文学者の生島遼一も、「昭和五年ごろ四ツ橋に文楽の新劇場ができて、これは椅子席でたいへん感じのいい小劇場だった」と好印象を持ったことを伝えている。(22) また開場直後の昭和五年二月号の『道頓堀』でのアンケート企画では、後に武智らとともに『浄瑠璃雑誌』の同人に名を連ねることになる高木善治が「美しい小屋です、他の芝居小屋の様に下駄をぬがせたりお菓子の事を心配する必要がないのが結構です」と答え、出方制の廃止を支持していた。(23) 他方、同じアンケート企画に回答した八木善一は「座席に座った処《ところ》は小じんまりと落着いたい丶感じ、困るのは場内で飲食喫煙を禁ぜられているので打寛いだ和やかさに欠ける事と義太夫節に椅子席は何といっても不調和」と述べ、若干の不満を表明している。(24) またすでに参照した『郷土芸術　大阪人』の座談会では、岩本栄三郎が「文楽の椅子はいけないな。五年か十年すればきっと元へもどって座って、もの食いながら見ることになる」と断言している。(25) 最後に当時二十代だった歴史学者の宮本又次は、素浄瑠璃を嗜んだ世代の反応として、「私の父など食堂でものを食うなど、もう文楽もおしまいだとこぼしていた。近代的劇場になじめなかったらしい(26)」と述べている。

これらの発言から読みとれるのは、四ツ橋文楽座の観客席が、当時の新しい観客たちには快適さを感じさせる心地よい空間であったのに対して、浄瑠璃を愛好する旧来の観客たちには「のんびりした気持」や「打寛いだ和やかさ」に欠ける、どことなく堅苦しい空間だと感じられていたという事実である。ここで重要なのは、新しい観客たちが感じた快適さや、旧来の観客が「のんびりとした気持」や「打寛いだ和やかさ」と呼ぶものの内実をより具体的に把握することである。そうすることで、四ツ橋文楽座が提供した観劇体験の特徴がより明確になるはずだ。

服部幸雄が指摘する通り、枡席から椅子席に移行することは、「狭いながらもくつろげる空間から、一定の方向に姿勢を固定させられて自由の利かない」椅子の上へと身体の置き場が変わることを意味する[27]。枡席の場合には、観客一人一人の身体の向きが画一的に指定されることはなく、いつでも自由に調整することができる。こうした柔軟性は、手摺舞台と出語り太夫床という二極からなる並置型の構造を持つ人形浄瑠璃の観劇にとって、きわめて合理的だと言える[28]。それゆえ椅子席の客席に固有の身体の向きの固定は、枡席に慣れ親しんだ観客にとって堅苦しいものに感じられただろう。

だが、他方において、すべての観客が正確に同じ方向（舞台の正面）に身体を向け、同じ姿勢で舞台と向き合うことになる椅子席の客席は、場内の明るさを一定に保つ電気照明とともに、均質的な見やすさを志向する近代の劇場空間の前提条件でもある[29]。均質的な見やすさとは「どの席からも同じように舞台が見え、同じように声が聞こえること」を意味するが[30]、映画館の椅子席に慣れ親しんでいたであろう新しい観客たちにとっては、四ツ橋文楽座の椅子席が提供するそうした見やすさは、観劇の快適さと結びついていたと考えられる。

この点で興味深いのは、舞台の明るさを正確に調整できる電気照明の導入が旧来の観客に与えた違和感である。御霊文楽座では昼間は明かり取りから光を入れ、日が落ちてからは舞台前方の上部に吊るされた洋燈（オイルランプ）と床の蠟燭が主要な光源だった。舞台の邪魔にならないように、ちょうどよいタイミングで明かりを灯し、火屋《ほや》を掃除する専属の洋燈係が存在した[31]。したがって、当時の舞台は今日の私たちが慣れ親しんでいるよりも薄暗く、不均質な明るさが支配したはずであり、照明を演出手段として積極的に活用することもできなかった。そうした状況が四ツ橋文楽座の開場とともに一変することになる。御霊文楽座時代の舞台に慣れ親しんだ観客にとって、それは単に舞台が見やすくなるという変化ではありえなかった。昭和六年一月の『浄瑠璃雑誌』の劇評では、『碁《ご》太平記《たいへいき》白《しら》石噺《いしばなし》』「新吉原揚屋《しんよしわらあげや》の段」の舞台照明について、次のように述べられている。

　此の場の舞台装置は電気を巧みに応用して、屋外の夜色暗々たる処《ところ》と室内の明晃々《あかりこうこう》たる対照で頗る結構だが、矢張り斯うした情景は太夫と三味線の力に任せて置く方がすき者にはよいと思う、けれども一般大衆にはアノ方が好評らしい[32]

すなわち、この舞台では電気照明が演出手段として効果的に用いられ、夜の吉原の情景が巧みに描き出されているけれども、それは、ほんらい、太夫と三味線の領分を侵害することにほかならないというのである。旧来の人形浄瑠璃の愛好者にとって、廓街《くるわまち》の戸外の夜闇と室内の明るさとの対比は、太夫の音遣《おんづか》いと三味線の撥捌《ばちさば》きによって描き出されるべきものであった。それゆえ、そうした対比を舞台装置と照明によってもっぱら視覚的に提示することは、太夫と三味線の技芸に対する無用な干渉と感じられたのである。だが、浄瑠璃を聴く耳を持たないであろう新しい観客たちにはこちらのほうが好評らしい、とこの評者は述べている。

　さて、旧来の人形浄瑠璃の愛好者が四ツ橋文楽座の観客席に感じた「のんびりとした気持」や「打寛いだ和やかさ」の欠落にもっとも密接に関係しているのは、椅子席への移行と同時になされた出方

（茶屋）によるサービスの廃止であろう。というのも、茶屋・出方制を廃止して飲食を観客席から追放し、代わりに劇場内に食堂を設置することは、端的に言って、観劇と社交の機能分化であり、両者を別々の空間に振り分けることだからである。その結果、観客席は上演作品を「鑑賞」するための場へと純化されていくことになる(33)。

弁天座までの人形浄瑠璃の劇場では、観劇（舞台を楽しむこと）と社交（家族・友人と言葉を交わし飲食を楽しむこと）は人形浄瑠璃の楽しみのなかで切り離しがたく結びついていた。たとえば、古靱太夫（山城少掾）は、御霊文楽座時代の茶屋のサービスと客席の雰囲気を回想して次のように述べている。

この茶店で冬は炬燵《こたつ》も桟敷へ揃えますし、御酒も運んできたもので箱火鉢の上へかざして、ちょっと燗《かん》直しなどをする時に、手許が狂って酒がこぼれると灰神楽がたって床で語っているところへぷうんと匂ってきたり、そうかと思うと例の梅月の天麩羅等が運ばれてくる中にはお客様の好みで牛肉のスキ焼きなんかも仕立てたもので、これはまた大好物揃いときているので、床の上から大層悩まされたものですが、しかし人形浄瑠璃の成立ちからいって、こうした家庭的な情愛のこもった気分の中に見たり聞いたりすることが一番ふさわしいのではないかと思います(34)。

たしかに御霊文楽座以前の人形浄瑠璃の劇場にも、三段目や四段目の切場《きりば》で客やお茶子の出入りを禁じる「通さん場」の習慣が存在したし、場内がシンと静まり返って太夫の語りに耳を傾ける情景も伝えられている。しかし、そうした慣習や情景が特別な事柄として伝えられているのは、上演全体から見れば例外的だったからである。たとえば、大正三年六月の『浄瑠璃雑誌』の巻頭記事では、「通さん場」の風習をあまりに厳格に運用することに対して異議申し立てがなされている。

> 更に最も野蛮なるは大阪市内梅田辺の紳士なるが例の四段目で兵站部の連絡を断《たた》れ家族一団飢餓に陥ったそうである、之も所謂芸術神聖論や公徳論から割出した事かも知らぬが、文楽座なるものは劇場である、浄瑠璃を聞いて楽《たのし》む所である、芸術公徳を無視しない範囲に於て起居飲食の自由を与うべきものと思う[35]

記事の執筆者の主張の当否はひとまず措くとしても、「文楽座なるものは劇場である」以下のくだりには、当時の通念として、劇場で人形浄瑠璃を楽しむことには、当然のこととして、飲食を伴った社交の楽しみが含まれていたことを読み取ることができる。そしてその通念は、古靱太夫の回想が示しているとおり、観客だけでなく演者にも共有されていた。

以上の点に加えて、観劇と社交の機能分化には、もうひとつ、椅子席がもたらした観客どうしの関係の変容も関わっていた。清水裕之が指摘するように、近代の椅子席の劇場では、観客が相互に分離され、それぞれが個別に舞台作品と向き合い、それを鑑賞することになる。「ひとりひとりの観客は、作品を介してのみ結びつき、もはやアプリオリに観客相互の一体性は保証されなくなってしまったのである。言うなれば、観客は同じものを観るために、たまたまそこに居合わせており、観客相互の能動的なコミュニケーションの根は、切り取られてしまったのである」[36]。そこでは隣の観客の動きや物音は、ただちに鑑賞の妨げと感じられるようになる。御霊文楽座のような劇場に馴染んだ観客にとって、そのような客席が「打寛いだ和やかさ」に欠けると感じられたとしても不思議ではない。だがその半面、そうした観客席は、社交を求めずに、純粋に観劇を目的として一人で劇場を訪れる客にとっては便利で快適であった。じっさい、四ツ橋文楽座のプログラム冊子でも「文楽座御座席案内」のページで、椅子席の利点が次のように強調されていた。

　御観覧料の外一切御不要の上大部分椅子席になって居りますからお一人でも御愉快に洋服でもお楽に御見物が出来、またお出入りが御自由です。[37]

　身体の向きと姿勢の固定、均質的な見やすさへの志向、観劇と社交の機能分化、観客相互のコミュニケーション回路の遮断。これらの特徴を備えた椅子席の観客席が条件づけるのは、無言で飲食もせずに神経を集中して人形浄瑠璃の舞台に向き合う観劇態度、一言で言えば「鑑賞」と呼ぶのがふさわしい観劇態度である。四ツ橋文楽座の椅子席に対する評価の違いの根底には、この新しい観劇態度への近しさの違いがあったと考えられる。

　次に、四ツ橋文楽座のもうひとつの新機軸である見取り方式への移行についても、それが人形浄瑠璃の観劇体験に及ぼした影響という観点から簡潔に考察してみたい。これまでの研究では、この見取り方式への移行について、主に二つの点で指摘がなされてきた。第一は、通し狂言の廃止によって大序《だいじょ》や端場《はば》の上演がなくなり、若手の修業に支障をきたしたという指摘であり[38]、第二の指摘は、集客を考慮して見取り方式にしたことで作品の全体像が把握しにくくなり、かえって客離れを招く結果になったというものである。[39] 本章はそれらの指摘とは異なる観点から、見取り方式への移行の影響を検討する。すなわち、見取り方式への移行は、人形浄瑠璃の観劇に関わる時間感覚の変容をもたらしたと考えられるのである。

　すでに第一章で述べたとおり、御霊文楽座時代の人形浄瑠璃の上演は通し狂言を基本としていたが、それは必ずしもじっさいに観客が作品を始めから終わりまで通しで観劇していたということを意味してはいない。むしろ大序の時間帯には客席がまばらであることが多かった。たとえば、明治四十年十二月の『浄瑠璃雑誌』には文楽座が検討している各種の改革案を紹介する記事が掲載されているが、そのなかで大序の時間帯の客入りの悪さが話題になっている。記事中では改革の一環として開演時間を遅くしたいという摂津大掾の意向が、以下のように紹介されている。

　尚《な》お摂津大掾は興行の時間も従前は午前七時に初まりて午後七時に終わりたれど、斯くては見物《けんぶつ》の為にも不便多く序の口を語る者は殆ど客の無き時に語るようになりて随《したが》って浄瑠璃、三味線共に気乗りせず、真《ほん》の義務丈《だけ》の事を為して済ます悪習あり、此は後進の為めに宜しからねば双方の便宜を計り午前九時より初めて午後九時に終わるようとの希望を抱き居るよしなれば（以下略）(40)

現状では開演時にはほとんど客がいないなかで語ることになり、若手の演者のやる気が削がれて修業に良くないので時間を遅らせたいという大掾の希望が報告されている。開演時の劇場が閑散としているという状況は大正期も同様であった。祐田善雄は「大正初年ごろの興行時間は午前八時ごろ始めて約十二時間上演したが、通し狂言の見どころ聞きどころの二の切《きり》や三の切は午後が多かったから、観客の熱が入るのは後半の六時間ほどであって、劇評もそこの部分から書き出すものが多い」と指摘し、「十二時間ずっと緊張して観劇するわけではなかった」と述べている(41)。じっさい、関東大震災後、一年間大阪に住んで御霊文楽座に通った小山内薫は、昭和三年に当時を回想した文章のなかで「大阪の通人は席をとって置いても、決して始めからは見ない。好い太夫が出る時間を見はからって出かけるのである」と書いている。[42]

これらの証言や指摘から明らかなとおり、当時の人形浄瑠璃の観客には、「上演作品は最初から最後まで通して鑑賞されるべきである」という通念は存在しなかった。したがって、開演時間も、その時刻までに劇場に到着しておくべき目安としては機能していなかった。

同様のことは、終演についても当てはまる。当時の観客には、「一段の浄瑠璃は最後まできちんと聞くべきである」という通念もまた、必ずしも存在しなかった。竹本摂津大掾が『義太夫の心得』（明治四十四年）の『艶容女舞衣《はですがたおんなまいぎぬ》』の項で「兎角《とかく》サワリの所が済みますと、十人や二十人は屹《きっ》とお立ちになりますので私共《わたくしども》の方では充分に力を入れて居る遺書《かきおき》の所も、トントお聴きにならんのが随分多いようでございます」と不満を述べているのはそのせいである。[43] 聞きどころとされる個所が終われば、上演が続いていようとお構いなしに席を立って出て行く観客たちの姿は、大正四年一月の『浄瑠璃雑誌』の劇評でも言及されている。切狂言『艶容女舞衣』の「道行《みちゆき》の段」では、掛合で太夫・三味線が「十人もずらりと並び、政亀、玉七の出遣《でづか》いで花やかで有るに、聴客はサワ〳〵と立《たち》て帰るので気乗りもせず誠に気の毒に感じた」と評者は述べている。[44]

以上に述べたのは、上演の始まりと終わりにおける観客たちの振る舞いであるが、上演中の観劇態度はどのようなものだったのだろうか。ここでは御霊文楽座で通し狂言の上演に立ち会った観客たちの観劇態度をごく簡潔に検討してみたい。そのための手がかりとして、明治四十年三月の『浄瑠璃雑誌』の劇評に描かれた観客たちの様子に注目する。この劇評の対象となっているのは『仮名手本忠《かなでほんちゅう》臣蔵《しんぐら》』の通しで、同時期に同じ外題を建てて競い合った文楽座と堀江座の批評が掲載されているが、ここでは文楽座に関する記述のみを取り上げる。

この演目の最大の聞きどころは「山科閑居《やましなかんきょ》の段」であるが、担当した太夫・三味線は、「中《なか》（雪転《ゆきこか》し）」が三代目竹本越路太夫と野澤吉弥《きちや》、「切（山科）」が竹本摂津大掾と豊澤広助という豪華な布陣だった。越路太夫による「中」について、評者は、実力者による見事な奏演だったにもかかわらず、観客はろくに聴いていなかったと指摘している。

　が、何分、（中略）御簾内《みすうち》といゝ、且《かつ》は前場《まえば》の「道行」の賑やかなる後で見物が酔うていると云う処《ところ》であるから、一向引立たざるのみならず、この端場に対し見物の多くは耳を傾けず何《どう》も重きを措《おか》むようで太夫《たいふ》に気の毒な感が起きたのである(45)。

すなわち、太夫が御簾内で語っているだけでなく、道行（「道行旅路の嫁入」）の華やかさを楽しんだ直後であるために、観客の気分が浮き立っていて、まともに浄瑠璃に注意を向けていなかったというのである。場内の騒がしさへの言及はないが、おそらくどこかざわついた、散漫な雰囲気だったのだろうと想像できる。だが観客がこの端場で緊張を弛め、注意散漫になっていたのは、単に道行の後だったからではなかった。次の「切」に摂津大掾が控えているからでもあった。じっさい、摂津大掾の登場とともに観客の態度と場内の雰囲気は一変する。

切の竹本摂津大掾、是ぞ当興行の聞物《ききもの》にて、聴衆は咽喉を鳴らしてのお待兼《まちかね》。掾の床に出るや拍手大喝采の大歓迎（中略）。さて枕頭《まくら》の「人の心の奥深き」の地《じ》を語り出すや、満場静粛宛然《さながら》水を打ったる如く、見物は座を正して謹聴して居たのである。(46)

それまで注意散漫な態度で舞台に向き合っていた観客たちは、ここで態度をガラリと変え、大掾の語りに全神経を集中させている。華やかな道行の舞台を楽しんだ後で観客たちがしばし緊張を解き、舞台から注意を逸らせていたのは、次に来る演目により一層集中して向き合うためだった。今日の観客が上演中は緊張して舞台に集中し、休憩時間にリラックスするのとは異なり、御霊文楽座の観客たちは通し狂言を構成する端場や切場や道行の連なりのなかで、舞台に集中したり緊張を弛めたりしていたのである。時代物《じだいもの》の通し狂言は、その五段構成の各段に異なる格式を付与するだけでなく、一段の中でもその各部分（口《くち》・中・切）に異なる重みづけを配し、さらには道行や掛合を織り込むことで、巧みに劇的緊張の起伏をコントロールしていた。(47) そうした通し狂言の構成を熟知していた観客たちは、上演中に巧みに舞台への集中度を調節し、態度を変えていたのである。通し上演の時間のなかで生じるそうした緊張と弛緩のリズムは、観客の態度のなかで観劇と社交の比率が入れ替わるリズムでもあっただろう。

四ツ橋文楽座における見取り方式への移行は、以上に述べた二つの点、すなわち開演時間と観劇との関係、および上演中の緊張と弛緩のリズムを大きく変えることになったと考えられる。まず開演時間と観劇との関係について言えば、いきなり見どころ、聞きどころから始まる見取り方式の上演の場合、開演時間に間に合うように劇場に行くことが必須となる。じっさい、『浄瑠璃雑誌』の劇評も、それ以前には序切《じょきり》や二段目あたりから書き出すことがほとんどだったのに対して、四ツ橋文楽座時代になると最初の演目から扱うことが標準化する。また、見取り方式への移行によって端場の上演がなくなり、三段目や四段目の演目ばかりが並べられるようになると、上演中に緊張したり弛緩したりするそれまでの観劇のリズムが乱され、変更を余儀なくされる。観客席からの飲食の追放とも相まって、上演中は緊張して舞台に集中し、合間の休憩にリラックスするという近代的な観劇のリズムへの移行が生じるのである。

開演時間に合わせて劇場に到着し、椅子席によって条件づけられた観劇態度で舞台と向き合い、本来的には抜粋でしかない見取りの演目をひとつの作品であるかのように鑑賞すること。四ツ橋文楽座の新しい観客たちが、そのことに抵抗を感じることは少なかっただろう。一方、開演時間に合うように劇場に赴くように促され、二十分間の幕間に食事と社交を済ませるように強いられた旧来の観客たちは、そこに時間的な窮屈さ、寛ぎのなさを感じたはずである。

以上に考察してきたように、四ツ橋文楽座における椅子席と見取り方式への移行は、旧来の人形浄瑠璃の劇場とは異なる観劇態度を動機づける諸特徴を備えていた。簡潔に要約すれば、四ツ橋文楽座の観客席は、私語も飲食もせずに浄瑠璃と三味線と人形の実演に注意を集中させる観劇態度――近代的な「鑑賞」――を動機づけるものだったのである。とはいえ、このことは、じっさいに人々が皆そうした態度で観劇していたということを意味してはいない。たとえば、当時女学生の鑑賞会を組織していた橋詰せみ郎は、旧来の浄瑠璃愛好者たち（「文楽党」）の観劇態度に対して、次のように苦言を呈している。

それからそれ等の所謂文楽党なるものは、最終までじっとしていずに立っちゃうんだね、終りの三味線の音を、後にして立って行くのが何とも云えないんだそうだが、それでは不可《いけ》ない、もっと舞台に敬意を表さなきゃいけない、（中略）新しい文楽では見物席でたばこをのむ人がある。ものを食べる人があるあれはいけないね。[48]

上演が終わらないうちに席を立つことは「舞台への敬意」を欠いた振舞いであるという橋詰の見解は、有機的に統一された全体としての「作品」という近代的観念を前提している。演者が上演し、観客が鑑賞するのはひとつの「作品」であり、「作品」の鑑賞はそれを最初から最後まで見届けるときにのみ完全なものとなり得る。途中で席を立って出て行くことは、作品の統一性とそれを上演してみせている演者たちを蔑ろにすることである。だが、御霊文楽座で人形浄瑠璃を楽しんでいた旧来の観客たちは、そうした「作品」の観念を必ずしも共有してはいなかった。橋詰の発言は、開場直後の四ツ橋文楽座の客席が、人形浄瑠璃をめぐる新旧の観劇態度がせめぎ合う場であったことを示唆している。

無知な観客の真面目さと「古典芸術」としての人形浄瑠璃

それではプログラム冊子において興行主から呼びかけられ、近代化された観劇環境に身を置いた新しい観客たちは、実際にどのように人形浄瑠璃の舞台に向き合っていたのだろうか。最後に、同時代の批評家による観察を手がかりにして、この点を検討してみたい。

四ツ橋文楽座の新しい観客たちは、同時代の浄瑠璃愛好家によって、しばしば無知な観客たちとみなされていたが、この無知の内実をもっとも鋭く指摘したのは批評家の石割松太郎だった。石割は昭和五年に書かれた「新築移転以来の文楽座」という文章のなかで、新しい観客たちの観劇態度を次のように観察している。

> だから御霊の文楽座時代とは、ガラリと観客層が異《ちが》って来ました。新たなる観客層は実は浄るりを聴く耳はまずありません。浄るりの善悪を玩味観賞する能力と予備知識とを欠いているのが最多数です。――その証拠に詰まらぬ節《ふし》、聴きどころでもないところに拍手、或《あるい》は歓呼の声を発しています。少し浄るりを聴く耳を持っているものから見ると、半間《はんま》な褒め方を敢《あえ》てしています。これは節或は詞《ことば》のいゝところ、褒むべきところを褒めているのでなくして、『文句の内容』に拍手し、喝采を惜まないのです。こんな観客層が新たなる文楽座の大多数ですから、実は浄るりはどうでもいゝ、寧ろ『人形』の舞台に引きつけられているお客なのです。（中略）浄るりの善悪は分からないが、人形は解る。予備知識を絶対に必要とする浄るりは、意味さえ解ればいゝ、映画の説明者位に思っている。[49]

二重の無知によって定義される新しい観客たちの特徴が、ここでは詳細に述べられている。第一に、四ツ橋文楽座の新しい観客たちは、人形浄瑠璃の鑑賞に不可欠な予備知識を持たない観客である。見方を変えて言うなら、彼らにとって、人形浄瑠璃はすでに特別な予備知識を必要とする舞台芸術になってしまっている。予備知識の欠如ゆえに、これらの観客たちは浄瑠璃の音曲的側面（曲節）を味わうことができない。そしてその結果、彼らは音曲的側面ではなく、言葉の意味により多く関心を寄せることになる。浄瑠璃に精通した旧来の観客が五行本片手に「のんびりとした気持」で床に耳を傾けるとすれば、新しい無知な観客は活字の床本を開いて話の内容を確認しようとするのである。それに加えて、新しい観客たちは人形に魅了される視覚優位の観客でもある。彼らにとっては、言葉（浄瑠璃）は眼に映るもの（人形の舞台）に従属し、それを説明する役割を与えられている。この点を強調するために石割は、無知な観客たちを説明者（活弁士）の言葉を聞きながらスクリーンを見つめる無声映画の観客に喩えている。すでに確認したように、松竹は新しい観客たちを映画に慣れ親しんだ観客とみなし、プログラム冊子のデザインを映画ポスターに近づけていたが、石割もまたここで、新しい観客たちと映画の観客との親近性を指摘しているのである。

だが、四ツ橋文楽座の新しい観客たちが、石割の言う通り、無知な観客たちであったとして、彼らは無知なままであり続けたのだろうか。彼らはただ自分の好きなように舞台を見て、聴いて、それで満足していたのだろうか。石割は別の文章のなかで、無知な観客に付随するもうひとつ別の側面を指摘している。それは、彼らが無知であるがゆえに知ろうとする観客たちだ、ということである。知ろうとすること、それは自分を変えようとすることにほかならない。

昭和八年七月に石割は東京劇場で文楽座を観劇したが、そのときの客席の雰囲気に強い衝撃を受ける。観客たちが異様に真面目だったのである。

> 一つは、理解しているのか、いないのか、知らないが、観客は恐ろしく真面目だ。操《あやつり》を見るに準備は欠いているが、操の「味」を「知ろう」としている。この気魄《きはく》が東劇に澎湃《ほうはい》としていた事。（中略）第一の場合に掲げた、観客の真剣なのには、実は私は驚嘆した。大阪の観客席に見られない一風景だ。大阪の観客は、純娯楽として操を見、操の「味」を「味わう」としている。東京の看客は「味」を「知ろう」としている。ここに大きな相違が現われている。[50]

人形浄瑠璃の舞台を味わうための予備知識を欠いており、浄瑠璃を聞く耳を持たない点で、東劇の観客たちは、四ツ橋文楽座の新しい観客たちと同様に無知な観客たちである。[51]しかし、彼らは恐ろしく真面目で真剣であったという。この石割の観察のポイントは、これらの観客たちは無知なのに真面目だと言っているのではないことである。無知なのに真面目なのではなく、無知だから真面目なのである。人形浄瑠璃の舞台を味わうための予備知識を欠いているがゆえに（無知であるがゆえに）、彼らは「知ろう」とするのであり、その知ろうとする努力の真剣さ、真面目さに石割は衝撃を受けたのだった。無知な観客とは、知的能動性によって特徴づけられる観客である。

東京の観客の真面目さについて印象的な証言を残しているのは、石割だけではない。昭和三年に新橋演舞場で文楽座を観劇した小山内薫も、東京の観客の真面目さに言及している。小山内は、大阪滞在時の御霊文楽座では、観劇を遊興の一種とみなす大阪人の観劇態度と人形遣いの芸を軽くみる言動に感興を削がれたと述べたうえで、次のよう語っている。

> 今度の新橋演舞場では、既にきょうまでに学び得たところだけでも、在阪一年のそれ以上に及ん

でいる。その理由の最大な一つは、東京の観客のまじめな点である。

一つは珍しいからでもあろうが、東京の見物に一人として人形を侮るものはないようである。もちろん、太夫、三味線に対する尊敬は歌舞伎役者に対する以上である。

この群集心理は劇場内を異常に静寂にすると共に、太夫、三味線、人形つかいをも緊張させずには置かないのである。(52)

演者たちに尊敬の念を抱き、私語も飲食もせずに舞台を真剣に見つめる観客たちは場内に集中した静寂を作り出し、それが演者に反作用して優れたパフォーマンスを引き出すことになる。その恩恵で、小山内も、御霊文楽座での観劇よりも多くの「学び」を得ることができたというのである。

無知な観客の真面目さに言及する石割と小山内の発言は、一見すると、東京と大阪の観客の違いを問題にしているようにみえる。しかしながら、より注意深く両者の発言を検討すると、いずれの比較においても、異なる時代の観客が比較されていることに気がつく。小山内の発言が御霊文楽座時代の大阪の観客と昭和初年の東京の観客を比較していることは明白だが、石割においても、先の引用に続く個所で、大阪では「浄るりの好者《すきしゃ》のみが、文楽座の華客《かかく》となる」と述べられるとき、(53)それが御霊文楽座時代にふさわしい記述であることは、石割自身の四ツ橋文楽座の観客の観察に照らしても明らかだろう。したがって、両者の発言で比較されているのは、二つの都市ではなく、二つの時代の観客類型の違いであると言うことができる。そこで問題になっているのは、近代的な椅子席の劇場（新橋演舞場や東劇もここに含まれる）に現れた、人形浄瑠璃の予備知識を持たない観客の観劇態度なのである。

無知であるがゆえに知ろうとする真面目な観客は、四ツ橋文楽座の客席を埋めた新しい観客たち（たとえば学生たち）のあいだにも、一定数存在しただろう。

人形浄瑠璃を味わうための予備知識を欠いているがゆえに、まずは必要な予備知識を学び、そうすることでその味を知ろうとする観客たち。その意味で、旺盛な知的好奇心と知的能動性を兼ね備えた観客たち。こうした無知な観客たちにとって、人形浄瑠璃の舞台とはどのようなものだったのだろう。石割は昭和四年一月に書かれた「人形芝居当面の事」と題された文章のなかで、洋楽の旋律と音階で育った今日の若い人々にとって、浄瑠璃の旋律を聴くことは「却って外国の音楽を聴くが如くであろう」と述べ、次のように書く。

> 内容の如何を論じ云為《うんい》する前に、既に人形芝居は、音律において過去のものである。過去の芸術、古典芸術を味わうには、それ〲の準備と予備知識とを要する。予備知識を具備して聴き、且つ見ねばならぬ舞台芸術は、今日の大衆の相手ではない。いかに贔屓目に見ても、興行の対象とならないことは明らかだ。[54]

石割に従うなら、古典芸術とは予備知識なしには鑑賞できぬ過去の芸術である。人形浄瑠璃は、それが観客に予備知識を要求するようになったときから、民衆的な娯楽であることをやめ、古典芸術になったのである。だとするなら、予備知識を欠いているがゆえにそれを学ぼうとし、その努力を通して人形浄瑠璃の楽しみを知ろうとする「無知な」観客たちは、人形浄瑠璃の舞台に古典芸術の鑑賞者として向き合う観客たちだと言えるだろう。四ツ橋文楽座における「無知な」観客たちの登場は、大阪において人形浄瑠璃が古典芸術に変容したことを告げる出来事だった。昭和四年の石割の診断に反して、古典芸術として人形浄瑠璃の舞台に向き合う観客たちが大量に現れたのである。「無知な」観客の登場とは、現在の私たちにまで連なる観劇態度の始まりを告げる出来事であった。

混淆空間としての四ツ橋文楽座

本章では三つの観点から四ツ橋文楽座における新しい観客の登場を考察してきた。興行主による新しい観客たちの認知と彼らの観劇体験の文脈化、四ツ橋文楽座の劇場空間が規定する観劇体験の条件、そして同時代の批評家による新しい観客たちの観劇態度の観察。これら三つの観点の検討を通じて、私たちは昭和五年一月開場の四ツ橋文楽座における無知な観客の登場を考察し、この観客たちのもとで古典芸術として人形浄瑠璃と向き合う鑑賞態度が成立したことを確認した。

とはいえ、同時代の証言を検討するかぎり、無知であるがゆえに真面目な観客の姿は東京の劇場で際立っており、四ツ橋文楽座には、石割を驚かせた東劇のような雰囲気は存在しなかったようにみえる。おそらくこのことは、当時大阪にはまだ御霊文楽座で人形浄瑠璃の芸を楽しんできた観客が数多く存在したことと関係している。四ツ橋文楽座の観客席は、そうした旧来の観劇習慣を持つ観客と新しい観客が入り交じり、せめぎ合う空間だった。昭和十六年に山口廣一は、四ツ橋文楽座の観客について語っている。山口は、東劇や明治座とは異なり、四ツ橋文楽座の観客席には「性格らしい性格がない」と述べたうえで、その理由を観客の雑多さに求めている。山口によれば、四ツ橋文楽座の場内の眺めは次のようなものであったという。

事実、文楽座の観客席に坐って、おもむろに周囲を見渡すと甚だ面白い。島の内界隈のご隠居らしい十徳姿が見えるかと思うと、その傍に外人がオペラグラスを片手に舞台を見入っている。小意気な芸者がいるかと思うと、洋装のモダンなお嬢さんがいる。大阪見物らしい地方出の老媼《ろうおう》の横に長髪の若い画家が膝の上にスケッチブックを広げて鉛筆を走らせていたりする。かと思うと二階奥の大入場では京大や大阪高校あたりの学生諸君が熱心に何にかノートでもしていようというんだから全く、文楽座の観客席は欧州諸国からの避難民が押し寄せるリスボンの波止場のように不思議な人種の見本市なのである。(55)

こうした観客の混淆は、多かれ少なかれ、開場直後の四ツ橋文楽座にも見られただろう。そのような客席では、東京の劇場のような雰囲気は生まれようがなかった。だが武智が「文楽座最後の黄金時代」と呼ぶ演者たちを前にして、(56)明治・大正の名人たちの芸を知る古参の観客と、古典芸術として人形浄瑠璃と向き合い始めた若い世代の観客とが隣り合っていた四ツ橋文楽座の観客席は、雑多なだけでなく、おそらく豊饒な空間でもあったろう。昭和十年代半ばの関西に人形浄瑠璃の批評・研究を刷新する若い書き手が相次いで登場したことは、新旧世代の観客の出会いの場としての四ツ橋文楽座の存在と無縁ではないと思われる。じっさい、昭和十四年以降、『浄瑠璃雑誌』の同人として従来とは異なるタイプの批評を書き出した新しい書き手たちは、いずれも四ツ橋文楽座で本格的に人形浄瑠璃の舞台と向き合った観客であった。彼らによる批評の刷新は、第四章で詳しく検討する。

第三章 「古典芸術」としての人形浄瑠璃と新作の行方

「古典芸術」になるということ

前章で私たちは、人形浄瑠璃を楽しむための予備知識を欠いてはいるが、だからこそ、それを学ぼうとし、その努力を通して人形浄瑠璃の楽しみを知ろうとする「無知な」観客たちの登場を確認した。そして、彼らがどのように人形浄瑠璃の舞台と向き合ったのかを、四ツ橋文楽座の劇場空間の特徴と同時代の証言にもとづいて考察した。そこで明らかになったのは、四ツ橋文楽座の新しい観客たちこそが、人形浄瑠璃を「古典芸術」として鑑賞し始めた観客たちだったということである。彼らのもとで人形浄瑠璃は「古典芸術」に変容した。しかし、そもそも「古典芸術」になるとは、いかなる意味を持つ出来事だったのだろうか。本章では人形浄瑠璃をめぐる当時の言説を辿り直すことで、この問いを解明してみたい。

そのさい最初に確認する必要があるのは、ここで問題になっている変化――「古典芸術」になること――が、舞台上で演じられる芸そのものの変化ではなく、それと向き合う観客の側に生じた変化だったということだ。四ツ橋文楽座開場前後の文楽座では演者の側に大きな世代交代は起こっていない。したがって、舞台上で演じられる人形浄瑠璃の芸が、突然、大きく変化して、それまでとは異なる「古典芸術」としての人形浄瑠璃が姿を現わしたわけではない。そうではなく、劇場で人形浄瑠璃の舞台と向き合う人々の眼差しに変化が生じ、彼らがみずからの観劇対象を「古典芸術」とみなすようになったのである。したがって本章で私たちが探求する問いをより厳密に定義するなら、「人々が人形浄瑠璃を古典芸術とみなすようになったとき、人形浄瑠璃と観客との関係にいかなる変化が生じたのか」ということになる。

現在の私たちにとって、人形浄瑠璃が「古典」（古典芸能）であることは、ほぼ自明の事実になっている。私たちが人形浄瑠璃を古典芸能として扱うとき、たとえばメディアで古典芸能のひとつとして人形浄瑠璃が話題になったり、人形浄瑠璃の公演が古典芸能の催しとして宣伝されたりするとき、その分類（「古典芸能」）は、いかなる価値判断も介在しない、純粋に記述的なカテゴリーであるかのように機能している。しかしながら、塩川徹也が指摘するように、「古典」――「古典芸術」も「古典芸能」ものそのバリエーションである――というカテゴリーは、対象をただ客観的に分類するカテゴリーではありえない。それは歴史上の一時期に成立し、ある特殊な価値判断を伴った「ものの見方」と切り離しがたく結びついている。

古典のような文化的事象は、それを考える人びとの心、ものの見方に依存しており、自然的事物のように独立して外界に存在しているわけではない。文筆という人間の精神活動の所産（中略）に対して価値的なまなざしを注ぎ、良し悪しや優劣の品定めをすることは、時代や地域を問わず広く行われてきたことだろう。しかしそのような個別の判断を越えて、「いつの世にも読まれるべき書物」、つまり万人、少なくとも当該集団の大多数にとって価値があり、しかもそれが時代を超えて永続するとされる書物群というカテゴリーを設定し、それを教育その他の手段を通じて普及させ、そのことによって文化を涵養していくべきだという思想がつねに存在していたわけではない(1)。

塩川がここで論じているのは文学における「古典」であるが、人形浄瑠璃が「古典」(古典芸能)として遇される場合にも、同様の「ものの見方」が作用している。つまり人形浄瑠璃は、その演目や演者についての個別的な価値評価とは別の水準において、万人にとって永続的な(時代を超えた)価値を持つものとみなされ、したがって、それを教育その他の手段を用いて普及させることが望ましいとされ、それを保護し継承していくことが広く文化一般の涵養に寄与するとみなされるとき、はじめて「古典」(古典芸能)となるのである。しかし、そのような「ものの見方」は「つねに存在していたわけではない」。

本章で私たちが確認するように、人形浄瑠璃が「古典」というカテゴリーと結びついたのは、大正後期から昭和初年にかけての一時期だった。その結びつきは「古典芸術」という言葉を介して成立した。当時、人形浄瑠璃が「古典芸術」と呼ばれる機会が急速に増えていったのである。このことは、そのころ人々が「古典芸術」という特殊なレンズを通して人形浄瑠璃を見つめるようになったことを意味している。四ツ橋文楽座の開場と新しい観客たちの登場は、まさしくそうしたタイミングで起こったのだった。とはいえ、本書が注目する昭和初年の一時期にはまだ、人形浄瑠璃を「古典芸術」

と呼ぶことは完全に自明な事柄にはなってはいなかった。「古典芸術」が純粋に記述的なカテゴリーではなく、特殊な価値判断と結びついたカテゴリーであることを、多くの人々が意識していた。「古典芸術」というレンズを通さずに人形浄瑠璃を見つめている人々がまだ多数存在し、同じ対象（人形浄瑠璃）をめぐって複数の異なる「ものの見方」が共存し、せめぎ合っていたのである。それゆえ、この時期の人形浄瑠璃に関する言説を丁寧に辿り直すことで、私たちは「古典芸術」という特殊なレンズの導入によって人形浄瑠璃の見え方がどのように変わったのかを具体的に検証することができる。じっさい、そのレンズは人形浄瑠璃と現在との関係を変えただけでなく、人形浄瑠璃の過去（歴史）に向けられる眼差しをも変えたのだった。

詳しくは後に論じるが、人形浄瑠璃が古典芸術として扱われるようになるということは、それが――現代の劇場で上演される芸術であるにもかかわらず――観客の同時代に属していない芸術、すなわち本質的に過去の時代に属する芸術とみなされるようになることを意味している。だからこそ、古典芸術となった人形浄瑠璃においては、新作の意味が（くりかえし）問い直されることになる。というのも、新作とはつねに人形浄瑠璃を現代（同時代）に結びつけるものだからである。

他方において、人形浄瑠璃を古典芸術とみなすことは、過去との関係をも再編する。たとえば、現行の人形浄瑠璃の歴史記述で広く採用されている古典化の仮説――現代劇（新作）の時代から古典劇（旧作の繰り返しと芸の洗練）の時代へという見取図――は、「古典」の概念がなくては成り立たない。「古典芸術」の概念が定着することで、はじめて古典化の仮説の依拠する展望が開かれたのだった。

その意味で、現在の私たちが人形浄瑠璃の歴史に向ける眼差しは、昭和初年に導入された「古典芸術」という概念の影響下にある。「古典芸術」という言葉が一般化し始めた時期に注目することは、私たち自身の歴史への眼差しの始まりへと遡行することにほかならない。

本章ではまず「古典芸術」という言葉が人形浄瑠璃に対して用いられるようになった歴史的経緯を再構成する。次に、この言葉の意味内容をより厳密に把握し、それが人形浄瑠璃に向けられる眼差しをどのように変えたのかを明らかにすべく、昭和四年に起きた新作をめぐる論争に注目する。そのうえで本章の後半では、旧来の人形浄瑠璃の愛好家たちが「古典芸術」という概念と新作の問題にどのように対処したのかを確認したい。古典化の仮説が示唆するところに従うなら、人形浄瑠璃の芸に精通し、それを味わうことに専心していた旧来の観客たちは、すでに新作への関心を失っており、したがってまた「古典芸術」という見方を率先して受け入れたはずだと推測できる。では実際にはどうだったのか。古典芸術と新作に関する『浄瑠璃雑誌』の議論を辿り直すことで、人形浄瑠璃の芸を楽しんでいた旧来の観客たちの態度を確認する。そして最後に四ツ橋文楽座の新作上演の展開に注目し、それを同時代の新作をめぐる議論のなかに位置づけてみたい。

「近来の流行語」としての「古典芸術」

それではまず「古典芸術」という言葉が人形浄瑠璃に対して用いられるようになった経緯を簡潔に確認していこう。

新聞・雑誌の記事や劇場のプログラム冊子を確認すると、四ツ橋文楽座が開場した昭和五年一月の時点ですでに、「古典芸術」という言葉は人形浄瑠璃とごく自然に結びつく語彙として定着しつつあったことがわかる。たとえば、四ツ橋文楽座は開場前から「古典芸術の殿堂」と呼ばれていた。昭和四年一月二十四日の大阪朝日新聞は「古典芸術の殿堂　立派な文楽座」と題した記事を掲載し、新しい文楽座の建物の模型写真とともに最新式の劇場設備を詳しく紹介している(2)。また落成記念初春興行(昭和五年一月)のプログラム冊子に掲載された挨拶文では、松竹社長の白井松次郎が同じ言い回しを用いている。すなわち、近年外国の名士が文楽座を訪問するさいに「これを迎える恰好の劇場のなかったことに鑑み、こんど古典芸術の殿堂、文楽座が新装なった次第で御座います」と述べているのである(3)。

この初春興行に先立って、昭和四年十二月二十六日には、各界の名士や株主を招待して開場式が盛大に催された。これを伝える新聞報道では「モダン」という形容詞とならんで「古典芸術」という言葉が用いられている。たとえば「モダン建築の大阪文楽座　二十六日に開場式」という見出しの京都日出新聞の記事は、新文楽座を次のように描写する。

新興文楽座は(中略)外観は東洋趣味を加工した近世式のモダンな様式で内部は典雅な御殿作りとし、本館、別館ともに三階建て(中略)の鉄筋コンクリート造りである、本館正面の外部は茶褐色のスクラッチタイル張りで古典的な彫刻がいかにもこの日本固有な古典芸術の殿堂を表徴している(4)

劇場建築のモダンなデザインとそこで上演される人形浄瑠璃の古典性を対比させる筆致は、当時の報道に共通する特徴だった。同じ開場式を伝える毎日新聞の記事は「われらの郷土の古典の殿堂文楽座は、かくして二十六日午前十時半四ツ橋々畔の新建築において」幕を開けたと報じ、朝日新聞の記事は「旧座に変わる外観、内部のモダーンなるうちに脈打つ古雅の風趣の讃えられるとき、緞帳があがって寿式三番叟《ことぶきしきさんばそう》がはじまる」と開場式の光景を描写している。(5) 前章で私たちは、四ツ橋文楽座が、そのプログラム冊子において、みずからをモダンな都市文化のうちに位置づけようとしていたのを確認したが、それはこうした報道で伝えられる新文楽座のイメージに呼応するものでもあったのである。

新文楽座開場後の昭和五年二月号の『道頓堀』は、「文楽座の印象」という特集記事を掲載した。これは開場式に出席した招待客と演者に新しい文楽座の印象を尋ねたアンケート記事で、総勢二十六名のコメントが集められている。そのうち八名のコメントに「古典芸術」という言葉が登場する。いくつか抜粋してみよう。

舞台は新築の小じんまりした可愛らしい小屋で、設備が行き届き聴くにも見るにも心地よく、周囲も道頓堀ほど騒々しくなくて、しんみりと古典芸術を賞玩するにはふさわしい（文学博士　藤井紫影）

総てが近代的施設とも申すべく就中《なかんずく》大部分椅子席にしたのは古典的芸術を標榜している同座としては果断の処置と称すべく私は大賛成である。（大阪市土木部長　島重治）

モダン建築の中に息づく古典芸術の粋！（中略）古典芸術を盛る近代建築、こゝにも時代が見えます。（吉田禎男）[6]

新聞報道と同様に、劇場建築のモダンな外観・設備とそこで上演される古典芸術との対照が来場者に強い印象を与えていたことがわかる。だが、このアンケート記事で特に興味深いのは、演者の発言に「古典芸術」の語が頻出することである。これらの発言からは、このころには演者たち自身もまたみずからの芸を古典芸術として捉え始めていたことが読みとれる。

何分古典芸術故古い中に新しく又新しい中に古い物とを存じます。（竹本文字太夫）

新春を迎えて木香の芳しき古典芸術、浄曲の殿堂文楽座の復興も三番叟の鈴の音色に連れて楽しき幕は切り落とされました。（吉田栄三）

世界でたった一つの郷土芸術と推賞されています文楽座の再興が此度四ツ橋畔に新装されて、しかもモダン劇場として古典芸術の街頭進出が敢行されましたことはまたない喜びで御座います。（中略）これからは新築文楽座の床でこの古典芸術を益々世界的に発揚する心組《こころぐみ》であり、偏《ひとえ》に皆様の御後援を希《のぞ》む次第です。（竹本津太夫）[7]

最後に『道頓堀』四月号と『浄瑠璃雑誌』二九〇号・二九一号に掲載された女学生の感想文も見てお

きたい。掲載されているのは、四ツ橋文楽座で始まった初心者向けのマチネー公演に参加した女学生の感想である。ここにも「古典芸術」という言葉が登場する。

これは浄瑠璃と三味線と人形、この三つが綜合されている。又これは日本の一つの古典芸術となっている。（二春　藤井幾子）(8)

私はやっぱり現在の鉄筋コンクリートでかためられた物よりも古典芸術にふさわしいクラシックな建物の方がい丶ように思われてならない。（西華高女三年　瀧正子）(9)

新聞報道、興行主、演者から文化人そして女学生まで。これらの用例からは、昭和五年頃にすでに「古典芸術」という言葉が、文楽座の人形浄瑠璃と結びつく語彙として社会の幅広い層に浸透し始めていたことが伺える。

しかしながら、この二つの語彙の結びつきが、この時点ですでに自明のものとなっていたわけではないことも確認しておく必要がある。「古典芸術」という言葉は、人形浄瑠璃を特徴づける語彙としては、まだ目新しい表現だった。昭和五年一月号の『道頓堀』に掲載された加藤亨の文章がこの点で注目に値する。そこで加藤は、各種の演芸の興行には「時流の趣好に投じて之《これ》を迎合」するやり方と「真正の大芸術の力を以て、見物を牽きつける」やり方とがあり、人形浄瑠璃（義太夫節）は後者であると述べて次のように続ける。

而《しか》して義太夫節なるものは、決して時流の思想に迎合し、其の変遷推移に応じて、容易く動く様な、浮薄なものでなく、個人の遺訓と、その芸風を尊重して、これを玩味咀嚼したる上、自家薬籠中に容れて後、自家芸術の特質を以て、大衆を引入れるべく努力すべき、第二の部類に属するものである、此の点が、近来の流行語たる古典芸術の真価で、深き深き趣味の存する所である。[10]

加藤はここで「古典芸術」という言葉を「近来の流行語」と呼んでいる。じっさい、この言葉の用例をさらに幅広く調べてみると、それが人形浄瑠璃に用いられるようになったのは、それほど昔のことではないことが判明する。以下では、この言葉の用例の変遷を確認することで、それが人形浄瑠璃に対して用いられるようになった経緯を概括的に示してみたい。

言葉の来歴

ここで参照するのは国立国会図書館デジタルコレクションで公開されている書籍・雑誌のデータベースである。[11]このデータベースでは、明治期以降の書籍（約九七万冊）・雑誌（一三二万冊）の本文データが全文検索可能な形で提供されている。総計約二二九万点のデータセットは膨大だとは言え、もちろん明治期以降に出版された書籍・雑誌の総量と比べればごく一部に過ぎない。だがそれでも幅広い分野の文書をカバーしており、「古典芸術」という言葉の用例の広がりと変遷を概観するには十分だと言えるだろう。

国立国会図書館デジタルコレクションで昭和七年までの「古典芸術」という語の用例を調べてみると、最も古い用例は明治四十年に見いだされ、西洋の文芸を指して用いられている。その次に登場するのは明治四十二年の用例で、西洋美術に関するものである。初期の用例を見ていくと、「古典芸術」という言葉がまずは西洋の文芸・美術を指す概念として日本語に導入されたことがわかる。この傾向は全期間にわたって確認でき、昭和七年までの全用例（一〇七一件）を芸術ジャンルごとに分類してみると、もっとも多いのは西洋美術と西洋文芸に関係するもので総計五九九件である。[12]一方、日本の伝統的な舞台芸術（能楽、歌舞伎、人形浄瑠璃）に関する用例は総計二六五件で、その内訳は能楽一六七件、歌舞伎二八件、人形浄瑠璃七〇件である。これら三つの伝統芸術のうち、古典芸術の概念ともっとも早く結びついたのは能楽であり、すでに大正二年には雑誌『能楽』や『ホトドギス』で「古典芸術」という言葉が用いられている。能楽に関する用例はその後ほぼもコンスタントに見いだされ、大正末期になると急増する（表1）。

人形浄瑠璃に関する用例でもっとも早いのは大正四年であるが、これは西洋音楽史を論じた書物のなかで言及されたもので、例外的な事例だと思われる。人形浄瑠璃関連で古典芸術の用例がコンスタントに登場し始めるのは大正十一年以降であり、用例が増え始めるのは大正十五年からである。大正十一年の用例は三宅周太郎の『演劇往来』だが、「阪神の三座」という文章のなかで、文楽座について「古典芸術の粋を集めし観がある」と述べられている。[13]三宅のこの文章は、元々、大正七年に発表されていた。したがって、おそらく大正後期から徐々に「古典芸術」という言葉が人形浄瑠璃に対しても用いられ始めたのではないかと推測できる。その後、大正末年から増え始める用例は、昭和四年頃に急増する。谷崎や正宗白鳥といった著名な作家が「古典芸術」という言葉を文楽座に対して用いるようになるのもこの時期である。これらの用例にもとづいて判断するなら、加藤が昭和五年一月の記事で「古典芸術」を「近来の流行語」と呼んだのは、実態に即した発言だったと言うことができる。

（表1）「古典芸術」の用例の推移

	能楽	歌舞伎	人形浄瑠璃
大正2年	7		
大正3年	2		
大正4年			1
大正5年	1		
大正6年	3		
大正7年	2		
大正8年			
大正9年		4	
大正10年	2		
大正11年	5		1
大正12年	2		1
大正13年	1		
大正14年	2		1
大正15年／昭和元年	18		5
昭和2年	23		6
昭和3年	9	6	4
昭和4年	19	3	16
昭和5年	17	3	19
昭和6年	30	6	9
昭和7年	24	6	10

最後に、歌舞伎に関する用例についても簡単に触れておこう。国立国会図書館デジタルコレクションで調べる限り、歌舞伎に関して「古典芸術」という言葉が頻繁に用いられるようになるのは昭和に入ってからである。大正九年にいくつか用例があるが、それらはすべて浜村米蔵の『歌舞伎劇の見方』に由来するものであり、孤立した事例となっている。大正期の新歌舞伎の試みなどを考え合わせ

るなら、「古典芸術」という言葉の浸透が歌舞伎でもっとも遅かったことは示唆的であるように思われる。

以上の概観をふまえて、人形浄瑠璃への「古典芸術」という言葉の浸透に関して、注目すべき二つの文脈の存在を指摘しておきたい。

第一は、「古典芸術」という言葉が人形浄瑠璃に用いられるようになる過程で能楽が果たした役割である。すでに確認したように、当初は西洋の文学や美術――具体的には古代ギリシャ、ローマ期の文芸・美術やルネサンス期の絵画・彫刻・建築など――に関して用いられていた「古典芸術」という言葉を、いち早く受容したのは能楽だった。初期の用例の多くは、雑誌『能楽』（明治三十五年七月創刊）に見いだされるが、それらの用例を確認すると、当時、能楽に関わる人々が、明治維新によって生じた危機を克服し、さらなる振興を図るうえで、戦略的に「古典芸術」という言葉を採用していった様子を窺うことができる。すなわち、西洋の歴史的な古典芸術に匹敵し得るほどの比類のない完成と様式美を具えた芸術として能楽の価値を社会にアピールするために、「古典芸術」の語を積極的に採用したのである(14)。能楽における「古典芸術」の初出例である大正二年二月号の雑誌『能楽』には、過去十年間の雑誌の歩みを振り返り、広く一般に能楽の価値を認めさせようとしてきた努力が実を結びつつあると確認する一文が掲げられている。

而して今や国の到る所謡の声の聞えざる地なく、鼓の音の響かざる所なく、学者にして此尊重すべき国楽の歴史に注意を払わざる人なく、芸術家にして此古典芸術の価値を認めざる人なし、政府も亦《また》国粋の意義を認めて、正式に是が保護策を開始す、これ素《もと》より時代機運の然らしむる所、吾人単《ひと》り此結果を独占するの理由なしと雖《いえど》も、而も猶同人相顧みて会心の微笑なき能わざる也。(15)

ここでは「古典芸術」という言葉が非常に意味深い文脈のなかに現れている。すなわち、古典芸術としての能楽は、歴史的に重要な（過去の）芸術であり、その完成された様式美において比類なき芸術的価値を持ち、それゆえ日本固有の芸術として国家による保護を受けるに値するとされているのである。歴史的価値（過去の芸術）、芸術的価値（完成された様式美を具えた芸術）、保存的価値（国宝的芸術）を兼ね備えたものとして、日本の伝統芸術を「古典芸術」と定義すること。能楽が率先して実行してみせた「古典芸術」概念のこうした戦略的受容は、人形浄瑠璃が「古典芸術」という言葉をわがものとするさいのモデルになったと考えられる。言い換えれば、人々が人形浄瑠璃の存在意義を上記三つの価値によって基礎づけるようになるにしたがって、人形浄瑠璃は「古典芸術」という言葉と結びつくようになったのである。

じっさい、私たちは能楽が設定した文脈の規範性を示唆する事実を見いだすことができる。人形浄瑠璃に関して「古典芸術」という言葉が用いられはじめた時期には、しばしば人形浄瑠璃を能楽に近づける身ぶりが認められるのである。たとえば、「文楽座号」と銘打たれた大正十四年十月の『劇壇縦横』には大勢の論者による文楽座への提言が掲載されているが、そこには人形浄瑠璃を能楽になぞらえる発言が多数見いだされる。そのうちのいくつかは、明示的に人形浄瑠璃を古典あるいは古典芸術とみなしていた。

私はあるがまゝの「文楽」に満足する。私はあの古典美の保存をのみ主張する。（中略）文楽の人形劇よ。あのまゝの姿で残れ。能楽のように完全に残れ。（山本修二[16]）

人形浄瑠璃は、統一された古典的芸術として、完成したところに価値がある。そして山頂に辿りつけば、道は自ずから下り坂となる。（中略）能楽壬生狂言、舞楽の保存は、これを支持するに簡単な点に於《おい》て、保存し得るやもしれないけれど、保存するものとしては、人形芝居は余りに複雑で、費用がかゝり過ぎるから、その保存の可能性が希薄なことを、私は頗る惜しいと思う。（小林一三[17]）

むやみに手を加えることなく、そのままの姿で人形浄瑠璃を保存せよ主張する論者にとっては、明らかに能楽がそのモデルになっていた。

是は能楽と共に大事に保存しなければなりません。（小寺融吉）

人形は能と同じ形式で保存されるであろうと愚考致します。（伊坂梅雪）

今日能を保存して居ると同様に或る特殊な階級乃至は国家が世話をやいて保存する必要があると存じます。（水谷竹紫[18]）

後に確認するように、人形浄瑠璃の古典芸術としての性格を強調した石割松太郎もまた、その保存という観点から見て、人形浄瑠璃は歌舞伎ではなく能楽のように扱われるべきだと主張していた[19]。さらには白井松次郎も昭和五年一月の新文楽座開場時の挨拶のなかで、「日本にこれ一座きりと云うのは心細い次第で、彼の能楽と同様、日本の古典的舞台芸術として、之を永遠に保存すべきは恐らくは国民的義務があろうかと考える次第で御座います」と述べている[20]。人形浄瑠璃が古典芸術と呼ばれるようになる時代とは、それが歌舞伎ではなく能楽の側に位置づけられるようになる時代でもある。

文楽座の人形浄瑠璃と「古典芸術」という言葉が結びつく過程において、もうひとつ注目すべき点は、大正十五年十一月二十九日の御霊文楽座の焼失をひとつの契機として、「古典芸術」という言葉に新たな文脈が加わったようにみえることである。御霊文楽座の焼失は、逆説的に、それまで人形浄瑠璃にあまり馴染みのなかった人々をも含めて広く世間一般に文楽座の世界的価値を印象づける機会になったように思われる。よく知られているように、御霊文楽座焼失の翌日、当時駐日フランス大使であったポール・クローデルは、朝日新聞に談話を寄稿した。そこでクローデルは文楽座の人形浄瑠璃を能楽とならぶ優れた芸術表現として賞賛し、その世界的価値を最大級の表現で強調してみせた。

文楽座の芸術は能楽と共に世界における最高のフォームをもつ芸術である。（中略）文楽座の焼失滅亡はたゞに日本だけの損失ではない、世界人類に取って取り返しのつかない損失である。これは誇張でもなんでもない全く事実だ[21]

年が明けた昭和二年一月、クローデルのこの発言を引用しながら、松竹社長の大谷竹次郎は『歌舞伎』の巻頭記事で次のように宣言した。

文楽座人形浄瑠璃はも早浪花の花でなくして、全日本、全世界の花である。これを再築す可きは、ひとり大阪のため、日本のためならずして、全世界のためである。此処《ここ》に於てか松竹合名社は、大方の諸賢の同情鞭撻を双肩に荷《にな》って、此の古典芸術の殿堂を再築しようと思っているのである。[22]

すでに参照した大正十四年秋の『劇壇縦横』でも、大谷竹次郎は短い文章を寄せていた。だがそこでは文楽座について、「大阪の誇りと云うよりも、これはむしろ日本の誇りであって、いつまでも存続させたいと思います」と述べているにすぎなかった[23]。わずか一年あまりで「日本の誇り」から「全世界の花」へと表現が変化しているのである。この変化には、御霊文楽座の焼失を経て、昭和初年に人形浄瑠璃が「古典芸術」と呼ばれるようになったときに加わった、新たな文脈がはっきりと読みとれる。すなわち、文楽座の人形浄瑠璃は、ただ大阪の「郷土芸術」であるにとどまらず、「日本が世界に誇る古典芸術」でもあるという語りが、ここで成立したのである。これは人形浄瑠璃が能楽になぞらえられたときには、必ずしも存在しなかった文脈である。昭和初年、特に四ツ橋文楽座開場後には、各国の大使や来賓が文楽座を頻繁に訪問し、ときには「古典芸術」を賞賛する来場者の言葉とともにメディアで報道されるようになる[24]。こうしたことも、この新しい文脈の形成に寄与したように思われる。

「世界的価値をもつ古典芸術の殿堂としての文楽座」という語りは、昭和八年頃に最初の高まりを見せる文楽座への公的支援の動きに対しても少なからぬ影響を与えた。じっさい、昭和七年十二月に大阪府議会が府知事に提出した文楽座支援のための建議案でも、また衆議院での建議（昭和八年一月）

を受けて国と府からの補助金の受け皿として設立されることになった文楽協会の設立趣意書（昭和八年六月）でも、人形浄瑠璃文楽座の古典芸術としての世界的価値が高らかに謳われているのである。府議会の建議案では、文楽座の人形浄瑠璃について、「こは只に大阪に於ける郷土芸術として誇るに足るのみならず我日本に於ける最も高尚なる古典芸術として世界に誇るべきもの」であると述べられており、文楽協会設立趣意書でも、「啻《ただ》に大阪の有する郷土芸術として誇るに足るべきのみならず、我日本における古典芸術の至宝として世界に誇るべきもの」であることが強調されている。(25) これもまた人形浄瑠璃が古典芸術になるということの一側面である。大阪の郷土芸術にとどまっている限り、人形浄瑠璃に対する国家による支援が認められることはなかったはずである。古典芸術になることは、能楽の場合と同様に、人形浄瑠璃が近代社会で生き延びるための生存戦略でもあった。

昭和四年の新作論争

ここまで「古典芸術」という新しい言葉が人形浄瑠璃と結びつくにいたった経緯を概括的に確認してきたが、ここからは昭和初年の人形浄瑠璃をめぐる議論において、この言葉がいかなる意味内容を獲得したのかをより厳密に検討してみたい。ここで私たちが参照するのは、昭和四年に起こった新作浄瑠璃をめぐるひとつの論争である。それは人形浄瑠璃研究家の木谷蓬吟と批評家の石割松太郎とのあいだで生じた。この論争が注目に値するのは、それがまさしく「古典芸術」という言葉が人形浄瑠璃の本質を言い表す言辞として定着し始めた時期に、したがってまた「古典芸術」と人形浄瑠璃とをイコールで結ぶことがまだ自明の事柄になってはいなかった時期に起こったからである。石割にとって、人形浄瑠璃が古典芸術であることは議論の前提だった。一方、木谷はこの新しい言葉に対して極めて懐疑的な態度を示していた。つまりこの論争は、人形浄瑠璃を「古典芸術」というレンズを通して見つめる人物と、そうすることを拒む人物とのあいだの論争だったのである。この点で、石割と木谷の論争は、その後、二十世紀を通じて繰り返される新作をめぐる論争的議論とはまったく性質を異にしている。というのも、それら後年の議論は人形浄瑠璃が古典芸術（古典芸能）であることを自明の前提としているからである。いっぽう昭和四年の論争では、まさしく人形浄瑠璃を古典芸術とみなすことの是非が問われていた。したがって、この論争を辿り直すことで、私たちは「古典芸術」という特殊な見方の効果を測定することができる。「古典芸術」という概念の導入によって、人形浄瑠璃の現在と過去に向けられる眼差しがどのように変化したのかをつぶさに確認できるのである。

論争の発端は、木谷が昭和四年七月十四日の大阪朝日新聞に寄稿した「新文楽座へ　いろいろ注文帖」という文章である。そこで木谷は年内に予定されていた四ツ橋文楽座の開場を前にして、文楽座の存続のために必要な五つの方策を提案している。それらの方策は、（1）新作物の上演、（2）近松物の復活、（3）後進の養成、（4）人才の抜擢、（5）門戸開放からなるが、石割の反論はもっぱら（1）に向けられているので、ここではこの点に絞って木谷の主張を振り返っておく。

木谷はまず同時代の歌舞伎の動向を引き合いに出して、限られた数の外題の繰り返しに陥っている文楽座の現状に疑問を呈する。

二十ばかりの同じ外題を繰り返し演じている、毎回同じ場面を同じ大夫が語るという文楽座の現状では、飽かれるのも無理はない。時代に適応した新作物（現代劇というのではない）上演は第一の急務である。姉妹関係の歌舞伎俳優でさえ、ドシ〳〵新作を演じているではないか。(26)

すでに見たように、人形浄瑠璃が古典芸術の観念と結びつくときには能楽が引き合いにだされることが多かった。それとは対照的に、木谷はここで歌舞伎の動向に言及しつつ、文楽座に新作物の上演を求めている。木谷によれば、その昔、同じ狂言の繰り返しによって古浄瑠璃が行き詰まったときに、その窮地を救ったのが竹本義太夫と近松門左衛門の新作世話物《せわもの》浄瑠璃（『曾根崎心中』）だった。人形浄瑠璃の全盛期はことごとく新作の時代であって、当時は再演の場合にはわざわざ断りの口上を付けたほどであったという。つまり木谷にとって、歴史が教える人形浄瑠璃の本来の姿は新作の上演であった。現在の低迷をもたらした要因のひとつは、文楽座が新作に取り組むことをやめてしまったことにある。

今日でこそ新作といえば頭から毛嫌いするが、まず浄瑠璃史を見るがよい、卿等《けいら》の先祖は新作上演について、不断の精進と不休の緊張を要求せられたために、いつも活き〳〵した芸力が養われたものである。

こうした新作の研究上演は一面には現今の萎靡《いび》因循《いんじゅん》の斯界《しかい》に対して、新鮮な活動力を注射することにもなろう。(27)

木谷が浄瑠璃史の名のもとに新作を要求している点に注目しておこう。

新作物の形式と内容について木谷は詳しく語っていないが、それは必ずしも大正二年に近松座が上演した『乃木将軍』（『国之華大和桜木《くにのはなやまとさくらぎ》』）のような現代物——洋服の人形が登場した——である必要はないという。ただし、その上演にさいしては「太夫三味線等の演出——語り方や弾き方——にも時代的改造を要する」だろうと述べている。(28)

さらにこの記事の末尾で、木谷は私たちの考察にとって注目すべき発言を行っている。当時すでに浸透しつつあった「古典芸術」としての人形浄瑠璃という見方に対して、疑念を表明しているのである。

文楽座が、現状のままでは到底永続の望みがないとすると、何とかして展開の路《みち》を講ぜねばならぬ、私の注文がこの立場から出ていることは前にも叙べたところである。今日に及んでなおかつ古典芸術の博物館としての文楽座を保持することは、事実において空論に属せずば幸いである。私は新文楽座のために心からその更生を祝って止まぬ。(29)

「古典芸術」という言葉が「博物館」という語と一緒に用いられていることからも推察されるように、木谷はここで、人形浄瑠璃を過去の芸術として保存するだけでは、それを現代に生き延びさせることはできないのではないかと述べている。この記事の冒頭で木谷が用いた言い回しを援用するなら、木谷にとって、人形浄瑠璃を古典芸術として扱うことは、それを「骨董として保存する」ことにほかならなかった。(30)新作物の要求の核心は、そうした人形浄瑠璃のあり方を拒否することにある。人形浄瑠璃は現在に生きねばならず、また生きることができるはずだ。それが木谷の主張だった。

この朝日新聞の記事だけでは、木谷が新作物をどのように構想していたのか摑みにくい。そこで石割による反論を確認する前に、昭和五年五月号の『郷土趣味　大阪人』に掲載された座談会（「文楽はどうなる?」）での発言をもとに、木谷の新作物についての考えを若干補足しておきたい。

　この座談会でも木谷は新作の必要性を主張し、その形式と内容について自身の考えを述べている。まず新作浄瑠璃の内容について、木谷は明治の新作には優れた作品がなかったとしたうえで、「具体的に云うと、先ず第一着として岡本綺堂氏の左団次の演じたようなものが、い丶と思う。第二、第三への進展はそれからです」と語っている。[31] 木谷の新作の構想には、大正期の新歌舞伎の試みが念頭にあったことがわかる。ちなみに綺堂作品の浄瑠璃化は、昭和十年三月、文楽座での『修禅寺物語』の上演という形で実現することになる。新作浄瑠璃の詞章《ししょう》については、木谷は詳細な説明をしていないが、詞《ことば》には現代語を用い、地《じ》には擬古文を用いることを提案している。さらに新作の実現において最大の困難が作曲にあることを認めたうえで、三味線の手を大胆に改革することも提案している。

> 　前にも云いましたが、何《ど》うも新作となると、三味線がわざわうのです、私は三味線の手をモッと簡約して不要な何の表現も出来ていない複雑な手を整理して、一面は原始へもどし一面は現代にも接して見たい、これが甚だむつかしいのですが…[32]

木谷は稲荷座で櫓下《やぐらした》を務めた五代目竹本弥《や》太《だ》夫《ゆう》の息子であり、明治末年にはみずからも堀江の芸妓への義太夫節指導に関わるなど、[33] 人形浄瑠璃の技芸に精通した人物だった。江戸末期から明治期にかけて洗練されていった三味線の芸を認めたうえで、それをあえて大胆に単純化することで新局面を開きたいというのが木谷の考えだったのである。

さて以上のような木谷の新作の要求は、ただちに反論を呼び覚ました(34)。なかでももっとも鋭く木谷を批判したのは、批評家の石割松太郎だった。石割は朝日新聞の記事を読んだその日のうちに「浄るりの新作に可能性なし」という一文を執筆し、その冒頭で「浄るりに新作物の上演を可能とする木谷氏の説は、人形浄るりを廃滅せしむる一つの企てゞある」と断罪した(35)。

すでに確認したように、木谷は新作が容易に実現可能だとは考えていなかった。とりわけ作曲には多大な困難が伴うだろうことを認めていた。しかし、石割にとって問題なのは、新作が容易か難しいかではなかった。石割に言わせれば、新作は困難なのではなく、原理的に不可能なのである。というのも、人形浄瑠璃はすでに完成された古典芸術だからである。石割の反論はすべて古典芸術の理念のもとでなされている。以下、その議論を簡潔に要約してみたい。

石割はまず木谷が浄瑠璃史の名のもとに新作を要求している点を批判する。

> 木谷氏は新作可能を、「浄るり史に見るがよい」と、木谷氏〔ママ〕は独断を以て断じ去っているが、四百五十年の人形浄るり史に徴して、無条件に「浄るり史」が木谷氏のいうが如く、都合よくは教えていない。私は浄るり史を見て、却って木谷氏の説くところと、反対の事実を教えられるのである。（二四七頁）

木谷が浄瑠璃史に依拠することで新作を要求したのと同様に、石割もまた浄瑠璃史の名のもとに新作の不可能性を証明しようとする。石割によれば、人形浄瑠璃史は次のように推移したのであり、そこから判断するかぎり、現代に新作が可能だとは到底考えられないのである。

　政太《まさた》夫《ゆう》が義太夫節大成以来、まず宝暦を限って新作らしい新作が出ないといってもいゝ、旧作の手入れはあったろうが、浄るりの創作は宝暦を限りとして終焉と見ていゝ、安永――これから起算して約百六七十年の人形浄るりは、先人の残した作品の一部あるいは一節の改作か、節なり三味線の手なりの時代適応、集大成を目標として進んでいる。これがほんとの「人形浄るり史」であって、木谷氏のいう浄るり史は木谷氏が自家の説を都合よく証拠立てようとする「木谷氏独断の氏手《して》製《せい》の浄るり史」と見ねばならぬ。（二四七―二四八頁）

ここで石割が語っている歴史の見取図は、人形浄瑠璃の現行の歴史記述において「古典化」と呼ばれているシナリオの原形にほかならない。宝暦年間（一七五一―一七六四年）を限りとして新作の時代は終焉し、安永年間（一七七二―一七八一年）以降はもっぱら芸の洗練と整理――「節付や三味線の手の時代適応と集大成」――の時代だと石割は指摘する。言い換えれば、宝暦を境として人形浄瑠璃は現代劇であることをやめ、古典劇に移行したというのである。石割によれば、これこそが「ほんとの人形浄るり史」であり、木谷の語る歴史は「贋札《がんさつ》」にすぎない（二四八頁）。

　この「ほんとの人形浄るり史」が私たちに教えることは何か。それは、人形浄瑠璃が「宝暦の昔に既に大成した、完成した芸術である」ということである（二四八頁）。すでに過去において完成された芸術であるということ、これこそが石割が古典芸術と呼ぶものの本質だった。この理解からすれば、新作とはすでに芸術的に完成された様式を改変することであり、つまりは古典芸術の破壊にほかならなかった。そんな企ては「痴人の愛」だと石割は言う。

斯《かく》の如く完成された古典芸術を、今日において新作を可能とすることは、私からいわすれば痴人の愛だ。人形浄るりはそのまゝに保存すべきものだ、保存するについての案はいろ〳〵とあるが、新作上演は完成品を破壊するものである事を強調する。（二四八頁）

さらに石割は、木谷が歌舞伎を引き合いに出して人形浄瑠璃に新作を要求したのに応答して、人形浄瑠璃を能楽の側に位置づける。

人形浄るりは歌舞伎の姉妹芸術だと多くの人にいわれている、その発達の歴史において、そうであったことは事実であるが、今日では本質的に歌舞伎と姉妹芸術というよりも保存上の見地からして、能楽と同一の取扱いを受くべきものであると私は思う。（二四九頁）

以上のように木谷による新作の要求を徹底批判した石割は、最後に、木谷が記事の末尾で表明していた古典芸術への懐疑に反撃することで反論を締めくくる。

木谷氏は「今日に及んでなおかつ古典芸術の博物館としての文楽を保持することは事実において空論に属せずば幸いである」と述べているが、私は——今日新作を以て完成したる人形浄るりを破壊し、その変質したる「人形浄るり」を展開と称するならば、今日の人形浄るりは寧ろ玉砕するに如かず。といいたい(36)。

四つ橋文楽座開場の前年に起こったこの論争を、私たちはどのように扱うべきだろうか。明らかに避けねばならないのは、木谷と石割のいずれかの立場に与して議論を整理することである。人形浄瑠璃を「古典芸能」として扱うことがほぼ自明化している今日の私たちからすれば、石割の批判に賛同したくなるかもしれない。しかしそうすることは、特殊な価値判断と結びついた「古典芸術」というカテゴリーの歴史性を忘却することである。人形浄瑠璃における「古典芸術」という規定は、昭和初年に定着しつつあった新しい「ものの見方」に由来する。それは決して純粋に記述的なものでも、客観的なものでもなかった。したがって、私たちはどちらの見方にも与することなく、それぞれが描き出す人形浄瑠璃の姿をできるだけ正確に再構成する必要がある。

この論争でぶつかり合っているのは、人形浄瑠璃の歴史に対する二つの異なる眼差しである。同じ人形浄瑠璃の歴史を見ていながら、二人の瞳にはまったく異なる像が映っていた。この両者の像を別けたのが、「古典芸術」というレンズを通して見ているかどうかの違いだった。そして、その違いは人形浄瑠璃の現在への眼差しをも規定していた。ここではまず石割のテクストに現れる古典芸術の概念をより厳密に検討したうえで、木谷が江戸末期から明治にいたる人形浄瑠璃の歴史をどのように見ていたのかを確認する。

「古典芸術」の定義（石割松太郎）

石割にとって、古典芸術という概念はきわめて明確な意味内容を具えていた。人形浄瑠璃保存のための団体設立を企図して執筆された「義太夫協会創設趣旨」（昭和三年）という文章は、石割の考える古典芸術の定義を伝えている。

石割によれば、古典芸術は三つの観点によって定義される。
第一に、古典芸術とは厳密な意味で「過去の芸術」である。
即ち「人形浄るり」は「過去の偉大なる芸術」であって、「今日の芸術」ではない。「内容的」にも「形式的」にも「音律的」にも、「過去の生命」が吹き込まれています。さらに言葉を換えると、
この意は、「人形浄るり」は「古典芸術」です。(37)

別の文章で石割が用いた表現を借りるなら、古典芸術としての人形浄瑠璃とは、「内容の新清」によって観客を魅了する「その時代に生きる芸術」ではなく、「実はもう寿命の尽きた」過去の芸術である。(38) 寿命は尽きているが「形式の技巧に芸が、豊かに存在する」がゆえに反復上演される芸術として、それは存在する。(39) つまり、古典芸術としての人形浄瑠璃は、みずからを観客の生きる現在からラディカルに切断するのである。それゆえ、新作によって人形浄瑠璃を現在に繋ぎ留めようとした木谷が「古典芸術」という言葉に抵抗したのは当然であった。そうした現在からの切断は、木谷には受け入れがたいものだったのである。

とはいえ、古典芸術としての人形浄瑠璃は単に古い時代の芸術なのではない。それはなによりもまず「完成された芸術」である。これが古典芸術の第二の意味である。
古今を通じ、東西に亙《わた》って、我が「人形浄るり」ほど「芸術の完成品」は、世界のどこを探してもありませぬ。(40)

石割によれば、世界各地の人形芝居がことごとく原始的なままに残存して数世紀を経ても発達を遂げ

ていないのに対して、人形浄瑠璃は竹本義太夫から数えても約二百十年の歴史のなかで「芸術的に完成された」表現となって、今日に伝えられている(41)。「古典芸術」の名に値するのは、歴史のなかで完成された美的様式として今日に伝えられた芸術だけである。その完成された様式美ゆえに、古典芸術は過去の芸術であるにもかかわらず、今日でも鑑賞の対象たり得るのである。

最後に、古典芸術はまた、その芸術的完成ゆえに「保存されるべき芸術」である。これが古典芸術の第三の意味である。過去に完成された芸術的様式美をできるだけ完全な形で保存すること。それが古典芸術の課題となる。そのさい注目に値するのは、石割が単なる保存ではなく、復古保存を要求している点である。

我々の進もうとする道は、「人形浄るり」の復古保存にあります。これが当協会の仕事です。（中略）芸術的の「復古保存」の方法は現在の興行本位の「人形浄るり」を離れて、昔の姿に返した「人形浄るり」を観ようとする、ここに保存の意義と、「復活」の曙光を認めようとします(42)。

古典芸術としての人形浄瑠璃の保存は復古保存でなければならない。伝承の結果である現行の人形浄瑠璃をそのまま保存するのではない。過去の芸術的に完成された姿に照らして現行の芸を取捨選択し、あるべき「昔の姿」に戻して保存しなければならないのである。そうした取捨選択の基準となる古典的規矩として、石割は「風」を定式化した(43)。

「過去の芸術」、「完成された芸術」、「保存されるべき芸術」という三つの意味を含む概念として、石割は「古典芸術」を考えていた。そして、そのような観点から浄瑠璃史を振り返り、彼のいう「ほんとの浄るり史」を描いてみせたのだった。

ちなみに「古典芸術」の三つの意味のうち、決定的に新しかったのは第二の意味、すなわち「完成された芸術」という観点である。「古典芸術」という言葉が浸透する以前にも、人形浄瑠璃はしばしば古い過去の芸術と見られてきたし、その保存が主張されることもあった。しかし、その場合には、木谷もそうしていたように、徳川時代の文化をいまだ保持しているという骨董的側面に注目して、保存の必要性を主張するのが常だった。たとえば、大正三年に出版された『日本浄瑠璃史』(小山龍之輔編)では、次のように語られている。

浄瑠璃の将来も亦俳句能楽の将来の如く容易に滅びないだろう。然しながら此等は皆現代国民の真生活とは風馬牛《ふうばぎゅう》である。(中略)此等のものは型通りに動いている前代のミイラである。生命を失った形骸である。即ち骨董である。遊技娯楽である。故に現代人の真剣の生活からは殆んど路傍の人だ。(中略)然し骨董でも遊技でもよい、祖先の産物を其儘《そのまま》に保存し、伝えてくれる天才が生ずればこれ亦決して退くべきでない。吾人は生きたる博物館として大《おお》いに保護する義務があると思う。(44)

ここには「過去の芸術」と「保存されるべき芸術」という観点はあるが、「完成された芸術」という観点はない。芸術的完成という観点がないとき、人形浄瑠璃は時代を超えた芸術的価値によってではなく、過去を現在に伝える骨董的価値において称揚される。引用した発言は、そのことを分かりやすく示している。

人形浄瑠璃史の眺望（木谷蓬吟）

すでに私たちは、木谷への反論のなかで石割が人形浄瑠璃の歴史をどのように描いていたのかを確認した。それでは「古典芸術」というレンズを受け入れなかった木谷は、人形浄瑠璃の歴史をどのように見ていたのだろうか。木谷が昭和五年に出版した『文楽今昔譚』を参照して、この点を確認してみたい。

『文楽今昔譚』は四ツ橋文楽座の開場を記念して松竹が非売品として配布した書物で、竹本義太夫の誕生から語り起こして、植村文楽軒《うえむらぶんらくけん》の大阪への登場から松竹への売却にいたる文楽座の変転を名人のエピソードなども交えながら記述している。

この本のなかで、木谷もまた、十八世紀末の人形浄瑠璃の状況を創造的な活力を失った低迷期として描いている。天明（一七八一―一七八九年）、寛政（一七八九―一八〇一年）、享和（一八〇一―一八〇四年）の頃には、竹本座や豊竹座もすでになくなり、その残党や末流がその日暮らしの興行を続けていたという。

こう云うとまるで操り芝居が亡びてしまったように聞こえるが、それは芸術の上から云った話で先人以上に新機軸を出して、斯道を盛り上げるというような経過が見られないだけのことで、先人が成就してくれた『操り芝居』をそのまゝ守っている状態を指して云っているのである。なんと云っても郷土的香気の高い固有芸術だ、一時の衰退は見せているとはいうもの、、それでもその当時（中略）『操り芝居』はかゝっていて、決して少ない数ではない(45)。

ここで注目すべきは「一時の」という形容詞である。木谷にとって、天明以降の人形浄瑠璃の低迷はあくまでも一時的な現象であり、発展の頂点——芸術的完成——に達した芸術の避けがたい凋落とはみなされていない。事実、木谷は、文政年間（一八一八－一八三〇年）から幕末にかけて人形浄瑠璃界はにわかに活気を取り戻したと指摘する。そのきっかけとなったのは、三代目竹本長門《ながと》太夫の登場である。長門太夫とその門弟たち、あるいは彼の活躍に刺激された太夫や三味線弾きが台頭して、「義太夫界は一時にあかるくなって来た」と木谷は書く。

こうなってくると、この大きな太陽の光に恵まれて、沢山の遊星がキラ〳〵ときらめき出す。名匠相衝いて起るの有様、賑やかなこと限りがない。もしも此調子で進むなら、今に再び往昔の黄金時代が現出することゝ思われる勢い。素晴らしいことになって来た。（七〇頁）

こうした浄瑠璃界の盛り上がりは、新作浄瑠璃の動向にも影響を与えずにはおかない。木谷にとって、新作を生み出す活力と芸を発展させる活力は同じ創造的エネルギーの二つの表れであり、必然的に結び合っていた。宝暦以後の新作の状況が幕末に変化したことを木谷が次のように要約するとき、そうした理解を見て取ることができる。

それが宝暦明和と斯界が漸衰するにつれて、作者の力も衰え、たま〳〵近松半二出ずと雖、取り立てゝ創作力の勝ったものはなく、たいていは古い狂言の煎じ直しや焼き直しに過ぎない。天保に入ってから、やっと山田案山子《やまだのかかし》の『生写朝顔話《しょううつしあさがおばなし》』『梅魁莟八総《はなのあにつぼみのやつふさ》』（八犬伝の翻案）『浦島太《うらしまた》郎倭物語《ろうやまとものがたり》』などが出ている。そうした衰滅期に新作の現れない状態が、一度び名人三代長門太夫が台頭するに及んで、維新前後から明治へかけて、ちょい〳〵新作物を散見するに至ったのは甚だ理由のあることだと思われる。（一二三四頁）

名人が登場して浄瑠璃界が活気づくと、新作もまた生まれ始める。長門太夫が関わった新作、長門太夫の弟子で多数の新作浄瑠璃を手がけた五代目弥太夫（木谷の父）の新作を、木谷は列挙してみせる。曰く「総て新作補作の類四十余種新しく作曲した物は殆んど際限のなき程」（一二三五頁）。明治期の新作浄瑠璃は「文楽翁《ぶんらくおう》・五世弥大夫・二世団平・千賀の四人を中心として動いた」とされるが(46)、木谷が新文楽座に新作物を要求したとき、こうした明治二十年代までの新作浄瑠璃の展開も念頭にあったはずである。

さて以上のような木谷の浄瑠璃史の眺めを、石割の浄瑠璃史の見取図の横に並べてみるとき、何が見えてくるだろうか。そのとき浮かび上がるのは、「古典芸術」というレンズの有無で歴史への眼差しがどれほど変わるのかである。

「古典芸術」というレンズがもたらしたのは、第一に、「芸術的完成」という観念だった。人形浄瑠璃の芸には、それ以上変化することができず、また変化すべきでもない完成された状態が存在するという観念。石割は、この観念に立脚して、宝暦以後、新作の時代は終ったのであり、いまや古典を破壊することなく新作を生み出すことは不可能だと主張した。一方、木谷にとっては、そもそも人形浄瑠璃にそうした完成された状態など存在しようはずもなかった。木谷が見つめているのは、時代のなかで絶えず変転し続ける人形浄瑠璃の姿である。そこにあるのは隆盛期と低迷期の交替だけである。たとえ一時的に低迷したとしても、名人が現れれば創造的な活力が再び高まり、新作が生まれる。したがって、木谷には、昭和初年に新作物が原理的に不可能であるとは到底考えられなかった。必要なのは時代に合わせて変わることであり、長門太夫のような名人が現れることだった。(47)

「古典芸術」というレンズはまた、第二に、人形浄瑠璃と現在との関係をも変えた。木谷にとって、人形浄瑠璃が現在に生きる芸術であり、現在とともに変わっていくべきものであることは自明だった。人形浄瑠璃は断じて過去の芸術ではなかったのである。それに対して、石割は、人形浄瑠璃は現在に生きる芸術ではないと断言し、それこそが古典芸術であることの証だとしたのだった。

今日の私たちは、木谷と石割それぞれの主張の強みと弱みを正確に観測し得る地点にいる。それは、過去一世紀にわたって演者と観客の思考を規定してきた「古典」というカテゴリーの歴史性が、私たちに、日々、あらわになっていることと無関係ではないだろう。この点については終章で簡潔に考察してみたい。

『浄瑠璃雑誌』における「古典芸術」と新作

さて本章の残りの部分では、以上の論争を踏まえて、四ツ橋文楽座の開場以前から人形浄瑠璃を楽しんでいた旧来の観客たちの態度を確認しておきたい。「古典芸術」という言葉が人形浄瑠璃を形容する言葉として浸透し、新作が論争的なトピックになっていった時期に、御霊文楽座の時代から人形浄瑠璃の舞台に親しみ、その芸を味わう術を心得ていた旧来の愛好者たちは、どのような態度を示していたのだろうか。人形浄瑠璃の「古典化」の仮説によれば、天明期以降、めぼしい新作がなくなり、演目が固定化していくにつれ、観客の鑑賞態度にも変化が生じたとされる。すなわち、「優れた旧作の繰り返しを主とする古典化・伝承化の時代になると、観客の鑑賞の興味は演者各人の技巧に向かう」のである。[48]この仮説にしたがうなら、すでに御霊文楽座時代から人形浄瑠璃を楽しんでいた観客たちは、演者の芸に多大な関心を寄せる一方で新作への興味を失っていたのではないかと想像できる。それゆえまた、彼らは「古典芸術」という新しい言葉にも、さしたる抵抗感を感じなかっただろうと推測される。なぜなら、彼らこそまっさきに――その言葉が流布する以前から――人形浄瑠璃を「古典」として味わっていたはずなのだから。

ではじっさいにはどうだったのか。ここでは明治三十年代から昭和十四年頃までの『浄瑠璃雑誌』の記事を辿り直し、四ツ橋文楽座の「無知な」観客たちの対極に位置づけられる旧来の観客たちの態度を確認してみたい。『浄瑠璃雑誌』は素人浄瑠璃愛好者（素義）たちの情報交換と交流を目的としてスタートした雑誌であり、書き手と読者の大半はみずからも義太夫節を嗜み、御霊文楽座で名人たちの芸を味わっていた人々だった。

ここでは『浄瑠璃雑誌』における議論の変遷を三つの時期に分け、それぞれの時期に「新作」と「古典芸術」というトピックがどのように扱われていたのかを確認していく。第一期は、雑誌創刊の明治三十二年から大正十年頃までである。これは文楽座・堀江座が並び立ち、興行も好調だった人形浄瑠璃界に、摂津大掾の引退、三代目竹本大隅《おおすみ》太夫の客死（ともに大正二年）を経て、少しずつ将来への危機感が広がり始める時期に当たる。第二期は、大正十一年頃から昭和四年までとする。斯界の衰退がすでに鮮明になっていた大正末期から御霊文楽座の焼失を経て、弁天座での仮宅興行にいたる時期であり、当時危機感は最高潮に達していた。そして第三期は、昭和五年から『浄瑠璃雑誌』が同人体制に移行する昭和十四年頃までである。この時期には四ツ橋文楽座が開場するとともに、文楽座で数多くの新作が上演されるようになる。なお同人体制移行後の『浄瑠璃雑誌』については第四章で扱うので、ここでは検討の対象外とする。

（1）第一期（明治三十年代〜大正十年）

この時期にはまだ「古典芸術」という言葉が誌面に登場することはない。むしろ注目すべきは、第七号（明治三十二年三月）に新作浄瑠璃『近江《おうみ》聖人《せいじん》　雪の曙』（作・節付　小島錦《きんし》軒《けん》、三味線　鶴澤才《さい》六《ろく》）が掲載されていることである[49]。三号に分けて連載されたこの作品は、『浄瑠璃雑誌』に発表された最初の新作である。じっさいのところ、『浄瑠璃雑誌』の特徴のひとつは、一貫して新作浄瑠璃に多大な関心を払っていた点にある。その全期間を通じて同誌は新作浄瑠璃の発表媒体としても機能しており、四十六年間に五十一篇もの新作浄瑠璃を掲載している。ちなみに最初の掲載作『雪の曙』は、陽明学者中江《なかえ》藤樹《とうじゅ》（一六〇八‐一六四八年）の事績に取材した世話物であり、近松を意識した流麗な文体で母と息子の情愛を描いている。新作ではあるが現代物ではなく、語彙も文体も旧来の浄瑠璃を踏襲していた。

なお大正二年に近松座は「乃木大将とその夫人に関する新作浄瑠璃」を懸賞募集したが、その入選作『乃木軍神大和魂』（著作　出雲不二樓）も本誌に掲載されている。この懸賞募集は乃木の死去後に起こったブームに便乗した企画で、入選作は乃木大将を神格化して描いている(50)。

では当時の誌面において、新作というトピックはどのように議論されていたのだろうか。明治三十年代、四十年代の記事に共通しているのは、「新作があるのが望ましいが、じっさいには難しい」という認識である。たとえば、明治三十三年五月の記事では次のように述べられている。


新作もとより望む所なれども、当今作者に乏しく、また新作出でたりとも、之に節を施し手をつくる太夫三味線弾も二三を除く外にありしとも見えねば、はた急になし得べき事にあらず(51)

同様に明治三十八年五月の記事でも、旧作を維持するのみでは日進月歩の社会を生き延びるのは難しいが、「憂うべきは、千古の美文に作り得べき大作家は常にあらず時機を待つの外なかるべきなり」と語られている(52)。新作は不要だとも不可能だともみなされてはおらず、現時点では困難なので時機を待つしかないと語られているにすぎない。

ところが摂津大掾の引退後になると、この諦念に変化が生じてくる。人形浄瑠璃の将来に対する危機感の高まりを反映して、「難しいけれどもやってみるべきだ」と主張されるようになるのである。


義太夫新作物の困難なるは云うまでもなけれど、困難は出来ずという意味にあらず、遣《や》れば必ず出来るなり、唯《ただ》遣るに比較的困難と云うのみなり、然し仕事は概して困難なるもの程出来上りは

愉快なるものなれば、ひとつ遣っては如何(53)（大正三年七月）

さらに大正五年には、断固として新作を要求する記事が掲載される。「浄瑠璃振興作（其二）」と題された記事の主張は昭和四年の木谷蓬吟の要求を彷彿とさせる。

然らば浄瑠璃は現代より見離されたるか否《いな》決して左《さ》にあらず、時代は人口に膾炙すべき脚本を要求してやまぬのである、是は既に歌舞伎の狂言にて充分に証拠立て丶居る、然るに独《ひとり》浄瑠璃のみ旧習に囚れて、唯古物の銹《さび》を珍重するが如き心を以て社会に存在せんとするは甚しき謬想である、是を以て太夫乃至《ないし》座元も早く旧来の方針を一変せざれば社会と浄瑠璃との間に益々深き溝渠を穿ち、十数年後に至りては自然に消滅すべきは明鏡の照らすが如くである(54)

ここではすでに歌舞伎を引き合いに出して新作の上演が求められている。また人形浄瑠璃が断じて過去の芸術ではなく、現在に生きるべき芸術であることも主張されている。こうした発言をみると、「新文楽座へ　いろいろ注文帖」における木谷の要求が、単なる個人的見解ではなく、人形浄瑠璃が「古典芸術」という言葉と結びつく以前の浄瑠璃愛好者の意識を反映したものであったことがわかる。明治から大正にかけて御霊文楽座や堀江座・近松座で人形浄瑠璃の芸を楽しんでいた観客たちは、新作に無関心でなかったばかりか、新作を要求してさえいたのである。

(2) 第二期（大正十一年～昭和四年）

大正末期になると『浄瑠璃雑誌』は新作へのコミットメントを一段と強めていく。それを象徴するのが、大正十一年八月に告知された新作浄瑠璃の懸賞募集である。その募集要項には「忠君愛国貞女節婦の事跡及び現代の新聞三面記事」を題材とし、段数は三段未満、節付は「最も新進の気に富める太夫三味線の協調に依る事」という条件が付されていた(55)。選考結果は大正十三年一月に発表され、一等と二等の作品が誌面に掲載された。一等に選ばれたのは『細川夫人』（著作　藤井呂光、創曲　豊竹つばめ太夫、節付　豊澤猿太郎《えんたろう》）という作品で、古靱太夫の弟子のつばめ太夫と広助の弟子の猿太郎が作曲および節付を担当していた。これは明智光秀の三女で細川忠興《ただおき》の正室であったガラシャを主人公にした浄瑠璃で、身代わりあり、父と娘の再会あり、敵討ちありと盛り沢山な内容になっており、最後は戦さの場面で締めくくられる。全体として、旧来の浄瑠璃の定型を踏襲した作品である(56)。

一方、この時期の『浄瑠璃雑誌』の議論で注目に値するのは、新作に関して「新浄瑠璃」という言葉が用いられ始めることである。これは形式・内容の面面で従来の「旧浄瑠璃」とは一線を画し、現代の道徳観や感性の表現を目指す新しい浄瑠璃を指している。たとえば大正十四年八月の記事では、この新しい浄瑠璃について、次のように述べられている。

　描くとも新しきものが得たい、旧浄瑠璃は其の儘保存して置いて現在の事実から構想し、現在の人情から出たものを仕組みたいのである。それは旧来の形式からまったく脱した新鮮の気分に満ちたものにしたい(57)。

そうした新しい浄瑠璃では、場合によっては、三味線に加えて西洋の楽器を併用してもよいとされる(58)。じっさい、この時期には文楽座の若手で三味線弾きから太夫に転じた竹本源福《げんぷく》太夫が、同時代的な主題を新しい節付で語る「新浄瑠璃」の創作と実演を始めており、『浄瑠璃雑誌』でもその活動が報告されていた。(59) 若手だけでなく、文楽座の中心的な演者が実験的な新作の上演にかかわることもあった。昭和三年二月の『浄瑠璃雑誌』には、「新浄瑠璃を紹介す」というコーナーに『日本お伽話桃の績』という作品が掲載されている。これは原作・田中芳哉園、節付・鶴澤叶《かのう》の新作で、大阪市内で吉田文《ぶん》五《ご》郎《ろう》の人形によって上演された。(60) 軽快なテンポの詞章には、爺婆が桃を運びながら歌う歌の文句に「カフェ」という言葉が登場する。また「斯界空前の大胆なる試みとして、鬼どもが桃太郎の軍門に降った時に、突如ピアノの音を聞くや可愛の女学生数十名に『桃から生まれた桃太郎』を合唱さすという演出があったことも報告されている。(61)

『浄瑠璃雑誌』の社長であった樋口吾笑(二代目)は、こうした新浄瑠璃の試みがすぐに実を結ぶとは考えていなかった。しかし努力を続ければ、近い将来、きっと良い作品を得られるはずだという見通しを抱いていた。それゆえ吾笑は「旧浄瑠璃は旧浄瑠璃として古人の型を崩さず尊重保存し、主として新浄瑠璃に力を傾くる事」が肝心だと主張した。(62)「古典芸術」の理念のもと新作の可能性を排除した石割とは対照的に、『浄瑠璃雑誌』の書き手たちは、新作への取り組みと芸の継承を両立可能な課題とみなしていたのである。(63)

さて大正十三年五月の『浄瑠璃雑誌』には、「古典芸術」という言葉が初めて登場する。だが興味深いことに、初出の用例において、この言葉は否定的なニュアンスで用いられている。浄瑠璃は庶民の芸術なのだから、演者の創意工夫によって丸本《まるほん》の文句に手を加えることも許されるべきだと主張する議論のなかで、「古典芸術」の語が次のような仕方で登場するのである。

> 大正には大正の空気あり、何時までも元禄の型だけを守っては折角三百年間国民精神を陶冶し来った無二の平民芸術の生命を古典芸術に落としてしまうことになりはしないか(64)

丸本の文章を一字一句違えず、初演当時の語りの型を正確に保存するだけでは、生命を欠いた骨董品である。それでは時代の空気に即応して変わっていく生きた平民芸術だとは言えない。そんなことでは人形浄瑠璃は「古典芸術」に墜してしまう。そうした危惧が述べられている。

『浄瑠璃雑誌』における「古典芸術」の初出が否定的なニュアンスを伴っていたという事実は、非常に示唆的である。たしかに大正末期以降、同誌にも「古典芸術」という言葉が散見されるようになり、ごく自然に人形浄瑠璃と結びつく語彙として用いられることも珍しくなくなる。だが、その一方で「古典芸術」というカテゴリーに懐疑的な発言もまた誌面に残り続けた。『浄瑠璃雑誌』の書き手や読者が、この新しい概念を積極的に受容したようにはみえないのである。

（3）第三期（昭和五年〜昭和十四年）

昭和五年の四ツ橋文楽座開場とともに新作をめぐる状況は一変する。というのも、四ツ橋文楽座では昭和七年に『三勇士《さんゆうし》名誉肉弾《ほまれのにくだん》』など三つの新作が上演されたのを皮切りに、昭和十年以降、ほぼ毎年複数の新作が舞台にかけられるようになるからである。こうした状況の変化に対応して、『浄瑠璃雑誌』の言説にも変化が生じる。すなわち、新作を要求する従来の立場を保持しながらも、実際に上演された新作を批判的に論じる記事が掲載されるようになるのである。昭和七年九月、樋口吾笑は「現代浄瑠璃界に異議あり」という論説を執筆して文楽座の新作を批判した。

戦争浄瑠璃も結構、他の新作もの勿論よし。然れども松竹社長が茲《ここ》まで熱心に愛護される浄瑠璃作者の選定に関し、外題に関し、取材に関し一々異議を持って居る。新浄瑠璃も其の構想と文章と作曲が一致して居ないと或は新作否認を惹起し、浄瑠璃滅亡に拍車をかけ反対の結果を見はせないかと憂うる者である。其の構想に舞台価値なく、文章が浄瑠璃体を為さぬものは上場せぬ方が優しかも知れぬ。(65)

このとき吾笑の念頭にあったのは、同月に文楽座で上演された時局物の新作『其幻影血桜日記《そのまぼろしちざくらにっき》』である。この作品は、第一次上海事変における空閑昇《くがのぼる》のエピソード（大隊を率いながら捕虜となって生き残るも、それを潔しとせず、帰隊後に自決した）に取材した作品であり、朝日新聞が美談として伝えた話を食満南北《けまなんぼく》が脚色し、鶴澤友次郎《ともじろう》が作曲した新作である。こんな駄作が新作として上演されると新作否定論を引き起こしかねないという発言からもわかるとおり、吾笑の批判は新作の試みそれ自体にではなく、そのやり方、とりわけ浄瑠璃の文章の扱いに向けられていた。翌月の記事で吾笑はみずからの論点を明確化している。それによると、文楽座の新作では旧来の形式を強引に新しい素材（たとえば戦争）に適用することで無理が生じており、浄瑠璃の文章が「映画の説明」——つまり舞台装置と人形によって描き出される場面を補足するだけの言葉——に墜してしまっているという。(66) じっさい、『其幻影血桜日記』では、五七調の文体で書かれた地合《じあい》はほんのわずかしかなく、作品の大半は説明的な内容の詞《ことば》で占められている(67)。それゆえ、この舞台を見た観客が、太夫を人形の台詞を発声するだけの活弁士のように感じたであろうことは、想像に難くない。吾笑は新作を試みるのであれば「文法や作曲はどうしても古きものより蟬脱《せんだつ》せる新しいものであってほしい」と述べ、現代的な素材を新しい形式で表現する「新浄瑠璃」の新作への期待を表明している(68)。

新作の発表について言えば、この時期の『浄瑠璃雑誌』には、竹本源福太夫の新作が多数掲載されている。源福太夫は最初三味線弾きとして入門し、ほどなく太夫に転じた人物だが、当時、「新浄瑠璃」にもっとも精力的に取り組む太夫として知られていた。とりわけ昭和七年六月に掲載された『三勇士とマルキスト』は、吾笑によって「いま一歩で入選」と評された作品であり、吾笑が文楽座の新作を批判したとき新浄瑠璃の代表的な作例として言及した作品でもあった(69)。

この作品にはマルクス主義者の病弱な弟と頑健な農民の兄、そして弟の妻という三人の人物が登場する。物語の終盤、兄弟がひとの親切心について論争していると、弟の息子が川で溺れたという連絡が来る。その知らせを聞いた弟は、現場に駆けつけ、川に飛び込んで息子を助けようとするのだが、自分も溺れてしまう。しかし、そのとき、弟は溺れながら自己犠牲の愛の実在を身をもって知り、みずからの誤り（肉弾三勇士の行為を人気取りだと非難したこと）を認めて兄に賛同する、というオチになっている。この作品では登場人物の口調も語彙も完全に現代的であり、最後の川の場面では『肉弾三勇士』の玉砕場面がフラッシュバックのように挿入される。そして、幕切れは、源福太夫の他の作品と同様に軍歌で締めくくられる。節付を想像するのは難しいが、少なくとも地合と詞の交替には若干の工夫が見られるようである(70)。

他方、「古典芸術」をめぐる議論にも、昭和五年以降には動きがみられる。四ツ橋文楽座が当初から「古典芸術の殿堂」と呼ばれていたことはすでに確認したが、この頃になると『浄瑠璃雑誌』でも「古典芸術」という言葉の登場頻度が増えていく。特に注目に値するのは、この言葉に懐疑的な態度を示す記事と並んで(71)、石割のように新作不要論を主張する記事が掲載されたことである。昭和八年の記事には次のような発言が見いだされる。

私達は新作に依って、斯道の復興を期待して居らぬ、一体斯道の趣味から云って、古典芸術として其価値がある、保存すべきである、之を無理に現代化すると云う事は、意味がない(72)（昭和八年四月）

だが雑誌全体の議論の推移をみる限り、こうした新作不要論が主導的な論調になることはなかった。むしろ文楽座で新作が多数上演され、それらがいずれも満足のいく出来栄えとはほど遠いことが明らかになるにつれて、「古典芸術」という見方への不信感が高まっていったようにみえる。たとえば、昭和十二年四月号に掲載された、吾笑の手になると思われる巻頭言では、優れた新作が生まれない原因のひとつとして、「古典芸術」という呼称が槍玉に挙げられている。

私は浄瑠璃を古典芸術と誇る事が最もいけないと思う。浄瑠璃は時勢と共に常に推移し、いつも流行の尖端を切るものであってほしい(73)。

演者や観客が人形浄瑠璃を「古典芸術」として遇していることが、時代の尖端を切る新作の出現を妨げているというのである。

　以上の概観は、御霊文楽座時代から人形浄瑠璃の芸に親しみ、それを味わう術を心得ていた観客たちの態度について、何を教えているだろうか。明治三十年代から昭和十四年頃までの『浄瑠璃雑誌』を通覧すると、旧来の観客たちが一貫して新作に関心を示し、新作を要求し続けていたことが明らかになる。彼らは伝統の芸を涵養すると同時に新作に取り組むことを演者たちに求めた。そうした要求をしたのは、彼らが人形浄瑠璃を過去の芸術ではなく、現在に生きる芸術とみなしていたからである。それゆえ、彼らは「古典芸術」という言葉もすんなりとは受け入れなかった。むしろ木谷と同様の違和感を感じていたと言ってよい。この事実は、四ツ橋文楽座の新しい観客たちこそが、最初に古典芸術として人形浄瑠璃の舞台に向き合った人々だったという前章の結論を裏書きしている。

四ツ橋文楽座の新作の行方

　本章で私たちは、人形浄瑠璃が古典芸術になることの意味を考えてきた。古典芸術になること、それはなによりもまず、人形浄瑠璃の舞台に向き合う観客の態度の変化に関わっている。ある時期から人々は、みずからの観劇の対象を古典芸術とみなすようになったのである（もちろん、そうした観客の眼差しの変化は演者たちの意識にも影響を与え、中長期的には彼らの芸を変えていくことになる）。

　古典芸術とみなされた人形浄瑠璃は、過去の芸術、完成された芸術、保存されるべき芸術という、相互に結び合った三つの特徴によって定義される。そして、そうした新しい見方のもとで、人形浄瑠璃の歴史だけでなく、それが現在と取り結ぶ関係もまた捉え直されることになる。だが当時、誰もがこの新しい見方をすんなり受け入れたわけではなかった。昭和四年の新作論争が教えるのは、そのことである。

明治三十年代から昭和十四年までの『浄瑠璃雑誌』の議論を確認すると、御霊文楽座の時代から人形浄瑠璃の芸を楽しんでいた人々こそが、一貫して新作に関心を示し、新作を要求し続けていたことがわかる。彼らは演者に対して、芸の伝統の涵養と新作への取り組みを同時に求めたのであり、それらは矛盾する営みだとみなされてはいなかった。当然と言えば当然だが、「古典」という観念がいまだ存在しなかった時代には、人々が人形浄瑠璃の舞台に「古典」として向き合うことも起こり得なかったのである。そして、この観念が普及し始めてからも、それ以前から人形浄瑠璃を楽しんできた人々は、すぐには態度を変えなかった。

以上のような言説の推移から、四ツ橋文楽座で上演された新作へと視線を移すとき、私たちの眼前には、どんな光景が広がるだろうか。昭和十年代に活発化する四ツ橋文楽座の新作上演を詳細に論じることは本書の主題ではないが、本章の最後に、当時の新作の動向をこれまでに確認した新作をめぐる議論との関係において簡潔に整理しておきたい。

昭和七年に三つの新作が上演されたのを皮切りに、昭和十年代に入ると四ツ橋文楽座では数多くの新作が上演されるようになる。その数およそ四十作品。これらの新作を内容にもとづいて分類すると、大きく二つのグループに分けることができる。ひとつは歌舞伎、長唄、常磐津、能などの演目を改作した広い意味での「所作事《しょさごと》」の系列であり、もうひとつは十五年戦争を題材とした「時局物」の系列である。前者のグループに入る作品としては、『連獅子《れんじし》』（昭和十一年）、『色彩間苅豆《いろもようちょっとかりまめ》』（昭和十一年）、『紅葉狩《もみじがり》』（昭和十四年）、『小鍛冶《こかじ》』（昭和十六年）などがあり、後者のグループに属するのは、『支那事変御旗本《しなじへんみはたのもと》』（昭和十二年）、『代唱万歳母書簡《かわってとなうばんざいははのてがみ》』（昭和十六年）、『海国日本魂《かいこくやまとだましい》』（昭和十六年）、『水漬《みづ》く屍《かばね》』（昭和十七年）などである。このほかに文芸作品を浄瑠璃化した新作（『恩讐の彼方に』、『名和長年《なわながとし》』など）があるが、それらは全体からみるとごく少数にすぎない(74)。

ここではいま挙げた二つの主要な系列の新作について考えてみたい。これらの作品を検討するにあたって、出発点として役立つのは、小山内薫が昭和三年に執筆した「新作時代を待つ」という論考である。そこで小山内は歌舞伎における演目の固定化という問題を論じながら、来たるべき「新作時代」について語っている。小山内によれば、歌舞伎の新作には二種類あるという。ひとつは「つなぎ」としての新作であり、もうひとつは真の新作である。まず「つなぎ」としての新作について、小山内は以下のように説明する。

古いもので出せるものの数が少なくなって来ている。それ故、昔から見ると、どうしても繰り返しが多くなって来ている。それを悪く言われる。そこで、古いものから古いものへ移る間の、謂わば「息抜き」に新作物が上場されるのである。新作でちょいと欺いて置いて、また元へ逆戻りするのである(75)。

小山内によれば、当時歌舞伎で上演されていた新作はすべてこうした「つなぎ」としての新作だったという。そこには真の新作はなかった。では真の新作とは何か。それは次なる新作の誕生を準備する新作である。真の新作は他の新作を呼び覚ます。したがって、それは必然的に「新作時代」を招来する。

真の「新作時代」とは、一つの新作上場が次の新作上場の準備となり基礎となるものでなければならない。新作が新作を迎え、その新作が更に他の新作を迎えて、向上の一路やむ時のないようなものでなければならない。[76]

ある新作が「真の新作」であるか否かの判断基準は、それが次に生まれる作品への刺激となり、その資源となり、跳躍台となっているかにある。

小山内が歌舞伎に関して述べた二つの新作の区別は、人形浄瑠璃の新作にも援用することができる。すでに述べた四ツ橋文楽座における新作の二つの系列を、この区別にもとづいて検討してみよう。

まずはっきりしているのは、広い意味での所作事の系列に属する新作がことごとく「つなぎ」としての新作だったことである。このことは、当時の観客にも意識されていた。昭和十六年六月の『浄瑠璃雑誌』の記事では、毎回五つも六つも演目を並べるやり方では繰り返しが多くなるので「せめて月に一本位の新作でも入れて目先の変化と、そして繰り返しをなるべく避けさせたい」という意見が述べられている。[77] 所作事系列の新作はまさしくこの機能を担っていたと思われる。昭和十四年二月以降、大阪では心中物や遊廓の場面を含む芝居の上演が禁止され、上演可能な演目が減少したことも、「つなぎ」としての新作の必要性を高めることになった(78)。

もうひとつの系列である時局物の新作はどうだろうか。それらは「つなぎ」だったのだろうか、それとも「真の新作」と呼べるのだろうか。それらの新作が近代の人形浄瑠璃史のなかで占める位置を考えるなら、そのいずれでもなかったという結論になると思われる。

四ツ橋文楽座の「戦争浄瑠璃」は、各回のプログラムの中で追い出しの演目の前――しばしば古靭太夫の語る演目の後――に配置されていることが多く、ほとんどの場合、中堅の太夫による掛合だった。したがって、外《げ》題《だい》の配置と配役から判断するかぎり、それらはプログラムの中心ではなく、古典的な演目のあいだの「つなぎ」の役割を果たしていたと言えなくもない。しかし、上演形式と内容の点から判断するなら、それらの新作は「つなぎ」と呼ぶにはあまりに実験的な演目だった。ちょっとした目先の変化というには、あまりにも異質な作品だったのである。

まず形式面に注目するなら、これらの戦争浄瑠璃は、しばしば伝統的な人形浄瑠璃の形式から逸脱しており、ときには現代的な舞台作品の上演形式に接近することさえあった。一例として、昭和十六年五月に上演された『海国日本魂』を取り上げてみよう。この作品では伝統的な段構成は捨て去られ、十二の「景」による構成が採用されている。「第一景　大海原」（海国日本の神話的黎明）、「第二景　ローマ」（天正遣欧少年使節）、「第三景　竹林虎狩」（国性爺《こくせんや》合戦《かっせん》）と場面は展開していき、「第十景　福井丸船上」（日露戦争）、「第十一景　飛行基地」（片翼帰還の英雄樫村寛一）、「第十二景　軍艦旗掲揚」で幕が閉じられる(79)。見てのとおり、これら十二の景のあいだには物語的な連関は一切存在しない。純枠に主題論的な繋がりによって、海国日本の歴史を彩る英雄たちの姿が次々に描かれていくのである。こうしたあからさまに反物語的、主題論的な場面の連鎖は、二十世紀初頭に欧米の舞台を席巻し、宝塚少女歌劇団によって日本に移入されたレビューの構成原理にほかならない(80)。

また戦争浄瑠璃の床本には、多くの場合、舞台装置家と照明家の名前がクレジットされており、通常の人形浄瑠璃の舞台とは異なる工夫が凝らされていたことを窺わせる。『海国日本魂』の第一景では、「夫れ皇国の大日本国是定まり給いしより」と太夫が語るなか、暗転していた舞台が徐々に明るくなり、観客の前に大海原が姿を表すという演出が用いられている(81)。そして、この作品に限らず、多くの戦争浄瑠璃では、軍歌や軍艦マーチといった西洋音楽の音階で書かれた音楽も演奏されていた。時局物の浄瑠璃の詞が、語彙の点でもリズムの点でも完全に現代語になっていることは言うまでもない。こうした形式的特徴からも明らかな通り、昭和十年代の戦争浄瑠璃は人形浄瑠璃の形式を大胆に現代化する試みでもあったのである。

もちろん、内容の点でも時局物の浄瑠璃は同時代の現実を作品に盛り込んでいた。『水漬く屍』のように新聞で報道された戦争のエピソードがただちに浄瑠璃化されることも多かった。したがって、戦争浄瑠璃は形式と内容の両面において人形浄瑠璃を現代化していたと言うことができる。これらの作品は、当時の文楽座の劇評ではほとんど批評の対象となっておらず、人形浄瑠璃の愛好者からは無視されていたと思われる(82)。しかし『昭和大阪市史』（一九五三年）の記述を信頼するなら、これらの作品こそが「大衆の大喝采を浴び、毎興行客足を呼ぶ原因になった」のである(83)。

そういうわけで、四ツ橋文楽座時代の戦争浄瑠璃は「つなぎ」の新作というにはあまりに革新的だった。しかし同時にまた、それは人形浄瑠璃の新たな発展の起点となるような「真の新作」からもほど遠かった。というのも、戦争浄瑠璃にみられた現代化の試みは敗戦とともに跡形もなく姿を消し、その後の人形浄瑠璃の展開にほとんど何の影響も及ぼしていないからである。このことは、戦争浄瑠璃の試みが、明治期の「活歴ブーム」と同様に、時局への場当たり的な対応を越えるものではなかったことを示唆している。

本章で検討した『浄瑠璃雑誌』における新作浄瑠璃の議論を想起しつつ、昭和十年代の戦争浄瑠璃を読むとき、私たちは複雑な感慨を抱かざるを得ない。というのも、四ツ橋文楽座の戦争浄瑠璃は、『浄瑠璃雑誌』の書き手たちが要求し続けた「新浄瑠璃」の実現でもあったからである。それはたしかに「現在の事実から構想し、現在の人情から出た」内容を「旧来の形式からまったく脱した」新しい形式で表現する浄瑠璃だった。[84]しかし、それはまた、芸術を政治に従属させ、人形浄瑠璃を総力戦体制下における銃後の動員手段へと貶める結果をもたらした。谷崎が戦後に痴呆芸術論を書いて人形浄瑠璃を糾弾したのは、戦時中の四ツ橋文楽座のそうした頽廃を目の当たりにしていたからでもあった。

人形浄瑠璃に対して現在に生きることを要求し、「時勢と共につねに推移し、いつも流行の尖端を切るもの」であることを求めた人々は、[85]個々の新作の出来については批判的な視点を保持しながらも、人形浄瑠璃が政治に呑み込まれるのを為す術もなく受け入れるしかなかった。それを批判するための言葉と思考を、彼らは一切持たなかったのである。『浄瑠璃雑誌』における「新浄瑠璃」の議論は、時勢への順応という観点から新作を要求することに潜む陥穽を極端な形で示している。時勢順応は容易に体制順応にすり替わるのである。他方、人形浄瑠璃を「古典芸術」――過去の芸術――とみなした石割松太郎は、すでに昭和五年に、安易に人形浄瑠璃を手段化する文楽座の演者たちを鋭く批判していた。四ツ橋文楽座がマチネーで女学生に『伽羅先代萩《めいぼくせんだいはぎ》』（「御殿の段」）を見せたさいに、人形浄瑠璃は忠君愛国の思想伝導に役に立つ芸術だと吹聴する者がいたことについて、石割は次のように書いている。

　忠君愛国の思想伝導の具に、成ろうが、なるまいが浄るりの本質には無関係の事である。が、内部の人が、浄るりの本質を離れて、『忠君愛国』をたよりにするという事は、当事者の内心に――或はその識閾下《しきいきか》の考慮に、『忠君愛国』によって、浄るりを聴かそうと期待を持つに至ったことを説明するもので、即ち芸術的の独立が、失われようとする考え方です。(86)

石割の古典芸術の概念は、人形浄瑠璃と現在との結びつきを断ち切ることで、芸術と政治とのあいだに一線を画すことを可能にしたと言える。しかし他方で、石割の古典概念は、人形浄瑠璃を「内容の新清」を欠いた「形式の芸」として理解することも意味していた。そこでは人形浄瑠璃の内容が――思いがけない仕方で――観客の現在と結びつく可能性は、あらかじめ排除されていたのである。

しかし、古典芸術としての人形浄瑠璃は、本当に純然たる形式の芸なのだろうか。また、人形浄瑠璃の古典性を追求することは、不可避的に（演者と観客の）現在に背を向けることを意味するのだろうか。むしろ古典性を厳格に追求することで、作品の現代的意味——アクチュアリティ——が輝き出すという可能性が存在しないだろうか。戦時下の現実のなかで『浄瑠璃雑誌』に集った若き同人たちが自問したのは、たとえば、そのような問いだった。

第四章　新しい観客による新しい批評

批評の刷新

本章では、四ツ橋文楽座の新しい観客たちのあいだから現れた書き手による批評の刷新を考察する。観客がみずからの観劇の対象とその経験を反省するとき、批評は始まる。それゆえ批評家はつねに観客のなかから姿を現す。これまでに考察したように、四ツ橋文楽座の新しい観客たちは、旧来の人形浄瑠璃の愛好家とは異なる仕方で人形浄瑠璃の舞台に向き合っていた。近代的な劇場で古典芸術として人形浄瑠璃を鑑賞した彼らの経験は、旧来の愛好家たちの経験とは本質的に異なっていた。それゆえ、彼らのあいだから現れた批評家による批評もまた、従来とはその様相を一変した。従前とは異なる人形浄瑠璃の経験は、新しい批評の言葉を産み落とさずにはおかないのである。批評と観客の経験のこうした結びつきゆえに、四ツ橋文楽座時代に登場した批評家の言葉は、当時の観客にとって人形浄瑠璃が持ち得た意味の一端に触れる手がかりともなる。批評の考察は、本書にとって欠くことのできない作業である。

本章で考察する批評の刷新は、昭和十年代半ばに、きわめて印象的な仕方で進展した。というのも、それはただひとつの雑誌を舞台に進行したからである。新たに創刊された雑誌ではなく、もっとも伝統のある浄瑠璃愛好家たちの雑誌――『浄瑠璃雑誌』――が、その舞台を提供した。前章の議論からもわかる通り、『浄瑠璃雑誌』は、元来、四ツ橋文楽座の新しい観客たちとはまったく異なる種類の人びとのための雑誌だった。みずからも義太夫節を嗜み、御霊文楽座時代から名人たちの芸を楽しんでいた人びとが、この雑誌の書き手であり、読み手だった。したがって、昭和十年代中葉に新進気鋭の書き手たちが同誌の同人として結集したとき、彼らは雑誌そのものの性格をも変革しながら新しい批評を展開する必要に迫られたのだった。

この批評の刷新に深く関与した武智鉄二は、自身の個人雑誌『劇評』第八号（昭和十四年十一月）に掲載された批評文（「古靱の堀川」）の冒頭で、『浄瑠璃雑誌』への参加を次のように報告している。

> 今回、樋口吾笑氏の経営にかゝる、明治三十一年三月創刊以来三十年余を閲する「浄瑠璃雑誌」が、従来の編集方針を一擲《いってき》せられ、浄曲批評の最高権威たらしむるとの目標の下に、同人制度を採用せられるに当って、私もその末席を汚すの栄を辱うしたのである（以下略）[1]

後に確認するように、発足当初の同人は関東と関西の二つのグループに分かれ、総勢三〇名の大所帯だったが、編集方針を実質的に決定していたのは、メンバーをリクルートした森下辰之助、中心的な書き手となった武智鉄二と鴻池幸武《よしたけ》、そして少し遅れて同人に参加し編集長的な役割を担った大西重孝だったと思われる。後年、武智は『浄瑠璃雑誌』を若い書き手に開放した樋口吾笑を回想して次のように書いている。

このような無知とも痴呆とも呼ばれてよいような顔つきの、人形の合邦を見るような老人のどこに、近代批評の確立に寄与するというような精神が、残されていたのであろうか。[2]
昭和四十七年に書かれたこの文章（「文楽　その芸　その人びと」）には、『浄瑠璃雑誌』同人化の経緯について不正確な記述が散見されるが、[3]武智がここで同人化の成果を「近代批評の確立」と要約しているのは正鵠を射ている。昭和十四年から十八年にかけて『浄瑠璃雑誌』で起こったことは、まさしく人形浄瑠璃への近代批評の導入だった。[4]本章では、それを人形浄瑠璃における「近代」の始まりをしるしづける出来事として考察する。

本章ではまず、議論の前提として、近代に特有の言説ジャンルとしての「批評」の条件を確認する。西欧文学研究における「批評」の成立に関する議論を整理したうえで、日本の近代批評の成立を扱う先行研究の議論を概観する。次に、近代批評の成立に欠かせないメディア（媒体）としての雑誌に注目し、『浄瑠璃雑誌』の同人たちが同誌を近代批評にふさわしい媒体へと変貌させていった過程を跡づける。同人化以前／以後の批評の違いは、その媒体の性格の違いに対応しているのである。以上の考察をふまえ、本章では、特に六人の書き手（鴻池幸武、武智鉄二、中野孝一、祐田善雄、大西重孝、吉永孝雄）に注目し、彼らがどのように人形浄瑠璃の舞台と向き合い、いかなる言葉を紡いだのかを検討したい。彼らはいずれも四ツ橋文楽座の観客席でみずからの思考を深めていったが、決して一枚岩的な集団を形成してはいなかった。六人の書き手は、それぞれの仕方で新しい批評の風景を切り開いたのである。

近代批評の条件

フランス文学者の清水徹は、十九世紀以前にも批評的な著作はあったものの、「まるごとの文学ジャンルとしての《批評》は十九世紀において誕生した」と述べている[5]。清水によれば、批評の成立とは、「作家—批評家—読者という三項関係と、それを成立させる場とが《文学共和国》の内部に制度化され、《批評》というひとつの言説分野が編制される」ことを意味している（一〇七頁）。清水が「文学共和国」と呼ぶのは、文学の書き手と読み手からなる知的交流のネットワークであるが、それは、従来、必ずしも批評家という専門的職能を必要としてはいなかった。宮廷やサロンで作家と読者が直接に言葉を交わしていた時代には、批評家は必要なかったのである。批評家がひとつの職能として確立し、批評が独自の知的活動となるには、一方において、「文学」が哲学・歴史・修辞学から区別されるひとつの言説領域として自立化し、それ固有の反省的な言語活動（批評）を必要とするようになるとともに、他方では、社会構造の変化によって、著作から収入を得る職業的な作家たちと、彼らの書物を読む不特定多数の読者層が出現しなければならなかった（一〇九–一一〇頁）。清水はこうした変化のなかに「批評」の成立を位置づけ、その条件として、三つの契機を指摘している。

近代における「批評」の成立にとって、もっとも重要な契機は「公衆」の形成である。均質的な知的能力を身につけた広範な公衆が新たな読者層として登場したことで、文学生産の経済的基盤が一変し、批評家という職能の成立を可能にしたのである。フランスの文脈に即して、清水は次のように説明する。

この時代の社会変動と階級変動は、一七・八世紀における宮廷やサロンの枠組から大きくはみだした《公衆》を産む。印刷された文学作品に対する《公衆》の側からの要求の増大は、かつてのように宮廷や貴族や上流市民からのお手当てで生活していた著作家とはちがうタイプの人びと、文学作品という直接的には効用をもたぬものの産出を職業とする文学者を産む。こうした一連の現象が一八三〇年から一八五〇年のあいだに起こったのである。（一〇九-一一〇頁）

新しい読者層としての「公衆」の形成は、公教育の普及や図書館・成人教育施設の開設などによる文盲率の劇的な低下を背景としていた。従来の文学の読者が貴族や上流市民階級に限定されていたのとは異なり、十九世紀に形成された「公衆」は、本質的に開かれた構造を備えていた。どの社会階層に属していようとも、一定の知的スキルを習得し、書物にアクセスするための経済的基盤を持つ者なら、誰でもその一員になることができたのである。公衆を形成した新しい読者たちは、「書物の選択と理解のための案内」を求めた（一一〇頁）。この公衆の要求に応える職能として、「批評家」が登場することになる。作家―批評家―読者の三項関係が成立するのは、このときである。

書くことで生計を立て始めた職業的な作家たちは、公衆向けの商品として文学作品を産出し、批評家は、市場に溢れる大量の商品（作品）から注目に値するものを公衆に代わって選別する。そして、読者である公衆は、批評を参考にして商品（作品）を選択することになる。批評の時代とは、文学が市場化（商品化）する時代であり、文学作品の大量生産・大量消費が始まる時代である（一一〇頁）。

しかし、文学作品の生産と消費のこうした構造が機能するには、作家、批評家、読者を仲介する場が必要である。それがジャーナリズムである。フランスでは一八三〇年代から新聞・雑誌・書籍などの印刷・出版業が急速に発達した。新刊本の廉価販売が始まって小説の流通が増大するとともに、新聞には学芸欄が設けられ、連載小説や批評が掲載されるようになる。ジャーナリズムとは、作家―批評家―読者の三項関係が制度化される場であり、近代批評の成立は、ジャーナリズムの隆盛を前提としている（一一一―一一二頁）。

とはいえ、近代における批評の誕生を条件づけたのは、こうした社会状況の変化だけではなかった。そうした変化と連動して、批評的言説のあり方にもまた変化が生じる。清水は近代批評の成立の第三の契機として、書く主体の個体性（主観性）の前景化を指摘している。十八世紀までの批評的言説では、普遍的な美学的基準（ジャンルの区分とその規則、およびそれぞれのジャンルの模範的作例）にもとづいて、作品を比較し、分析し、流派に位置づけることが目指されていた。そこでは個々の作品は普遍的な美学的基準を示す具体例であり、批評する者はその基準にもとづいて評価を下していた。ところが、十九世紀になると、そうした批評的言説への不満が高まり、個々の作品を作家の個性の表現として評価することが目指されるようになる。またそれに伴って、批評においても、作品と向き合う批評家自身の知性や感性が問われるようになる。批評は、それを書く者の「知的・感性的冒険の表白」という性格を帯びはじめるのである。

このとき以後、作品はもはや、普遍的に定められた美学的基準のための具体例であることをやめ、あるひとりの人間の知的・感性的活動の結果として捉えられることになる。批評それ自体もまた、読者のために文学的価値の階梯と分布の図表を提示するというだけにとどまらず、批評家自身の知的・感性的冒険の表白という性格を帯びはじめる。作家の側においても批評家の側においても、個体性がしだいに重要な意味をもってくる。(一一二頁)

清水はこうした批評的言説の変化を、(古典主義的な)「美学的裁断と分類の批評」から(ロマン主義的な)「相対主義批評」への移行と要約しているが(一一三頁)、それをすでに言及した他の二つの条件と結びつけてはいない。しかしながら、一七・八世紀の批評的言説における普遍的な美学的基準が、現実には宮廷やサロンのごく少数の人びとのあいだで共有された規範であったことを想起するなら、そのような基準の相対化が、公衆の登場と無関係でないことは明らかだろう。近代の批評は、普遍的な美学的基準が効力を失うところに誕生し、それゆえにまた、程度の差こそあれ、つねに批評家の主観性を前景化するのである。

それでは次に、日本の文脈において近代批評の成立がどのように論じられているのかを、ごく簡潔に確認しておこう。

大澤聡は『批評メディア論』において、戦前期日本の批評的言説の構造変化を、個々の批評に物質的なかたちを付与する媒体(メディア)の機能分析にもとづいて考察している。大澤によれば、日本における近代的な批評のパラダイムは、一九二〇年代後半から一九三〇年代半ばに進行した言説環境の変容によって成立したという[6]。この変容を、大澤は「文壇ギルド」から「ジャーナリズム文壇」への移行として特徴づける(一二頁)。

日本において文芸批評が始まったのは一九〇〇年頃（明治三十年代前半）であるが、当初、批評的言説は「文壇ギルド」によって統制されていたという。文壇ギルドとは、特定の人間関係によってそれに属する者が選別され、選ばれた者たち同士が互いに褒め合い、問題にし合って有名性を維持していく仕組みであり、批評はそこで、文壇の序列を前提にした権威付与と相互承認の機能を果たしていた（八五-八六頁）。

ところが、一九二〇年代（大正後期）になると、文学をめぐる環境の激変によって、この仕組みが解体しはじめる。その端緒となったのは、関東大震災後に起こった廉価版全集の出版ブームである。これによって、それまで文学書や思想書の読者としては想定されていなかった大衆が新しい読者層として開拓された。すなわち階級横断的な「読者階級」が形成されたのである（二六頁、傍点原文）。こうした新しい読者層の形成は、高等教育の大衆化による知的中間層の拡大に支えられ、出版市場の規模拡大——文学の市場化——を促すことになる。刊行点数が増大するだけでなく、新しい読者層をターゲットにした文学作品（大衆文学など）が生み出される。とりわけ雑誌において市場拡大は顕著で、『改造』や『中央公論』といった総合雑誌が低価格化・大冊化しただけでなく、多数の雑誌が創刊され、媒体の多様化が進行した。こうして昭和初年には論壇ジャーナリズムが隆盛し、時評、月評、座談会といった批評のフォーマットが生まれることになる（二六-二八頁）。こうした批評は、毎月市場に供給される大量の文学作品や評論を前にして、時間的・金銭的・能力的な余裕の欠如を痛感しながらも、なんとか知的流行についていこうとする「一般読者の知的欲望＝欠如に即応する緩衝装置」

として機能した（二四頁）。

雑誌・新聞の学芸欄を舞台とする批評の場の拡大は、参入障壁の低下をもたらし、新しい書き手の流入を許すことになる。ここに至って「文壇ギルド」は完全に解体し、「ジャーナリズム文壇」が成立する。ジャーナリズム文壇は、文学が完全に市場化したことを前提しており、市場価値にもとづいて作品や作家を選別し、評価し、有名性を付与する仕組みとして機能する（一四－一五頁）。この仕組みは、もはや個人的な知己に基づく人間関係によってではなく、ジャーナリズム（雑誌や新聞の学芸欄）によって担われることになる。

大澤によれば、以上のように素描できる批評的言説の転回点は一九三〇年（昭和五年）前後に見出されるという。そのときに形成された近代批評の風景を、大澤は大宅壮一の「現象批評」と小林秀雄の「印象批評」の対峙によって特徴づける(7)。大宅の現象批評が同時代の批評的実践を成り立たせている場の構造を分析の対象とし、多様な言説が形作る布置を提示するのに対して、小林の印象批評は一切の現象批評的関心を排して文学作品にのみ傾注し、作品の単独性と格闘する自己の精神の豊饒さを上演してみせる(8)。大宅の批評も小林の批評も新しい読者層の出現と旧来の価値基準の解体を前提しており、近代的な批評の二つの方向性を提示している。

以上の概観から、日本における近代批評の形成においても、フランスとは異なる歴史的文脈のもとでではあるが、その成立を条件づける三つの契機（公衆の登場、ジャーナリズムの隆盛、旧来の価値基準の解体と批評主体の自己の前景化）が作用していたと言うことができる。それでは日本の伝統演劇における批評の近代とは、いかなる特徴によって定義されるのだろうか。『浄瑠璃雑誌』の批評の考察に進む前に、歌舞伎研究における議論をごく簡潔に参照しておこう。

上村以和於は、すでに第一章でも参照した『時代《とき》のなかの歌舞伎――近代歌舞伎批評家論』において、歌舞伎における近代批評の始まりを論じている。ここでは四つの論点に絞って上村の議論を振り返っておきたい。

上村が歌舞伎における近代批評の成立のもっとも重要な契機として指摘するのは、評判記的な劇評の終焉である。江戸期に成立した『役者評判記』の伝統は、明治十一年に劇通たちの観劇団体「六二《ろくに》連《れん》」によって『俳優評判記』[9]として再興されるが、速報性を重視する媒体の台頭などもあり、明治十九年二月には終焉を迎える。上村によれば、「評判記」の特徴は、評者と読者がともに豊かな観劇体験と知識を有する見巧者《みごうしゃ》であり、自明の物差しを共有した「価値観の共同体」を形成していた点にある[10]。

かつての評判記の評者たちは、歌舞伎とは何かという問いなど、夢にも考えたことはなかったろう。あまりにも幸福すぎる読者との合意が、そこにはア・プリオリに成立している。その幸福は、ほとんどエデンの園のそれに等しい。そこでは、細部の技術評と穿ちと、歌舞伎国という楽園の住人たちの間で交わされる評判だけで、すべては充足する。(四七-四八頁)

じっさい、こうした特徴は、六二連の評判記の文体にもはっきり現れている。役者一人一人に対する評定(大上上吉などの位付け)が極めて細分化している一方で、無記名の合評形式で表明される個々の評言自体は、一揃いの定型化された言い回しの反復から構成されている。とりわけ肯定的な評価を述べる場合にそれが顕著で、「うまい事」「拵えよし」「情合よし」「大当たり」「感心感心」「上出来」といった評価が与えられるだけで、何がどのように、またどうして良かったのかが説明されることは決してない(11)。評者と読者のあいだで芝居についての価値観が共有されているので、そうした説明は不要だったのである。評判記に特徴的な定型化された言い回しは一種の符牒であり、ある特定の場面の特定の所作について「うまい事」と言えば、それが何を意味しているのかは「歌舞伎国」の住人たちには自明だった。

歌舞伎における批評の近代は、この価値観の共同体という「楽園」が解体するところに始まる。それは「歌舞伎が何であるのか」がもはや自明でなくなることを意味している。したがって、近代の批評は――これが第二の契機だが――歌舞伎という事象の根底の意味を問う営みとなる。「評者と読者の間の合意がア・プリオリに成立していた地点で成り立っていた評判記が、その成立基盤を失ったところが近代劇評の出発点だった。歌舞伎とは何か、歌舞伎を歌舞伎たらしめているものは何か、という問いを絶えず発し続けるところにのみ、近代批評は成立する」(六四頁)。

このような近代批評への移行が始まったのは、上村によれば、六二連の活動が終息し、三木《みき》竹二《たけじ》、岡鬼太郎《おかおにたろう》、伊原青々園《いはらせいせいえん》、松居松葉《まついしょうよう》、杉贋阿弥《すぎがんあみ》らが新聞で劇評を書きはじめる明治二十年代であるという(五頁)。そして、竹二が『歌舞伎』に型の記録を掲載し始める明治三十年代には、「歌舞伎とは何か」という問いが避けがたいものとなった(四八頁)。九代目団十郎と五代目菊五郎の死去(明治三十六年）によって歌舞伎の存続に対する危機感が生まれる一方、従来の歌舞伎の枠組みから外れる試みがなされるようになる。歌舞伎の古典化の意識が最初に先鋭化するのもこの頃である（五〇頁）。

とはいえ、明治二十年代以降の新聞の劇評家たちの批評は、依然として、観劇体験の記憶の共有を前提にした劇通的な文体を引きずっていた。[12] 劇通的なものからはっきりと一線を画する批評が現れるには、新しい観客たち――団菊を知らない世代――の登場が必要だった。これが歌舞伎における批評の近代の第三の契機である。この新しい観客たちは、団菊を見ることで自己形成した旧来の観客たちとは異なる仕方で歌舞伎と向き合った。上村によれば、この団菊を知らない観客たちから現れた代表的な批評家が、大正中期に劇評を書きはじめる三宅周太郎である。「周太郎に於いてはじめて、歌舞伎批評は、近代的な批評の文体を持った」（二三頁）。型の比較に基づく周太郎の批評は、研究的・客観的に型を記録することで近代批評への一歩を踏み出した竹二の仕事に連なり、劇通的な文体から脱却していた（二五―二六頁）。

三宅周太郎の批評の文体が近代的であると言えるのは、それが「「私」というものを自然に登場させることが可能な文体」で書かれていたからでもある（三六頁）。すでに確認したように、評判記においては、個々の評言は定型的な言い回しによって構成されており、そこに作品と向き合う「私」が姿を見せることはなかった。それに対して、三宅の批評では、「常に「私」があって、その視点で物を見、意見を言う。何でもないことのようだが、こういう、いわば等身大の「私」＝著者を、常に感じながら読むような文体で劇評を書いた者は、周太郎以前にはいなかった」（三六―三七頁）。批評を書く「自己」の前景化。これが上村の剔出する近代批評の第四の契機である。すでに述べたように、近代の批評では、評者は読者との価値観の共有を前提することができない。批評を書く「私」は、読者とのあいだに深い谷間が存在することをつねに意識せざるを得ない。まさにそれゆえに、近代の批評は「啓蒙」に接近する（二〇頁）。かつての評判記の評者は、読者を啓蒙する必要などなかった。共通の物差しの不在が痛切に意識されるときにのみ、啓蒙の身ぶりが生じるのである。

さてここまで、フランス文学研究、戦前期日本の批評メディア論、歌舞伎研究において、近代批評の条件がどのように論じられてきたのかを概観してきた。それぞれの対象領域の歴史的文脈に違いはあれど、そこでは一連の共通する契機が指摘されている。すなわち、いずれの文脈においても、近代批評の成立には、（1）新しい読者・観客層の出現と、（2）批評の媒体としてジャーナリズムの隆盛（この点は上村の論では明示的に論じられていないが前提されている）、そして（3）価値観の共同体の解体に伴う批評主体の自己の前景化（および事象の根底への問いかけ）が関わっていた。

以上の整理に基づいて、ここからは昭和十年代半ばの『浄瑠璃雑誌』における批評の刷新を考察していく。まずは近代批評の成立に関わる三つの契機について、現時点で確認できる点を指摘しておこう。

最初に新しい観客の出現であるが、人形浄瑠璃では、歌舞伎とは異なり、新しい観客の登場は昭和初年まで起こらなかった。第一章で触れたように、大正末期にはすでに観客の減少が深刻化していたが、昭和五年の四ツ橋文楽座の開場まで、新しい観客が大量に出現することはなかったのである。次に批評のプラットフォームとしてのジャーナリズムについて言うと、人形浄瑠璃の場合、新聞・雑誌での劇評は、歌舞伎ほど発達してはいなかった。新聞に文楽座の劇評が掲載される機会は、道頓堀の芝居（歌舞伎や新劇）と比較して圧倒的に少なく、掲載されても短い記事であることが多かった。最後に、支配的な価値基準の相対化と結びついた「人形浄瑠璃とは何であるのか」という問いかけであるが、これは遅くとも昭和四年には浮上していたと言える。というのも、前章で考察した新作をめぐる論争で問題になっていたのは、まさしく人形浄瑠璃の本質をめぐる理解の相違だったからである。

以上をまとめると、人形浄瑠璃における近代批評の条件は、昭和五年頃を境として、徐々に整いはじめていたと言うことができる。とはいえ、近代批評のプラットフォームとなるメディアは、昭和十四年の時点でも存在していなかった。だからこそ『浄瑠璃雑誌』に集った同人たちは、批評の執筆と平行して、同誌を作りかえる作業に従事しなければならなかったのである。それは近代批評にふさわしいメディアを発明することに等しかった。

『浄瑠璃雑誌』の変貌

『批評メディア論』の冒頭で、大澤は批評の分析においてメディア（媒体）に注目することの重要性を指摘している。どんな内容のものであれ、批評はそれが流通するためにつねにメディア（雑誌や新聞）を必要とする。そのさいメディアは無色透明な容れ物ではなく、多かれ少なかれ言説の内容に影響を与える。具体的な批評のかたちは、メディアと言説との相互作用のなかで形作られるのである。(13)

したがって、批評の分析にあたっては、その内容を論じるだけでなく、それにかたちを与えるメディアの考察が欠かせない。

『浄瑠璃雑誌』の批評の考察においても、この観点は有益である。大澤は書店で販売される一般雑誌を前提に議論を展開しているが、批評とメディア（媒体）の相互作用は、商業誌ではない雑誌でも同様に観察できる。明治三十二年に素人の義太夫節愛好家（素義）の情報交換と交流を目的として創刊された『浄瑠璃雑誌』は、匿名的な不特定多数の読者を想定した雑誌ではなく、書き手と読み手の共同体的な結びつきに依拠した媒体だった。それゆえ『浄瑠璃雑誌』は、一般の演劇雑誌（『演芸画報』など）とは異なる誌面の構成を備えており、そこに掲載される批評のあり方も、そうしたメディアの特徴に対応していた。

昭和十年代半ばに同人に集った書き手たちが『浄瑠璃雑誌』で批評を発表しはじめたとき、彼らはみずからの批評とそれが掲載されるメディアの性格との矛盾に気づかずにはいられなかった。それゆえ、誌面の刷新が喫緊の課題となったのである。『浄瑠璃雑誌』の同人化は、近代批評とメディアとの密接な結びつきを例証する事例となっている。

以下ではまず旧来の『浄瑠璃雑誌』の誌面構成に注目し、そこに読みとれる雑誌の性格を確認したうえで、同人化以前の同誌の批評の特徴を考察する。そのうえで、同誌の誌面が同人化以後、どのように変化していったのかを確認してみたい。

（1）同人化以前の『浄瑠璃雑誌』

すでに述べたように、『浄瑠璃雑誌』は、元々、素義の情報交換と交流を目的として創刊された雑誌だった。同人化を主導した森下辰之助の言葉を借りるなら、それは批評誌ではなく、「素人浄瑠璃界の通信」に過ぎなかった(14)。主要な読者は、師匠について義太夫節を稽古し、その成果を各種の団体——連中と呼ばれた——の大会で発表する人びとだった。同誌の表紙デザインと誌面の構成は、そうした雑誌の性格をよく表している。

この雑誌のトレードマークは表紙にデカデカと描かれた天狗の面である（口絵12）。「浪花名物　浄瑠璃雑誌」という誌名とともに描かれた天狗のイラストは、一時的に変更されたこともあるものの、基本的に同人化の初期まで維持されている。その表紙ゆえに『浄瑠璃雑誌』は通称「天狗雑誌」と呼ばれたが、天狗のモチーフが選ばれたのは、明治から昭和にかけて素人の義太夫語りを「天狗」と呼ぶ風習があったからである。木谷蓬吟によれば、「鼻を高くする、ということなので多少高慢を侮蔑した意味を含んでいるが、いつの間にか自他共にこう構えてしまう」ことになったという(15)。

旧来の『浄瑠璃雑誌』の主要なコンテンツは以下の通りである。

（1）巻頭言。「社説」とも呼ばれ、素義界の話題が取り上げられる。後には文楽座の問題も論じられるようになる。主に浄瑠璃雑誌社社長の樋口吾笑が執筆した。

（2）素義大会の入賞者や素義界の重鎮を写真と略歴入りで紹介するページ。

（3）義太夫節についての各種記事。古典的な文献の紹介や稽古法に関する文章、人気の演目の語句解説や名人の芸談などが掲載された。
（4）素義大会の評言および全国各地の素義団体の活動報告。
（5）堀江座・文楽座の劇評。
（6）新作浄瑠璃。
（7）新年とお盆（暑中見舞）の挨拶（口絵13）。最盛期には一〇〇頁に及ぶこともあった。

このなかで最も重要なのは、（4）の素義大会の評言であり、ほぼ毎号欠かすことなく掲載された。記者や大会の審査員が、出演者の演目に対して短い講評を記しており、多くの読者が自分の演目の評価を読むのを楽しみにしていたようだ。次に重要なのは、巻頭に掲載される（2）の大会入賞者や素義界の重鎮の写真と略歴であり、この欄で紹介されることは素義界に広く知られることを意味し、一種のステータスになっていたと思われる。（5）の堀江座や文楽座の劇評は、時期によって掲載頻度や分量にばらつきがあり、まったく掲載されないことも少なくなかった。

以上の概観からも明らかな通り、同人化前の『浄瑠璃雑誌』は同じ芸を嗜む者たちの共同体的な結びつきに依拠した雑誌だった。不特定多数の読者に向けて作られる一般の演劇雑誌とは異なり、同誌の読者は多かれ少なかれ「顔の見える」存在だった。主要なコンテンツである（2）と（4）はともに読者が登場する企画であり、彼らは互いの大会を訪問し合うことで多少の面識を有していることも多かった。そして（7）の挨拶は、本誌を購読する読者たちが掲載するものであり、同じ芸を嗜む人びとの共同体が可視化される機会を提供していた。ここでは書き手も読み手も同じコミュニティに属しており、芸についての理解を暗黙の前提として共有していたのである。

（2）同人化以前の『浄瑠璃雑誌』の劇評

『浄瑠璃雑誌』に掲載された文楽座や堀江座の批評も、上記のような雑誌のあり方に対応する特徴を具えていた。後で見る同人化以後の批評と対比するために、ここではそれを「芸の批評」と呼び、四つの特徴を指摘しておきたい。

　同人化以前の『浄瑠璃雑誌』における批評の第一の特徴は、評者と読者に共有された豊富な観劇体験の記憶に支えられていたことである。「芸の批評」では、評者は過去の名人の芸を回想しながら眼前の舞台を観劇し、その品定めを行う。たとえば、『浄瑠璃雑誌』に最初に掲載された文楽座の批評では、摂津大掾が語った「重《しげ》の井《い》子別れの段」（『恋女房染分手綱《こいにょうぼうそめわけたづな》』）について、次のように評されている。

　此《この》場は先代住太夫氏の十八番で評者も四五度は聞《きい》た。夫《それ》から津太夫氏のも又大掾のも確に四回は聴《きい》ているが、今回は能《よ》く調べ謹しんで語って居られ、寸分の透《すき》もなく、憂いも利少しも貫いに行ず、是でこそ大掾の大掾たる所で『坂は照々』の馬子歌は真似は出来ぬ。（明治三十六年十月）(16)

「芸の批評」では、過去の名人の芸に数多く触れていることが評者の判断に権威を付与する。たとえば、大正四年の文楽座の劇評では、評者はまず、これまでに七代目染太《そめた》夫《ゆう》、巴《ともえ》太夫（初代 柳適《りゅうてき》太夫）、八代目染太夫、三代目津太夫（法善寺）、大隅太夫、九代目染太夫の「日向島《ひゅうがじま》」（『嬢景清八嶋日記《むすめかげきよやしまにっき》』）を聴いてきたと述べたうえで、三代目越路太夫の奏演について、次のように判定を下す。

越路の日向島なら無論大成功であるが、日向島に於ける越路には非難を免る､事は出来ぬ、（中略）越路も余程調べたには相違無いが、善い型を沢山聞いて居る耳には遺憾乍ら結構と云う詞《ことば》が出ない(17)

「芸の批評」の第二の特徴は、それぞれの演目の評価のポイントが、評者と読者のあいだであらかじめ共有されていることである。一段の浄瑠璃の聞きどころは前もって定まっており、過去の名人の例や、注意すべき点として語られてきた事柄も知られている。そうした前提のもとで、ひとつの演目を太夫がどのように語ってみせるのかが観客の関心事であり、批評の眼目でもあった。たとえば、明治四十二年の堀江座の劇評では、三代目大隅太夫の「鮓屋の段」（『義経千本桜』）について、次のように述べられている。

大隅太夫の「鮓屋」は折り紙付きの語物《かたりもの》である、（中略）例の、権太《ごんた》が母親をたらす詞に、「母者人々々」より、「コチ、がん首でコチ〳〵がよござります」云々は大隅式独特の語口。夫《それ》より六代君若葉の内侍が尋ねて来て、維盛《これもり》の無情を歎《かこ》ち「都でお別れ申してより」のサワリも優《しとや》かにて、殿上人の奥床しく。お里のサワリに於て「父も聞こえず母様も、夢にも知らして下さったら」の句は大掾の如く艶声はないが、節回しの巧みなるには満場を唸らせた、梶原も意外に大きく動《こな》し、後に弥左衛門が怨憤忽《たちま》ち権太の脇腹を刺し、権太の手負《てお》いになってからは、誰しも一寸《ちょっと》ダレの来る処《ところ》であるが、大隅のは末段になっても声に変化なく、飽まで意気を貫くのが此人の長所で「吉野に残る名物に」の段切まで、書本《かきほん》約九十余枚此間一時四十九分の長丁場を、何の苦もなく語り動したその伎倆は、実に感服の外なし、流石は一方の旗頭程あって非凡の処がある、満場大喝采雷鳴の如き光景であった。(18)

「例の…」と言われるような周知の個所に順番に触れながら演者の芸にコメントしていくスタイルは、「芸の批評」の典型である。観客に共有された聞きどころ、見どころにもとづく「芸の批評」では、批評に先立って評価のポイントは定まっており、用いられる言い回しもある程度定型化している。したがって、評者の個性（主観）は現れにくい（第三の特徴）。じっさい、いま引用した個所にも見られるように、観客の反応を織り交ぜることで自己の評価と観客のそれとをすり合わせるようにして書かれていることが多い。

「芸の批評」の第四の特徴は、いま引用した「鮓屋の段」の評にも見て取れるように、作品の内容に関する議論がほとんどないことである。太夫による作品の解釈が問題になったり、作品の主題に照らして太夫の語り口を評価したりすることは滅多にない。役の性根《しょうね》が話題になることはあっても、それは基本的に了解済みの事項とされており、あらためて丸本に立ち返って再検討するようなことはなされない。上演場面の意味内容については理解が共有されていることを前提に、その語りの芸のみが批評の対象となるのである。

以上の手短な考察からもわかるとおり、同人化以前の『浄瑠璃雑誌』の批評では、浄瑠璃を嗜む人びとのあいだで共有された評価の物差しにもとづいて芸の品定めがなされており、評者も読者も同じ価値観の共同体の一員であることが暗黙の前提になっていた。その意味で「芸の批評」は、劇通による評言であり、多分に評判記的なものを含んでいたと言うことができる。

(3) 同人化以後の『浄瑠璃雑誌』

昭和十四年十月に始まる同人体制への移行は、以上に確認した雑誌の性格を大きく変えることになった。一言で言えば、素義の交流と情報交換の媒体であった『浄瑠璃雑誌』は、人形浄瑠璃に対象を限定しない総合演劇批評誌へと変貌したのである。この変貌のプロセスは、雑誌の表紙デザインとコンテンツの変化に反映している。旧来の『浄瑠璃雑誌』の中心を占めていた要素が順次周縁化され、最終的には完全に姿を消すに至るのである。そのプロセスを簡潔に辿り直してみたい。

『浄瑠璃雑誌』三八三号の巻頭には、「吾人の告白」という一文が同人メンバーのリストとともに掲げられている。そこで同人は次のように新誌面の方針を宣言した。

今後本誌の愈々益々の隆盛を図ると共に真の浄瑠璃芸術の興隆を達成すべく志を同じうせるもの相計り、浄瑠璃雑誌同人会を組織し、私交を離れ直言直筆、評論に批判に正々堂々の筆陣を張り多く世人の行う、是は是とし非は之を避くる如き所謂八方美人の文筆を戒め、斯道向上のため多少の非難を顧みず又敵視せらるゝをも覚悟し、専ら本誌面の向上発達を計るべきを誓うものなり、敢て茲《ここ》に告白す。(19)

発足時の同人は「関西之部」と「関東之部」からなり、それぞれ十五名、総勢三十名の大所帯だった。人選を行ったのは、日東蓄音機株式会社の重役で、みずからも素義の経歴を持つ森下辰之助であり、関西と関東の素義界の面々が参加していたようである。ただし、じっさいに批評を執筆したのは関西組の一部で、太宰施門、中野孝一、武智鉄二、鴻池幸武、そして森下の五人が中心だった。

同人化直後の誌面は、表紙も記事の構成も基本的に従来を踏襲しており、そこに同人の文楽批評が加わっただけだった。とはいえ、記事の比重から言うと、すでに同人の批評が中心を占め、素義大会の評言や各地の素義団体の活動報告は分量が減少している。

昭和十五年八月の第三九三号から表紙のデザインが変更される（口絵14、第三九四号を掲載）。「浪花名物　浄瑠璃雑誌」というタイトルは変わらないが、その上に「浄瑠璃と演劇の批評」という文言が追加され、天狗の絵に変わって目次が表紙に掲載されるようになる。ただし天狗のモチーフが完全に消え去ったわけではなく、目次の右下に小さく天狗の面が描かれている。加えて、この号から人形浄瑠璃の記事だけでなく、フランス文学に関する連載や、歌舞伎や新劇の批評も掲載されるようになる。演劇批評誌へ向けて実質的な一歩を踏み出したのである。

昭和十六年八月の第四〇一号では、再度、表紙が変更される（口絵15）。新しい表紙のデザインでは、「浪花名物　浄瑠璃雑誌」というタイトルの上に「浄瑠璃と演劇」と銘打たれ、下段には改組された同人メンバーの氏名のみが掲載されている。ここにおいて創刊以来、雑誌のトレードマークだった天狗のモチーフがついに姿を消すことになる。またこの号以降、素義大会の入賞者の写真に代わって、文楽座や歌舞伎座の公演写真が巻頭に掲載されるようになる。さらに素義大会の評言や活動報告も「特設コーナー」の扱いになり、完全に周縁化される。吾笑による巻頭言もここで姿を消す。第四〇一号の巻頭に掲載された「同人改組に就きて」という一文は、こうした一連の変更で何が目指されたのかを明らかにしている。

本誌の趣旨とする処は偽らざる在野精神の露呈にあり、その為には本誌の方向の決定者たるべき同人の質の再吟味が要望せらるるに至った。その結果として、素義其他として芸術団体と特殊の関係に在る人達、他の雑誌と特殊の関係に在る人達及び、執筆者として同人に選ばれたるに非ざる人達の勇退を希うべく余儀なくされた。（中略）斯くして本誌は第四百一号を期して、浄瑠璃・演劇の批評に、研究により一層の発展段階に到達したのである。[20]

この同人改組とそれに伴う誌面の変更で目指されたのは、なによりもまず、素義界とのしがらみを断ち切ることだった。従来の同人のうち、関西の九名だけが残り、歌舞伎評論家の森ほのほら三人が新たに加わった。続く第四〇三号では、ついに素義大会の評言と各種素義団体の活動報告も誌面から姿を消すことになる。ほんらい、素義たちのコミュニティから生まれた『浄瑠璃雑誌』は、ここで共同体的な要素を一掃し、完全に演劇批評誌に生まれ変わったのである。近代批評が評者と読者を包み込む価値観の共同体の解体を前提している以上、この改組は近代批評の導入に伴う必然的な帰結だったと言うことができる。

その後、第四〇九号（昭和十七年五月）では吉永孝雄、野間光辰、斎藤清二郎、祐田善雄ら七名が同人に加わり、『浄瑠璃雑誌』は学術性を強めていくことになる。近石泰秋や若月保治といった研究者の論文が掲載されるようになるのもこのときからである。ここから第四二一号までが『浄瑠璃雑誌』の演劇批評誌としての完成期だと言うことができる（口絵16）。その後、第四二二号（昭和十八年十月）で大西重孝が編集を外れると、同人化以後に参加した書き手の記事はほとんどなくなり、旧来の『浄瑠璃雑誌』にあった内容が復活してくる。そして、続く二年間で三号を発行しただけで『浄瑠璃雑誌』は廃刊に至るのである。

新しい批評の風景

ここからは同人化後の『浄瑠璃雑誌』の批評を検討していく。具体的には、従来の「芸の批評」と一線を画する文章を執筆した書き手として、鴻池幸武、武智鉄二、中野孝一、祐田善雄、大西重孝、吉永孝雄の六人を取り上げ、彼らの『浄瑠璃雑誌』での批評的実践を考察する。ここで六人の書き手を取り上げるのは、『浄瑠璃雑誌』の同人が一枚岩的な集団ではなく、それぞれが異なる仕方で人形浄瑠璃と向きあっていたことを示すためである。ちなみに、同人化後の『浄瑠璃雑誌』でもっとも精力的に健筆を振るったのは、京都大学の仏文学教授で歌舞伎にも造詣が深かった太宰施門だった。しかし、太宰の文章には人形浄瑠璃そのものを対象とした批評は少なく、歌舞伎やフランス文学を論じたものが多いので、ここでは考察の対象外としたい。

それぞれの批評を検討する前に、この六人に共通する特徴をいくつか指摘しておこう。昭和十四年の同人化時点における六人の年齢を確認すると、最年長は中野で四十五歳、上から大西三十四歳、祐田三十歳、吉永二十九歳、武智二十七歳で、最年少が鴻池の二十五歳である。ということは、御霊文楽座が焼失した大正十五年には、中野が三十二歳、鴻池はまだ十二歳だったことになる。この六人に共通するのは、摂津大掾、大隅太夫を知らない世代だということであり、おそらく大西を除いて、三代目越路太夫（大正十三年死去）も劇場で聴いていないと思われる。彼らは、弁天座以降、特に四ツ橋文楽座で観客として自己形成した世代に属しており、私たちが本書で「新しい観客」と呼んできた観客たちのひとりとして、文楽座の舞台と向き合っていた。(21)

次にこの六人がレコードで浄瑠璃を聞き込んで劇場に通うことができた世代に属する点も重要である。武智が高校時代からレコードの収集に熱中していたことはよく知られているが、鴻池の父親も義太夫節が好きでレコードで盛んに聴いていたという。(22)この二人の批評に特徴的な、芸の細部の詳細な分析は、床本を片手に同一の奏演を繰り返し聴くことで鍛えられた耳によって可能になったと思われる。(23)

加えて、中野については不明であるが、他の者たちはみな大学で学問的な訓練を受けた書き手だった。大西は京大法学部卒なので畑違いだが、武智は京大経済学部を卒業後、文学部に入り直して国文学を専攻しているし、鴻池は早稲田大学でそのころ東京に移っていた石割松太郎の教えを受けている。祐田は京大の国文科で紀海音について卒論を書き、吉永は東大で国文学を学んでいた。

最後に、同人化以前の『浄瑠璃雑誌』の批評の書き手と決定的に異なる点として、この六人が浄瑠璃を趣味で語ることをしなかったという事実にも注目しておきたい。後に武智の批評を取り上げるときも触れるが、当時の浄瑠璃愛好家のあいだでは、浄瑠璃を語れない者には批評もできないというのが暗黙の了解だった。だからこそ、鴻池や武智の辛辣な批評は、旧来の浄瑠璃愛好家の激しい反発を呼び覚ましたのだった。森下辰之助は、そうした反発に反論する文章のなかで、年少の同人を擁護して次のように述べている。

本誌同人鴻池幸武氏や武智鉄二氏や辻部圓三郎氏、中野孝一氏、扨《さて》は太宰文学博士の如き一言半句の浄瑠璃を語らないで斯道に精通して居らるゝ事全く母の胎内から聞通し、三十年間語り通した私共の遠く及ばぬ判断力を備えて居らるゝのは、酒呑みに酒きゝが出来ぬと同様であることを染々《しみじみ》と知る事が出来ました(24)。

大西、祐田、吉永も、演者と親しく接しながらも、趣味として浄瑠璃を語ることはなかったようである。彼らはみな、素義たちの共同体の外部で、もっぱら鑑賞する観客として出発し、そこから批評家あるいは研究者としての態度を作り上げていったのである。

以下では、六人の書き手を個別に取り上げるが、ここで試みられるのは、戦後も活動を続けていく彼らの仕事の全体像を提示すること――批評家論――ではなく、あくまでも『浄瑠璃雑誌』における彼らの実践のスナップショットである。四ツ橋文楽座の観客として、彼らがどのように舞台に向きあったのかを示しながら、人形浄瑠璃における批評の近代の始まりを素描すること。それが本章の目的である。

鴻池幸武　聞書き批評の衝撃

『浄瑠璃雑誌』に最初に掲載された鴻池の文章は、昭和十四年五月に四ツ橋文楽座で古靭太夫が語った「寺子屋の段」（『菅原伝授手習鑑』）の批評である。この批評は、正式な同人発足前の三八二号（昭和十四年九月）に掲載されたが、書き下ろしではなく、武智の個人雑誌『劇評』第五号（昭和十四年八月）と同誌第六号（昭和十四年九月）に発表された文章の転載である。しかしこの批評文は、素義界の人々はもちろん、文楽座の演者たちも購読していた『浄瑠璃雑誌』に掲載されたことで、大きな反響を呼び覚ました。

じっさい、「豊竹古靭太夫の寺子屋」と題された一文は、二つの点で衝撃的だった。第一に、ここで鴻池が提示した古靭太夫の奏演の分析は、その精細さにおいて前代未聞だった。第二に、鴻池の批評は拙い芸に対する批判の激烈さの点でも前例がなかった。

まず二つ目の点から見ていこう。批判の舌鋒の鋭さということで言えば、ひとはまっさきに武智を連想するが、じっさいのところ、不誠実な芸を前にした鴻池の激怒と比べれば、武智の辛辣さはまだ理性的な論難の域に留まっている。たとえば「豊竹古靭太夫の寺子屋」の後半で、鴻池は鶴澤道八《どうはち》作曲の『釣女《つりおんな》』を演奏した若手三味線弾きたちに集中砲火を浴びせかける。鴻池が問題にしたのは、彼らが道八に稽古してもらうこともできたはずなのにそれをせず、デタラメな演奏をしたことだった。

まず、番付にも「釣女」とあり、床に並んでいる太夫や三味線も「釣女」を語り、且弾いているらしい面持ちだが、嘘仰有い、こんな「釣女」がどこにある。（中略）だから、それを上演するに当っては、その作曲の意図を作曲者について研究せねば意味がない。それもこの作曲者がもうこの世に居ないのなら兎も角、ちゃんと健在である。それをしない。馬鹿も此処まで来ると大したものだ。番付に「乍　憚《はばかりながら》口上」とあって曰く、「此度は更に一座若手新進連中の熱烈なる研究心に御同情を賜り夏季特別興行と仕り云々」と、いったい何が熱烈なのか、ご注文通り心から同情致します。てめえらにぢゃねえ。作曲者の道八と太郎冠者の栄三丈とに。(25)

引用で省略した個所で鴻池は『釣女』における道八の作曲の眼目を丁寧に説明しており、批判そのものは妥当だったと言えるにしても、こうした言辞の激しさには、文楽座内や素義界から反発が起こらずにはいなかった。だが、鴻池はそうした反響を一切気にかけていなかったようで、このあとも定期的に似たような激烈な言辞を演者に浴びせかけている。(26)

次に批評の精細さであるが、鴻池はすでにこの「寺子屋」評で、彼の批評に特有のスタイルである聞書き方式を採用している。それはたとえば、以下のようなものである。

△「外に菅秀才」の「外に」の意味を大事に語る事。

△「かねて覚悟も今サーア、ーラーニ、ヤムウネ、ヤ、ト、ド、ロ、カ、ス」と源蔵《げんぞう》夫婦の胸中が聴衆に十分徹底するよう、満身の力をこめて語る事。これが出来ている人はめったにいない。

（一七頁）

この一見すると単なるメモ書きのようにも見えるスタイルは、太夫が一段の浄瑠璃の劇的構成を把握し、登場人物の行動の心理的必然性を摑み取ったうえで、それをどのように音曲として表現しているのかを、個々の詞章の扱いのレベルで分析するために採用された手法であった。鴻池が批評した昭和十四年の「寺子屋」の録音は残されていないが、その聞書き批評が古靱太夫の語りの急所に届いていたことを示唆する資料は存在する。この批評が掲載されてから約一年三ヶ月後の昭和十六年一月、『上方』に山口廣一による古靱太夫の芸談が掲載された。そこで古靱太夫は「寺子屋」について語っているのだが、古靱太夫が苦心したと述べている個所の多くが、鴻池によって評価すべき点として指摘されているのである。ここでは一個所だけ引用してみたい。古靱太夫は『上方』の芸談で、人物の語り分けについて次のように語っている。

私は総体に、人物の変り目に特に気をつけて語るように心掛けているつもりです。この一段でいえば、首実検の後、小太郎を連れに戻った千代を源蔵が背後から斬りかゝるところ〝ずっと通るを後より〟の〝ずっと通るを〟までが千代の動作で〝後より〟は源蔵の動作。続いて〝逃げても逃がさぬ源蔵が……〟の〝逃げても〟は千代の動作。〝逃がさぬ〟は源蔵の動作。〝撥ねる刃《やいば》も容赦なく……〟の〝撥ねる〟が千代。〝容赦なく〟が源蔵の動作です。こんな風に一句の地合にも、よく読んでみると数人の人物の動作を説明し分けてあります。従って私も原作に倣って語り口に出来るだけ変化を添えて〝逃げても〟を千代が逃げる気持ちで語り、一寸間を持たせてから〝逃がさぬ〟を源蔵の気持ちと動作で語り分けるようにしています。(27)

これはまさしく鴻池が批評のなかで賞賛していたポイントだった。

△「ずっと通るを後より」以下の地合をアノ早間で源蔵と千代とを完全に語り分け出来るのは、現在では古靱だけである。即ち、「只一討と切りつくる」は源蔵「女もしれものひっぱづし、逃げても」は千代、「逃がさぬ源蔵が刄するどに切りつくる」は源蔵「我子の文庫ではっしとうけ止め（一般はこの一くさりのみ千代の地合で語るだけで、後は皆誤魔化しになっている）、コーレ待った待たんせコリヤどうじゃと刎《はね》る刄も」は千代「用捨《ようしゃ》なく又切り付くる」は源蔵、の如く地合の語り分けをハッキリさす事。（一八頁）

古靱太夫の人物の語り分けが巧みだということは、従来の批評でもたびたび指摘されていた。しかし、このような精度で具体的に地合の語り分けを分析してみせる批評はなかったと言ってよい。加えて、鴻池は太夫と人形のあいだの絶妙の間についても、非常に正確な記述を行っている。松王《まつおう》の泣き笑いで従来の入れ言を省略したこと（これも古靱太夫が芸談で触れていた点である）を指摘しながら、太夫と人形遣いの息の連携を次のように記述してみせる。

△「アノ笑いましたか」は語らず、「ハ、、、」と泣笑いをカブセ、一寸間を置くその間に、栄三の松王が扇を開いて源蔵の方に顔をかくし、上手の方に向き直ると、「アハ、、」の泣笑いを続け、だん〳〵早間になって、一旦切れると、松王が扇子をからりと落し、間を置いてしゃくり上げて「アハ、、ーー」と大きく笑い、尻は全く泣き入る事。この条《くだり》、古靱と栄三との息がよく合い絶妙。（一九頁）

従来の「芸の批評」であれば、「人物の語り分けが見事」とか「松王の泣き笑いと栄三の人形の息がピッタリ」とだけ言って済ませていたはずの個所で、鴻池は具体的な表現の細部にまで立ち入った分析をしてみせる。ある別の文章で鴻池は「批評に於てはどの一字一句がどういう腹構えで、どういう語り口で語られ、その結果どういう表現が生れて、それがその段の内容に関してどうであるかを論ぜられねばならぬ[28]」と述べているが、こうした姿勢には近代的な批評意識がはっきり表れている。細部まで詳細に分析し尽くさねばならぬのは、批評の書き手が、評者と読者をともに包み込む価値観の共同体にもはや安住してはいないからである。鴻池の批評は劇通的ではなかった。鴻池は、みずからの批評的判断が読者に無条件に共有されるとは考えていない。それゆえ、その分析はときに詳細を究め、啓蒙的な性格を帯びることになる。言い換えれば、鴻池の批評は、趣味の共同体の外部で「浄瑠璃とは何か」という問いを発し続けているのである。

　こうした鴻池の批評からもっとも強い衝撃を受けとったのは、他ならぬ武智鉄二だった。というのも、武智はすでに『劇評』第三号（昭和十四年六月）で「文楽の寺子屋」なる一文を発表し、そこで古靱太夫の語りについて「既に三宅周太郎氏等の詳細な批評があるから、茲《ここ》に今更批評する必要も感じない」と述べていたからである[29]。ここで武智が言及している三宅周太郎の「詳細な批評」とは、三宅が昭和二年七月に書いた「演劇的に見た文楽の「寺子屋」」であろう。そこで三宅は、古靱太夫と津太夫の「寺子屋」の語り口を歌舞伎も参照しながら論じている[30]。しかしながら、三宅による浄瑠璃の語り口の分析は、鴻池の批評の精細さには遠く及ばない。

　当初、武智の人形浄瑠璃への関心が人形の芸に向けられていたことは、最初期の一連の批評が栄三を対象としていたことからも明らかだが、前代未聞の精度で表現の細部に切り込む鴻池の批評を読んで、武智が「浄瑠璃とはこのように聴くものなのか」という衝撃を受け取ったことは想像に難くない。じっさい、このときから武智の関心の中心は、人形から太夫に移行し、浄瑠璃をいかに批評するかという方法論的反省が生まれてくる。その最初の成果が『劇評』第八号（昭和十四年十一月）に発表された「古靱の堀川」である。そこで武智は、古靱太夫が従来の語りを丸本通りに戻した個所を一つ一つ取り上げて、詳細に分析している。[31] この文章は鴻池の批評に啓蒙されなければ、書かれなかったはずだ。

『浄瑠璃雑誌』三九三号（昭和十五年九月）に掲載された「織大夫・団六の「川連館《かわつらやかた》」その他」において、鴻池はみずからの批評の要諦を明らかにしている。『義経千本桜』四段目「川連法眼館《かわつらほうげんやかた》の段」は、古靱太夫と四代目鶴澤清六《せいろく》がすでに見事に奏演していた演目であるが、鴻池によれば、その成功には二つの要因があったという。ひとつには、古靱太夫が義太夫語りとして類い稀な「人間的直感力」に恵まれており、その直感力をもって浄瑠璃の本文を読み込むことで、劇の内実を正確に摑み出していたこと。もうひとつは、「古靱には浄瑠璃の風というもの、研鑽が正しく且徹底して」いたことである。[32]（1）丸本を徹底して読みこなし、一段の劇的構成の核心を把握すること、（2）そうして把握したドラマをその段の曲風にふさわしい形式で表現すること。この二つが鴻池の批評における評価基準をなしている。「川連法眼館の段」について言えば、太夫と三味線はまず「この段の文学的意図」、すなわち「単なる親狐子狐の愛情を、人間の親子間の愛情に譬えたものでなく、もっと偉大な宇宙間に存在する親子間の愛情を人間よりそれが露骨な畜類（中略）をかりて描写していること」を正確に把握していなければならないが、それに加えて、そうした構想を義太夫節で表現するにあたって、「書卸しの大夫二世竹本政大夫が、斯道諸風の中、最も荘重とされている「播磨地」を土台として編曲していること」にも注意を払わねばならない(33)。

丸本を読みこなすこと――本読みの徹底――は、武智が批評のなかで強調した点であり、鴻池の聞書き批評では一見するとそれほど重視されていないように見えるかもしれない。だがじっさいには、先に引用した発言にもあったように、鴻池の語り口の分析は一段の浄瑠璃の内容の徹底した把握を前提している。鴻池の批評は、内容をすでに了解済みとしたうえで、もっぱら形としての芸のみを論じる「芸の批評」とは異なるのである。たとえば『浄瑠璃雑誌』四〇七号（昭和十七年二月）に掲載された「古靫大夫の「熊谷陣屋」」を見てみよう。そこで鴻池は、古靫太夫と栄三によって巧みに表現された「思いも寄らぬ藤の局の出現に対する直実の心の狼狽」に注目し、この直実の驚きがどこから生じ、いかなる出来事の文脈のもとに置かれているのかを、丸本の文章の精読によって明らかにしている(34)。

風《ふう》――「曲を初演ないし完成せしめた太夫の特徴的な語り口(35)」――を人形浄瑠璃を「古典芸術」たらしめる規範として理論化するのは武智鉄二であり、鴻池の批評には風に対する理論的な考察は見られない。むしろ鴻池の議論の特徴はその具体性にある。たとえば鴻池は、「熊谷陣屋の段」（『一谷嫩軍記』）における古靫太夫の語りがいかに筑前風に特徴的なギンの音遣いを実現しているかを、次のように指摘する。

> この段の枕一枚にしても、「押開き」の「シ」「西」の「ニ」「敦盛」の「ツウ」、「猛き」、「座」等々、（中略）総て「ギン」の音にかゝって語られるが、その遣い方が一つ〳〵皆違う。「ニジッテ」挨拶するのや、一寸「ギン」「ギン」の譜へ触れるのや「真ギン」にしっかり落すのや、大時代にユックリ遣うのや、様々であるが、それが所謂「ギン」の音の遣い分けとて、「筑前風」の真髄であると察する。(36)

こうした音遣いの記述は武智の批評にも見られず、鴻池の独壇場であった(37)。

　最後に、鴻池の批評の独自性として見逃すことができないのは、「劇音楽」としての三味線の批評である。鴻池は『上方』に寄稿した「三味線の芸系について」という文章で、今日の義太夫三味線が目標とすべき存在として豊澤団平を挙げ、その芸風を「正しい意味のリアリスティック、正に三味線に於ける模倣型演奏法の大成者」と特徴づけていた(38)。じっさい、鴻池の批評では、三味線は単なる伴奏ではなく、太夫と同じ資格で人物、情景、情趣を描き出す役割を担うものとみなされており、その観点から詳細な批評の対象となっている。たとえば、すでに参照した「織大夫・団六の「川連館」その他」という文章では、「川連法眼館の段」の一場面、静御前につき従ってきた忠信《ただのぶ》が偽物であったことが露見し、義経の指示で静御前が鼓を打って狐忠信を呼び寄せるくだり――「誘われ来《きた》る佐藤忠信。静が前に両手をつき。音《ね》に聞《きき》とれし其風情。すはやと見れど打ち止ず。猶も様子を。調《しらべ》の音色。聞入聞いる余念の躰《てい》。」――ついて、次のように論じられる。

△「静が前に両手をつき音に聞きとれし」から、「余念の躰」までは、大夫は忠信を語り、三味線は静を弾く位取りにならねばならぬと考える。ここで織大夫、団六は、「音に聞きとれし」から、団六の「ハッ」という掛声と共に、両人共急に目立って強くノッて出るが、そうなると、「すはや」から「聞入り聞入る」まで三味線が早間に息を畳み込んで行くその効果が薄弱になって来る。こゝは大夫のノッて出るのに対して普通に弾いて出て、次第々々に息を積んで「聞入る」まで到達さす静が鼓で詮議する肚と容姿を弾かなければ面白くならない。織大夫・団六両人のこの条に対する演奏態度に異議がある[39]。

この場面では、偽物らしき忠信の正体を見極め、隙あらば義経から渡された刀で斬りかかろうという心づもりの静御前と、そんな思惑など露知らず、鼓の音によって否応もなく引き寄せられ、親への親愛の情に溢れた様子で響きに聞き入る狐忠信という、まったく異なる心持ちの二人の人物が対面する。浄瑠璃の本文は佐藤忠信の描写から「すはや」を境に静の描写に移り、「調べの音色」を介して「聞入る」忠信の――客観視点とも静視点ともとれる――の描写に至るが、この場面の劇的緊張を表現しようとするなら、太夫と三味線がそれぞれ別の人物の姿を描き出すほうが効果的だと述べられている。これはほんの一例だが、「劇音楽」の観点から三味線の演奏を精緻に吟味する鴻池の批評は、今日でもなお異彩を放っている。

武智鉄二　古典芸術の現代性

すでに確認したように、鴻池の批評は旧来の通人的な劇評からはっきりと一線を画していた。それはまぎれもなく近代的な批評だったが、鴻池自身はそれを理論的に反省したりはしなかった。みずからの批評の近代性を自覚し、それを「古典芸術」の批評理論にまで展開してみせたのは、武智鉄二の功績である。そのさい興味深いのは、この理論的反省の形成過程で論争と感動が重要な役割を果たしていることである。これこそ武智の批評家たる所以だと言えるかもしれない。ここでは『浄瑠璃雑誌』における武智の批評の歩みを簡潔に辿り直してみたい。

『浄瑠璃雑誌』三八七号（昭和十五年三月）に掲載された「近江精華様に」という一文は、武智が当初から近代的な批評概念を抱いていたことをわかりやすく示している。この文章は、東京の素義界の大家であった近江精華が雑誌『太棹』一一一号（昭和十五年一月）に寄せた短文記事への反論である。「樋口吾笑氏に」と題されたその記事で、近江は『浄瑠璃雑誌』三八四号（昭和十四年十一月）掲載の合評会における樋口、森下、鴻池の発言に異を唱えた。近江は、この三人が古靭太夫を持ち上げる一方で、紋下《もんした》の津太夫を酷評したことに触れ、古靭太夫には古靭太夫の持ち味があり、津太夫には津太夫の良さがあるのだから、紋下を一方的にこき下ろすような批評は如何なものかと苦言を呈したのである。[40]それ自体としてみればごく穏当とも言える近江の発言に、記事中で一言も言及されていなかった武智が猛然と嚙みついた。近江周辺の人びとに「罵言毒筆」と受けとられた武智の批判は、東京の素義界に大きな反発を呼び覚まし、『浄瑠璃雑誌』の不買運動にまで発展した。[41]

じっさいのところ、近江への反論で武智が問題にしたのは古靭太夫や津太夫に対する近江の評価ではなかった。そうではなく、近江が体現していた通人的な批評の構えが、武智の徹底的な批判を招き寄せたのである。

近江は『太棹』の記事のなかでまず、みずからを幼少から浄瑠璃に親しみ、長い間師匠について稽古をしてきた趣味人として提示する。「私は両親共大の浄曲好きにて、摂津大掾、法善寺津太夫、初代呂《ろ》太夫、三代目越路太夫外《ほか》諸太夫の今日迄の浄瑠璃は、母に抱かれながら聴かされ、又私も二十三歳の秋頃から今日迄、小三十年間楽しみとして月謝を納め」てきたという(42)。そのうえで近江は、自分が聞いてきた名人たちの芸や、師匠・先輩から授かった教えをもとに判断するに、津太夫をこき下ろす批評には疑問があると書く。そもそも芸には好き嫌いが付きものであり、『浄瑠璃雑誌』も「浄瑠璃の為に生活し」、「浄曲の発展」を願う同好の士の集まりなのだから、「常識を以て」批評すべきであろう。すなわち、同じ義太夫道のコミュニティの一員として、紋下にはそれ相応の敬意をもって接するべきだというのである(43)。最後に近江は特に鴻池に言及して次のように述べる。

大阪鴻池と申せば、大阪で名高い旧家ではありますが、現在批評されて居らるゝ当御主人はお歳も三十歳前後の由、なか〳〵此むつかしい古曲芸術の批評は如何なるものでしょうか、古本を調べた位では如何かと思われます(44)。

鴻池の家柄に敬意を払う一方で、みずからは浄瑠璃を語らない鴻池の批評の正当性に疑問を呈しているのである。

近江にとって、批評とは義太夫節の芸を嗜む通人たちの共同体的な営みであった。評者も演者も読者も、みな同じ義太夫道のコミュニティの一員であり、批評はそのコミュニティの人間関係のなかでなされるものだった。

こうした批評の観念を、武智は近代批評の立場から粉砕してみせる。それは三つの批判に集約される。

第一に武智が指摘するのは、素義として浄瑠璃を嗜むことと批評の能力とは何の関係もないということである。浄瑠璃を批評するにはそれを語れねばならぬという了解は、素義界の暗黙の共通認識だった[45]。武智はそうした「芸の批評」の常識に異を唱える。「いくら長い間御稽古をなさいましても、それだけで直ちに御歳二十七歳の鴻池さん以上に浄瑠璃がお分かりになるとは申せません[46]」。むしろ芸を「楽しむ」通人的な態度では、到底、この芸術を理解することはできない、と武智は書く。批評は「楽しみ」ではなく、「勉強」——研究的態度——を要求するというのである。

殊に貴方は浄瑠璃を「楽しみとして」習得せられたとのことですが、此の難解深遠な芸術は、そんなのんびりした気分で居ましては、到底理解出来ますまいと存じます。私どもは批評するにあたりまして、いやしくも「楽しみ」の気持ちで事に当たったことは唯の一度もございません。いつも「苦しんで」月謝を納めて居ります。喩えて申しますならば、貴方のは中学へ遊びに行く生徒ですし、私どものは中学へ勉強をしに行く生徒なのであります。（六頁）

劇場に通うことを学校に勉強をしに行くことに喩える武智の言葉は、かつて石割に不審の念を抱かせた、新しい観客の真面目さを想起させる。

次に武智は、批評においては「芸の好き嫌いはひとそれぞれ」などと言って済ますことはできないと強調する。芸のあいだの優劣をはっきりと述べることこそが、批評の使命である。なぜなら、演者の奏演が社会的な行為であるのと同様に、批評もまたひとつの社会的な営みだからである。批評は同好の士のあいだの内輪の褒め合い、貶し合いでは決してない。それは世間一般の人々（公衆）に対して価値あるものの範を示すことで、彼らを導く任務を帯びている。

批評家の任務は（中略）より多く社会的なものであることを御忘れなきよう御願いいたします。ある演者が一つの演題を公開の席で演奏しました以上は、それは対社会的な効果を生ずるのです。だから若しその演奏にして誤っているならば、その演者が社会的に権威ある地位にあればある程、世人がその誤まれる演奏を以て正しいと信じ、模範として仰ぐことに依って生ずる害悪は、誠に量り切れないものがあると言えます。そこで、その演奏の誤まれることを指摘し、或いは正しき演奏を賞揚して、社会を誤まれる演奏から護り、社会をして正しき演奏を知らしめる役割として、批評家が登場するのです。（七-八頁）

ここには近代批評に特徴的な批評家と公衆の関係をみてとることができる。

最後に武智は、批評の対象は奏演そのものであって、演者ではないと指摘する。「作品」に対する批評家の判断が「作者」の社会的地位に影響されるようなことがあってはならない。演者が紋下であろうとなかろうと、実際の奏演が間違っているならば、批判しなければならない。「何等個人的な関係を顧慮するところなく正しい浄瑠璃は褒め悪い浄瑠璃は斥けること」こそが、武智らの実践する批評の「常識」なのである（九頁）。だから武智に言わせれば、鴻池らの批評は、津太夫だからその奏演を批判したのではない。その奏演に不備が多数見られたから津太夫を酷評したのである。

　ここで簡潔に要約した武智の近江批判は、当時の武智らの批評のインパクトがどこにあったのかをはっきり理解させてくれる。それは単に攻撃的な言辞にあったのではなく、まったく新しいタイプの批評態度――近代批評のそれ――を導入した点にあったのである。

『浄瑠璃雑誌』に掲載された武智の最初の批評は、三八六号（昭和十五年二月）の「「織大夫の忠九」批判」である。この文章は、武智の批評が従来の「芸の批評」とまったく性質を異にすることをはっきり示している。私たちは「芸の批評」が一段の浄瑠璃の内容を既知のものとみなし、それを表現する形式（芸）に関心を集中させることを確認したが、武智は「「織大夫の忠九」批判」の冒頭で、それとは正反対の態度を示している。すなわち四代目竹本織太夫の忠九（『仮名手本忠臣蔵』九段目）の不出来の原因は、浄瑠璃の内容把握の不十分さにあるとするのである。

　　これはつまり彼〔織太夫〕が、「このように語るのだ」とは知っていても、「何故このように語るのか」を知らなかった事を説明している。換言すれば、形式は知っていたが内容は知らなかったのだ。[47]

織太夫の問題は、芸の不足にあるのではなく、本読みの不徹底にある。丸本を精読して一段の浄瑠璃の劇的葛藤の核心を把握し、人物の性根を理解することではじめて、いかに語るべきかを知ることができ、芸に内実が備わることになる。織太夫は本読みを疎かにして語り口だけに気を配ったがために人物の性根を捉えそこない、結果的にこの段を語ることに失敗した。武智は、段の前半にある、お石《いし》と戸無瀬《となせ》のやりとりを取り上げ、本読みの実例を示している。そこで本蔵《ほんぞう》の妻の戸無瀬は娘の小浪《こなみ》を連れて山科の閑居を訪れ、小浪に力弥《りきや》との祝言を挙げさせようとする。しかし二人に応対したお石は、それをにべもなく拒否し追い返す。武智は、この場面について昔から「喧嘩になってはならない」と言われてきたのは、丸本を読む限り、二人は喧嘩などしていないからであると指摘する。お石が「コリヤ面白い、女房ならば夫が去る、力弥にかわって此の母が去った〳〵」と言うとき、戸無瀬に対する悪意からそうしているのではない。そうではなく、その言動にこそ「お石の人間性の発露」が見られるのだと武智は書く（一〇頁）。

即ち心の中では恒に戸無瀬と小浪とを気の毒に思いつつ、打ち開けて、仇討ちに行くから嫁を貰わぬと言ったら、先方で義理を立て、、無理に嫁入らすか、或いは一生尼にするか、どちらかになることが明らかなので、それでは若い小浪の一生を、人間らしい歓び無しに過ごさすことになって可愛そうだと、「不便さあまって」「どうよく」に「さった」とまで言いきるのが、お石の肚なのである。即ち、お石は「情の人」で、封建的な道徳を、この点で一歩乗り越えているところが、恐らくは大ヒュマニスト並木千柳の主張なのである。（一〇‐一一頁）

武智は丸本を読み込むことで「封建道徳を踏み越える人物の人間性の発露」という内容を取り出してくる。そして、そのように把握された人物の性根にもとづいて、織太夫の語り口を批評する。織太夫は「外々へ御遠慮なう遣わされませ」というお石の詞を刻んで語ったが、ここは「言葉のウンネリとして、のびる間と縮む間との微妙な結合を以て、語らるべき」だと武智は主張する。

表面的に手強く言わねばならなぬという意識と、あ、気の毒だという内面的な苦悩とが、お石の言葉を渓谷のように、澱んだり奔ったりさせる。「つ、かは、され、て」ではなく、「つかアはされて」であるべきなのである。（中略）これらの失敗の原因は、織大夫の九段目への理解の粗雑さと、彼の師匠某の頭脳的誤算に求められる。（一一頁）

武智の批評は徹底した本読みにもとづいている。本読みが目指すのは「戯曲の全体的理解」（人物の性根の把握も含む）であるが、それは批評家にとっても、演者にとっても、指針となるべきものだ。演者は、この全体的理解にもとづいて「一定の技術の上に部分部分の表現を組み立てて」いくのであり、批評家は同じ全体的理解に照らして表現の技術的細部を論評する。(48) したがって、武智の批評の対象は、たとえ芸の細部に鋭利な分析を差し向けるとしても、芸そのものではない。批評されるのは、演者の芸を通してなされる作品の解釈行為＝上演である。武智において「芸の批評」は、近代的な意味での「作品の批評」に変貌した。

武智の本読みの方法論が、(49)楽譜への忠実さを重視する近代西洋音楽の演奏理論に触発されたものであることはよく知られているが、それがまた、優れた演者の奏演がもたらす感動にも、多くを負っていたことを見逃すべきではないだろう。丸本に立ち返り、本読みを徹底することによってのみ、古典作品の現代的意義は開示され得る。このことを武智に感動をもって証明して見せたのは、古靱太夫だった。『浄瑠璃雑誌』三九二号（昭和十五年八月）に掲載された「津大夫論など――六月の文楽評――」

に含まれる「引窓《ひきまど》」論は、そうした感動から生まれた批評的洞察のドキュメントである。

武智は、元来、「引窓」（『双蝶々曲輪日記《ふたつちょうちょうくるわにっき》』）はつまらない町人的義理の世界を描いた作品で、「我々には全く無縁」のものだと考えていたという。(50) しかし、古靭太夫が語る「引窓の段」を聞いたとき、それまで何の興味も引かなかった作品が清新な内容をもって迫ってくることに驚き、武智は深く感動する。

ところが古靭大夫は「引窓」の面白さを私に教えてくれた。古靭によって「引窓」は現代的意義の抽出に成功した。少なくとも人間悲劇としての「引窓」はヒュマニスト古靭により再発見せられ、再把握せられた。古靭は「引窓」を母性の悲劇として提出した。永久に不変なる感情――母性愛を通じて古靭は「引窓」を覗き込んだ。（中略）封建的な、世俗的な道徳を時として蹴飛ばし去る人間感情の力強い爆発の劇としてこの一段を取り上げた古靭大夫の功績は実に偉大である。

（二一二頁）

古靭太夫の「引窓」がもたらした感動の根底には、この作品の「現代的意義」を際立たせるドラマの再把握があった。武智は、それが実際にどのような表現によって担われていたのかを明らかにすべく、丸本のテクストの精読と古靭太夫の語りの分析に向かう。問題になるのは「何と其御子息は今に堅固でござるかな与兵衛村々へ渡すその絵姿どうぞ買いたい」という一節である。殺人犯として追われる濡髪長五郎《ぬれがみちょうごろう》を二階に匿っている母親とお早《はや》のもとに、代官に出世して南方十次兵衛《なんぽうじゅうじべえ》を名乗ることになった与兵衛《よへえ》が帰宅する。二階に長五郎が隠れていることを見て取った与兵衛は、長五郎の人相書きを買い取りたいという母の申し出に、長五郎が母の実子であることの証拠を見、なおも「探偵的な興味と活殺自在なものへの優越感」の入り交じった問いを投げかける（二二三頁）。それが「何と其御子息は今に堅固でござるかな」という詞である。これに続く母の詞の冒頭の一語「与兵衛」の語り方こそが、武智によれば、古靱太夫による「引窓」再解釈の核心である。

古靱はこれを次の如く語る。「ござるかな与兵衛、村々へ渡すその絵姿、どーおぞ、買いヒ、たあぁいヒ、、、、」――即ち「与兵衛」を「ござるかな」の詞尻にかぶせて語り、その次へ間をおいて「村々へ」をウレイで言い、「どうぞ」を情をこめて、「買いたい」を少し泣く。多少意地悪さも含んだ庄屋代官十次兵衛の詞にかぶせて一息に語られた「与兵衛」の一言には半ばとがめるような哀願の調子が充ち満ちていた。与兵衛の質問は母性に対してなされるべきではなく、俗吏めいた人間冒瀆の言としてすら響いたのだった。それは封建権力の反人間性のあらわれでもあるのだ。母の哀願に人間的な叱責の情がこもっていても当然で、それ故にこそ与兵衛は俗吏根性の残滓から全き人間の中へ解放せられたのだ。「与兵衛」の後「村々へ」にかゝる間、息をつめられるだけつめているあの間は、浄瑠璃の達し得る最高の心理描写の間であった。「与兵衛」の一言の余韻の鎮るまで、その間に於て如何なる種々の心の動きが活動せられたことであろう。与兵衛の転心も現実には既にこの間に於てなされていたのである。これは人間浄化の間であるのだ。

（二二三―二二四頁）

古靱太夫が語り出し、武智が分析してみせた封建権力の非人間性を糾弾する母性のドラマは、「引窓」

という古典作品に戦時下の現実と鋭く対峙する現代的意義――アクチュアリティ――を付与することになる。なぜなら、昭和十五年の日本では、全国民を総力戦体制に動員する手段として、母性が国家権力によって大々的に利用されていたからである。息子の戦死を国家への奉仕として喜ぶ「軍国の母たち」の美談が連日のように新聞に掲載され、昭和十六年一月には四ツ橋文楽座の舞台でも、そうした美談が新作浄瑠璃として上演された（『軍国美談　代唱万歳母書簡』）。第一章で見たとおり、そうした戦時体制への加担を目の当たりにした谷崎は、戦後、痴呆芸術論を書いて文楽を糾弾したのだった。しかし、武智による「引窓」の批評は、まさしく文楽座の舞台において、権力に利用される母性の姿を鋭く問い詰める表現が上演されていたことを伝えている。武智の批評を読むと、当時の若い観客たちが古靱太夫の浄瑠璃に感じ取ったものを生々しく触知することができる。すなわち、彼らはその浄瑠璃のうちに、現実社会においてすでに失われつつあった人間性と精神の自由を感じ取ったのである。

さて昭和十五年八月の「津大夫論など」は、武智の人形浄瑠璃批評の形成において、ひとつの転回点をなしている。丸本の文章の精読によって作品の現代的意義を探り当て、それにふさわしい表現を太夫の語り口の分析を通して解明するという武智の批評のプログラムは、「引窓」論において、ひとつの模範的な達成を見いだした。しかし、まさしくその達成によって、それまで問われずにいたある重要な問いが武智の視界に入ってくる。すなわち、人形浄瑠璃が「古典芸術」であるとするならば、作品の現代的解釈はいかなる形式のもとでなされねばならないのか、という問いである。人形浄瑠璃における古典性と現代性の関係が問われることになるのである。

この問いの浮上は、「風」への関心の前景化のうちに明瞭に見てとれる。武智が「風」の問題に詳しく言及した最初の批評は、昭和十五年九月――「津大夫論など」の翌月――の『浄瑠璃雑誌』に掲載された「豊竹駒大夫の封印切」である。ただし、ここでは「風」の議論はやや唐突に、批評の流れを中断する形で挿入されたにすぎなかった。[51]「風」の問題が浄瑠璃批評の本質的な論点として提起されるのは、武智が入営と体調不良による除隊、療養を経て書いた最初の文楽座評「「古靭の」鰻谷《うなぎだに》」（昭和十六年十一月）である。この文章の冒頭で「昨年の十一月以来、殆ど一年ぶりに文楽座を観た」と書く武智は、[52]ここでも古靭太夫の「鰻谷」（『桜鍔恨鮫鞘《さくらつばうらみのさめざや》』）をひとまず絶賛してみせる。「どれも凡そ人間を忘れた、典型的な封建主義者」ばかりが登場する愚劇にも見えるこの作品のなかに、封建道徳に押し潰され社会的制約のなかで苦しみもがきながらも、「猶且生きよう、よりよき生を主張しようとする人間」の悲劇を探り当てた古靭太夫の語りを、武智は賞賛する（二八―二九頁）。ここまでは「引窓」論と同じである。しかし、それに続いて武智は古靭太夫の語りにひとつの留保を突きつける。

> 以上述べた如く、古靭の鰻谷は、鰻谷悲劇の真の意義を摑み出した点で表現内容の点では成功しているのであるが、それが更に古典的格調を以てつゝまれ、その中から真の自己を顕現する真の古典的方法を以て表現せられたかという点になると、残念ながら私には判らない。少なくとも私が理想の中に描いていた綱大夫風というものと古靭清六の演奏との間にはかなり隔たりがある。
> （三〇頁）

つまり、作品の現代的意義を摑み取る内容把握の正しさには間違いがないとしても、その内容を古典芸術にふさわしい形式——綱太夫風——で表現しているかどうかについては、心もとないというのである。それゆえ、武智はこの奏演について、「「古靫の」鰻谷としては成功した」と言うにとどめている（三二一頁）。

ここで提起された浄瑠璃における現代性と古典性の関係は、その翌月、『浄瑠璃雑誌』四〇五号（昭和十六年十二月）に掲載された論考「大西利夫氏の『古靫と南部』批判」で明晰に理論化されることになる。この文章は、劇作家・劇評家の大西利夫が『文楽芸術』第二号（昭和十六年十月）に寄稿した記事への反論である。この文章のなかで大西は古靫太夫と南部《なんぶ》太夫を比較し、古靫太夫の浄瑠璃は理詰めで感服するものの、芸としての遊びに乏しく聞いていてどうしても肩が凝ると述べ（これは当時、典型的な批判だった）、南部太夫がのびのびと謡っていることに共感を表明していた(53)。

武智の大西への反論は三部構成になっている。武智はまず、歴史資料を列挙して浄瑠璃が謡うものではなく語るものであることを力説する。次に浄瑠璃の芸術的評価の原則を論じ、最後にみずからの古靫太夫への評価を明らかにしている。私たちにとって重要なのは、芸術的評価にかかわる議論である。

武智は、大西が古靫太夫と南部太夫を同列に扱っていることを問題にし、そんなことができるのは、浄瑠璃の芸術的評価の基準を大西が了解していないからだと指摘する。武智によれば、浄瑠璃の芸術性には二つの側面がある。ひとつは「古典的性格」であり、もうひとつは「解釈的性格」である。この二つの性格を高い水準で兼ね備えている浄瑠璃こそがもっとも芸術性の高い浄瑠璃であり、したがって、批評的判断もこの基準に立脚してなされねばならない(54)。

　では「古典的性格」および「解釈的性格」とは何であるのか。武智によれば、「古典的性格」とは、「浄瑠璃が古典であるがための古典的規矩を決定するものであり、芸術が美学的な意味での芸術であるための様式を規定するもの」である。ここで古典的規矩と呼ばれているのは、「浄瑠璃各段の書卸しの大夫、或いは各段を纏め上げた大夫、に特有な語り口」としての「風」に他ならない（一四頁）。この「風」への準拠は単なる伝承の尊重ではない。むしろ伝承された芸を「風」に照らして検証し、厳しく選別することが求められる(55)。次に「解釈的性格」であるが、これは「解釈芸術としての浄瑠璃に於ける創造性を意味するものであり、芸術が正に現代に於ける芸術であるための社会学的展開を指すもの」である。具体的に言えば、古靭太夫の「引窓」や「鰻谷」にみられるような浄瑠璃作品の現代的解釈（現代的意義の抽出）がそれであり、そこでは丸本の精読と作品成立当時の時代背景への洞察が必須とされる（一四頁）。後者の現代的解釈だけでは、浄瑠璃は「古典芸術」として完全だとは言えないし、古典的規矩を満たすことがなければ、その解釈が真にふさわしい表現を見いだすこともない。したがって、武智は次のように結論する。

　　芸術に於ける真の個性は恒に古典的規矩の中に発揚せられ、真に感銘的なるヒュマニティ乃至リアリティは確固たる表現手段と劇的構成――様式の裏付を要求するものである。この古典性と現代性の兼備の中に、今日の芸術としての浄瑠璃の存在理由が始めて存するのである。（一四頁）

「今日の芸術」として、人形浄瑠璃に何らかの「存在理由」があるとするなら、それは人形浄瑠璃が、「古典芸術」であると同時に「現代芸術」である場合だけである。そう武智は断言する。言い換えれば、現代との接点を欠いた単なる遊芸としての人形浄瑠璃にも、現代との接点を求めて性急に伝統を捨て去る人形浄瑠璃にも、今日の芸術としての存在理由はない。武智にとって古靱太夫が偉大だったのは、単に古靱太夫が「今日の時代精神を語り明かした」からではなく、「伝統の中から」そうしたからだった（一九頁）。

この武智の議論が本書にとって重要なのは、それが石割松太郎によって定式化された「古典芸術」の概念を完全に刷新しているからである。第三章で論じた通り、石割は「古典芸術」としての人形浄瑠璃を、「内容の新清」を失った「形式の芸」として定義していた。それは古典作品の反復に存する過去の芸術である。

芸術として「新清」を失い、寿命は尽きても、形式の技巧に芸が、豊かに存在する場合ムザ〳〵と捨つるにも及ぶまい。言うところの古典――例えば、能楽、操、歌舞伎の或種のものは、この「反復」に存在する芸である。(56)

武智の「古典芸術」の概念は、この理解を覆す。武智にとって、「古典芸術」は、つねに「内容の新清」（現代的意義を孕んだドラマ）に満たされていなければならなかった。内容を欠いた形式の芸など「古典芸術」の名に値しない。しかし他方で、武智にとって、「内容の新清」は新作によってではなく、丸本の精読が開く創造的解釈によってもたらされるものだった。そうした現代性が古典的規矩に適う厳格な形式で表現されるときにのみ、人形浄瑠璃は「古典芸術」となり得る。武智においては、人形浄瑠璃が「古典芸術」であることは、それが現在の芸術であることと矛盾しないのである。古典性と現代性は弁証法的な関係に置かれていた。

ちなみに、杉山其日庵《そのひあん》が大正末期に素義としての立場から義太夫修業の目標として語った「風」を、批評の標準となる規範として最初に定式化したのは石割だった(57)。しかし、昭和四年から石割が刊行した雑誌『演芸月刊』の批評を読んでみても、石割自身が「風」をみずからの批評的実践の基礎としていたようにはみえない。批評家としての石割は、依然として「芸の批評」の範疇にとどまっていた(58)。「風」を批評のなかで生産的に活用してみせたのは鴻池が最初であり、それを古典芸術の理論へと展開したのが武智だった。

私たちは第二章で、四ツ橋文楽座の新しい観客たちが人形浄瑠璃の舞台に「古典芸術」として向き合っていたことを確認したが、武智の批評は「古典芸術」の批評として、また浄瑠璃の内容（意味）を重視する批評としても、四ツ橋文楽座以後の観客の経験と密接に結びついている。

中野孝一　〈私〉の刻印としての批評

中野孝一は「播州芝居発祥の地の東高室《ひがしたかむろ》から三里程西北の片田舎で日清戦争の始まった年に臍の緒を切った」というから一八九四年の生まれ、『浄瑠璃雑誌』が同人化した昭和十四年には四十五歳だった(59)。したがって、当時まだ二十代半ばだった鴻池や武智よりも二回り近く年長の世代に属し、年齢だけをみるなら同人メンバーの太宰施門（一八八九年生まれ）に近い。その意味で中野を若い書き手と呼ぶことはできないが、新しい書き手であったということはできる。なぜなら中野もまた、武智や鴻池とは異なるやり方で、従来の「芸の批評」と一線を画する批評を執筆したからである。ここではこの点に絞って中野の文章を読み直してみたい。

　いま引用した昭和四十二年の文章によると、中野は二十歳のころ（大正三年）、当時すでに廃れていた播州芝居（歌舞伎）の再興を企て、その後も当地の伝統芸能の調査や保存に関わっていたようである。[60]『浄瑠璃雑誌』の同人に参加する前、中野は東京を拠点とする財団法人「大日本浄瑠璃協会」の会報『浄曲新報』に批評を執筆していた。大日本浄瑠璃協会は昭和十年九月に設立された団体で、中心人物は貴族院議員の柳原義光だった。[61]『浄曲新報』はこの団体の活動と東京の素義界の話題を伝える会報であり、素義のコミュニティに立脚した媒体という点では『浄瑠璃雑誌』や『太棹』と同じ部類に属する。

　中野が『浄曲新報』に最初に寄稿した批評は、昭和十二年一月（第三三号）の「ラヂオ浄曲漫評」で、素義の競演会の放送と角太夫の「十種香」（『本朝廿四孝』）の放送について書いたものである。その後も中野は浄瑠璃のラジオ放送について批評的な文章を執筆しているが、兵庫県の甘地《あまじ》在住のため、足繁く四ツ橋文楽座に通う環境にはなかったようである。中野が書いた素義の競演会の批評は、語りの細部の巧拙のみをもっぱら問題にする通常の評言とは趣を異にしており、演者による語り物の選択や恣意的な本文のカットを批判し、人物の性根の把握の深浅を率直に評価するものだった。[62]興味深いことに、この最初の批評は「あまりに赤裸々にすぎる」、「素人相手に手加減がなさすぎる」という反発を呼び覚ました。それに対して中野は「よき所だけ書きわるき所は本人にじかに言え」という要求は実行不可能なだけでなく、浄瑠璃の保存と発展を使命とする『浄曲新報』の理念にも反しており、「正直な批評をされるのを恥晒になるとて屁こたれるような薄志弱行の徒」は浄曲を愛好する人たちのあいだには一人もいないはずであると反論している[63]。つまり、中野も武智と同様に、批評を同好の士のあいだの内輪褒めとは異なるものとして理解していたのである。また最初の文楽座の劇評（昭和十二年二月）では、古靱太夫の「寺子屋」について、「目覚めた人間性と忠義という冷厳なる桎梏との相剋に悩んで、遂に悲痛なる屈服を余儀なくされる源蔵の複雑なる心状の吐露して、まことに現代人らしい歎きの詩ではあるまいか？」と、古靱太夫の浄瑠璃の現代性を指摘していた[64]。おそらくこうした批評の姿勢に共感した森下辰之助が、中野を『浄瑠璃雑誌』の同人にリクルートしたのだと思われる。

中野が『浄瑠璃雑誌』で執筆した批評は、鴻池の批評とも、武智の批評とも異なっていた。一段の浄瑠璃の劇的構成と曲風の理解にもとづいて太夫と三味線の奏演を緻密に解析してみせる鴻池の厳密さも、丸本の精読から導かれる現代的解釈と古典的規矩としての風との弁証法を追及する武智の理論的鋭さも、中野が書いた文章には見いだすことができない。中野自身、そのことには十分すぎるほど自覚的だった。たとえば、中野は『浄瑠璃雑誌』三九〇号（昭和十五年六月）に掲載された批評で津太夫の「鰻谷」を論じたさい、綱太夫風について語る摂津大掾の言葉を『浄瑠璃素人講釈』から引用した後で、「かくいう私自身綱太夫風について何も知らないので、綱太夫風に照らして批評するつもりなどさらさらありません。只自分の主観的な心覚えを記すだけです」と明言している[65]。また後にやや詳しく触れる『浄瑠璃雑誌』三九五号（昭和十五年十一月）の記事「武智氏に呈上す」でも、中野は自分の批評について、それは武智が提唱するような「風を唯一の尺度とせる形式的な客観批評」ではなく、「主観的な出鱈目の印象記に自己の感懐を托したものに過ぎない」と述べている。(66)これらの発言で中野はみずからの批評の主観性をやや卑下した態度で認めているのだが、まさにその点にこそ中野の批評の新しさと近代性があったのである。

中野が『浄瑠璃雑誌』に書いた一連の批評は「如是我聞」と題されているが、このタイトルは中野の批評の特質を正確に言い表している。「私」はどのように一段の浄瑠璃を聞いたのか。そのとき「私」と「作品」とのあいだにどのような出会いが起こり、いかなる印象と感動が生じたのか。それをごく素直にできるだけ正確に記述すること。これが中野の批評の内実である。それは単独的な「私」を前景化させる批評であり、評者と読者を包み込む価値観の共同体の解体を前提とする近代批評のひとつの方向性を指し示していた。

じっさい、中野の批評がきまって熱を帯びるのは、太夫の語りの丁寧な描写に続いて「私」の経験が語られるときである。たとえば『浄瑠璃雑誌』三九一号（昭和十五年七月）の「如是我聞」では、古靱太夫の「川連法眼館の段」が論じられている。そこで中野はまず、古靱太夫の「嬉しそうな慈愛の熱情の溢れた態度」に感銘を受けたと述べて、「しんき深紅ないまぜの。調結んで胴かけて手の中しめて肩に上げ。手品もゆらに打ちならす。」という一節の「快適なリズムに溶け込んでしまいそうな語りぶり」を描写する。(67)そして、それに続けて中野は、古靱太夫の語りがなぜ「私」にこれほど響いたのかと自問する。

　これは狐なるが故に、畜生なるが故に、その思い入った切情の殊勝さが斯くひしひしと私の胸に痛烈に響くのでしょうか？　狐でさえこの位大切に親を思う――まして人間は――そんな比較上の感銘でもありますまい。狐でもない人間でもない。宇宙に生を享けたすべての生物の親を慕う至純の情味、絶大の欲求――それは孝というような道徳的の範疇に入るものではなく、もっと奥深い根ざしのある生物本然の魂のうめき声とでもいうべきものです――を立派に象徴化して古靱太夫はこれを完全に語り生かしています。そこにこの一篇の独自孤高の価値があり、情の奥秘に味到した古靱太夫の芸術が燦然と光芒を放つのであります。[68]

　こうした中野の批評の特徴がもっとも際立つのが、すでに触れた「武智氏に呈上す」と題された一文である。この文章で中野は「二月堂の段」（『良弁杉由来《ろうべんすぎのゆらい》』）に対する武智の評価に反論している。武智は『浄瑠璃雑誌』三九四号（昭和十五年十月）に掲載された「豊澤仙糸礼賛」のなかで、古靱太夫が語ったこの作品を酷評したのだった。武智によれば、この作品の丸本は「稀代の悪文と反演劇性」に満ちており、古靱太夫が熱心に語れば語るほど芸の見事さで浄瑠璃の無内容を糊塗《こと》することになるという。『良弁杉由来』は「劇的内容の高さを問題外として、玄人的自己満足に終るような、非人間的浄瑠璃」であり、「「桜の宮」の一部を除いて廃曲にすべき」というのが武智の結論だった。[69]私たちがすでに確認した武智の「古典芸術」の理解に照らせば、この判定は当然だと言える。武智にとっては、精読しても何も得るところのない無内容な丸本からは、どうやっても「古典芸術」の条件を満たす浄瑠璃など生まれようがなかったのである。

だが中野は武智のこの判断に疑問を呈する。「こういう場合、作がよくないという事は全く致命症となるものでしょうか、花も咲かねば実も結ばない根のない草木に等しいものでありましょうか」(70)。ここで中野が問題にするのは二つの事柄である。ひとつは、丸本の優劣は舞台作品としての人形浄瑠璃の評価を一義的に決定し得るのかという問いであり、もうひとつは、人形浄瑠璃の上演が観客に与える感動はただ観劇対象にのみ由来するものなのかという問いである。中野はまず後者の問いに触れ、観客の感動は上演される作品のみによってもたらされるのではなく、観客自身の人生と作品との出会いからもたらされると主張する。

この曲にこんなに異常な感激を覚えましたのは、第一に私の個人的な理由によるのであることも否めませぬ。私は不幸にして生母の顔を知らないのです。そんなこんなで、一倍あの曲に、身につまされる実感が切実濃厚で、感受力を極度に刺激された為であるかとも思われます。(三二一–三三頁)

古靱太夫、栄三、文五郎の舞台を見つめながら、中野は「物心ついて以来絶えず求めていて到底得られるはずのない空しい悲願」が遂に満たされる時がきたと感じたのだった。舞台上のドラマが自分の人生と結びあった瞬間の感動を、中野は素直に語ってみせる。

あの時古靱太夫が血走る眼に涙を浮かべて死身になって語り、栄三、文五郎の二人が、それぞれの人形に精魂のありたけを絞りつくしてのつかいぶりに、息詰るばかりの聖なる抱擁の一ときを過ごした時、母親の懐に武者ぶりついて、甘悲しい魂の悦喜に有頂天になって浸り得たのは、一人良弁僧正だけでなく私も一緒でした。この感動だけは私にとっては又と得がたい貴重なものと思っております。（三三三頁）

さらに中野は、このとき「河原の石ころみたいに乾いてしまっていた私の雙《そう》の眼から潸々《さめざめ》と流れてとめどのなかったうれし涙ほど、今の私を勇気づけてくれたものはありませぬ」と述べ、演劇性の乏しい丸本からそうした「人間性の高揚」をもたらすドラマを作り出してみせるところにこそ、古靱太夫の芸術があるのではないかと問いかける（三三三頁）。丸本の優劣がすべてを決するわけではないというのである。

こうしてこの涙のねうちに観賞の焦点をおいて考えると、仮令《たとえ》芸術味の芳醇さはなくとも、人間性高揚の――情のまことの讃歌として味わうべきではございますまいか。これこそ深く掘り下げ強く鍛えられた人間主義者古靱太夫の真面目《しんめんぼく》がもっとも直截に、端的に、露骨に、感情の氾濫に身を任せて、思い切った人間味の表現に出たものとしてうけ入れるべきではないでしょうか。

（三三三―三三四頁、傍点原文）

古靱太夫を「人間主義者」と呼んだのは、武智自身だった(71)。ここで中野は、武智の古靱理解に同意しつつ、人形浄瑠璃を三業の働きによって舞台上ではじめて完成する芸術として捉え、武智の「丸本主義」への反論を試みたと言うことができるだろう。この文章で中野が提示した「私批評」とも言える批評のあり方は、従来の「芸の批評」にはなかったものであり、近代日本の批評のひとつの行き方であった(72)。

祐田善雄　歴史研究と批評

祐田善雄は『浄瑠璃雑誌』四〇九号から同人に参加した。すでに述べたとおり、昭和十七年五月の改組では、祐田の他に吉永孝雄、野間光辰(国文学者)、斎藤清二郎(文楽人形研究家・画家)ら七名が同人に加わり、編集方針に変化が生じた。近石泰秋、若月保治、横山正といった一線の研究者の論文が掲載されるようになり、雑誌の学術性が高まったのである。中野孝一が四一〇号(昭和十七年六月)を最後に批評を寄稿しなくなったのも、こうした雑誌の変化と無縁ではないだろう。

同人に加わった当時、祐田はすでに雑誌『上方』に浄瑠璃史に関する論考をいくつか寄稿しており、文楽座の公演パンフレットにも入門的な文章を執筆していた。新進の人形浄瑠璃史研究者として注目されていたと言っていいだろう。

だが、祐田の『浄瑠璃雑誌』への参加は、一見すると意外でもあった。というのも、祐田はそれまで批評を書いたことがなかったからである。そして、同人への参加後も、純然たる劇評は一切執筆していない。後にみるように、祐田は自身の立場を厳格に歴史研究者と規定しており、批評に手を染めることをみずからに禁じていたのである。にもかかわらず、昭和十七年に大西や武智が祐田を同人に誘ったとするなら、それは彼らが祐田の歴史研究の根底に批評性を感じ取ったからに違いない。じっさい、祐田の研究論文を読む者は、過去の人形浄瑠璃の動態を再構成する厳密な作業の根底に、人形浄瑠璃の現在を捉え返す眼差しの作用を感じ取らずにはいられない。祐田の仕事の批評性は歴史研究にあったのであり、病のために一年足らずで終ったものの、『浄瑠璃雑誌』での活動もまた、歴史研究が持ち得る批評性を鮮やかに描き出すものだった。

『浄瑠璃雑誌』における祐田の文章の初出は、同人への正式参加の直前、四〇七号（昭和十七年二月）に掲載された「操芝居の櫓《やぐら》について」という論考である。ここで祐田は歴史資料を駆使しながら、人形浄瑠璃の芝居小屋の建築的意匠としての「櫓」の変遷を、慶長年間の勧進能から明治の文楽の芝居まで、劇場に関する法規制の推移をも交えて記述している。それ自体としてみれば堅実な演劇史的研究であるこの論考においても、祐田がその冒頭に置いた「序辞」を読めば、問題意識の批評性がたちまち明らかになる。

その「序辞」で祐田はまず、今日の浄瑠璃研究における最も喫緊の課題は、「劇場の変遷史」、とりわけ「劇場構成の細部に亘る遷移」の歴史の解明にあると指摘する(73)。祐田によれば、過去の劇場の大きさや構造を正確に知ることは、単に建築史的観点から意味があるだけでなく、口伝や文書の形で伝えられた芸の実態を把握するためにも不可欠である。私たちは第一章で「今日日《きょうび》の弁天座の鉄の扉を前にすれば、昔の名人だってその大声を宗右衛門町まで届かせることなどできはしない」という若手太夫の悪態を参照したが、昔の文書で「大声」や「小音」と伝えられる太夫の声量がじっさいどの程度のものだったのかは、その当時の劇場の大きさや構造を知らない限り判然としない。声量だけの問題ではない。名人と呼ばれる太夫の語り口、その「風」もまた、劇場の大きさや構造を無視して議論するなら、容易に机上の空論に墜するのである。

よしんば播磨少掾《はりまのしょうじょう》の語り風が本格的であるとしても、竹本座より文楽座へと漸時移行して行く経路を究めずして、今直《いますぐ》に播磨の風を現在の文楽座諸太夫に該当比較する事は決して当を得たものとは考え難い。播磨の小音は余程小音であった。現在よりも遥に小さい小屋だからしんみり聴けたのである。その結果徒《いたずら》に声を使う以上の音による発声手段を考え芸域を広めたのだ。しんみりと聴く事の内容は劇場施設に今少し研究をせぬ事には判然としない。それをどの劇場にも当嵌るものと考えているのは今少し考慮の余地があるのではなかろうか。(74)

各種の口伝や歴史資料から逆算して書卸しの太夫の「風」を割り出し、それにもとづいて今日の太夫の芸を批評する武智の実践にたいして、こうした指摘が持つ批評性は明らかだろう。播磨少掾の語り風は、劇場の大きさや構造が変遷するのに伴って、変化しながら伝承されてきたはずである。この「漸時移行していく経路」を明らかにすることが歴史研究の任務である。祐田はそれをこの論考で「櫓」に関して行っている。祐田の歴史研究の特徴は、過去の人形浄瑠璃の姿を、その変化し続ける動態において捉えようとする点にある。そしてそれはまた、現在の人形浄瑠璃の姿をも、いまだ固定していないもの、変転しつつあるもの、他でもあり得るものとして理解することにつながっている。じっさい祐田は、同時代の人形浄瑠璃を激しい変化の渦中にあるものとみなしていた。(75)歴史に向けられた祐田の眼差しは、変転しつつある人形浄瑠璃の現在への鋭敏な関心と表裏一体だったのである。

『浄瑠璃雑誌』第四一〇号(昭和十七年六月)から四回に分けて連載された人形技術の変遷史にも、

祐田の歴史研究の特色がよく現れている。この連載では、演劇史の観点から、現行の三人遣いが確立する享保年間に至るまでの人形技術の変遷が豊富な資料とともに跡づけられているが、ここでも祐田の関心は一貫している。すなわち人形浄瑠璃の形式が大きく変化していくその経路に注意が向けられているのである。この連載を読むと、現行の三人遣いに先立って、多様な人形表現の可能性が存在したことに気づかされる。ちなみに、この連載では、「突込み人形」「手妻人形」「片手人形」「碁盤人形」を論じる祐田の文章に合わせて、各号の表紙にそれぞれの人形の図版が掲載された（口絵16）。同時期には斎藤清二郎によるカシラの解説もまた写真付きで連載されており、この両企画によって『浄瑠璃雑誌』はビジュアル面でも充実した誌面を実現したと言えるだろう。

すでに簡潔に触れた祐田の歴史研究者としての姿勢とその仕事の根底にある批評性という点でもっとも注目すべき文章は、『浄瑠璃雑誌』四一〇号に掲載された「漫評瑣談《まんぴょうさだん》」と題された一文である。この号では京都大学で開催された「文楽研究会」が特集されており、当日素浄瑠璃で奏演された古靱太夫・清六の「道明寺《どうみょうじ》」（『菅原伝授手習鑑』）について、同人六名（高安吸江、中野孝一、辻部政太郎、鴻池幸武、祐田善雄、森ほのほ）が文章を寄せている。この特集で、祐田は同人から批評を書くように強く求められた。当然、祐田は固辞するが、同人たちも頑として譲らない。そこで仕方なく「芸の内容に触れずに感想を述べてみる」と断って、祐田は書き始める。芸に触れないのだから批評とは言えないが、だからこそ、祐田の文章はこの特集でもっとも批評的な論考となった。

祐田は冒頭でまず、なぜ自分には批評を書くことができないのかを説明する。たしかに自分は四ツ橋文楽座に通い、土佐太夫や古靱太夫に芸談を聞くこともあったけれども、それはすべて「浄瑠璃の歴史的展開を闡明《せんめい》にしよう」という意図からであって、「芸の雰囲気を分析してその因由《いんゆ》を歴史的存在と関係づけて探ろうとする意欲」に導かれていたと祐田は言う(76)。すなわち、祐田にとって舞台で上演される芸は、純然たる「鑑賞」の対象ではなく、人形浄瑠璃の歴史的変転の現在地を示すものとして観察されていたのだった。こうした歴史家の関心は、演者自身が芸に傾ける苦心と無縁であるだけでなく、その上演を芸術的観点から評価する批評家の態度ともかけ離れている。それゆえ祐田は「批評などとは僭越至極な事だと自ら堅く慎み戒めて来た」のだった(二九頁)。

次に祐田は批評家の問いと演者の問いの本質的な違いに注意を喚起する。一段の浄瑠璃には「作の性根」というものが存在するが、それは丸本の意味内容として、まずは普遍的・抽象的なものであり、同時にまた、その読み方によって様々な表現が可能だという意味で「可動的な融通性」も具えている。世の批評家は、この「作の性根」と演者によるその「表現」の関係を問い、「作の精神を語り生かしたもの」を優れたものとして評価する。だが、「実際に浄瑠璃を語る側ではかゝる単純で自明な抽象論では解決がつきかねる」と祐田は指摘する(三〇頁)。批評家の問いに欠落し、演者にとっては切迫した問題となる具体性とは何か。それは演者の「個性」である。この個性には、精神的な意味での個性だけでなく、肉体的な個性もまた含まれる。演者は一段の浄瑠璃を語るにあたって、自由に表現手段を選ぶことができない。演者にはみずからの個性的な肉体と精神しかないのである。したがって、いつでも自由自在に「作の性根」に最適化された「表現」を選択できるわけではない。ここに演者の苦心と選択が生じ、そこから芸の具体的な形も生まれてくる。

作の性根に重点を置いて太夫の個性を従はしむるように鍛錬するか、太夫の個性を発揮し易いように作の性根を再検討し再分析しようとするか、いずれかに傾くようになり、その見解に件って、独自の解釈が出来、芸格が生じ、風が起る。作の理想的な性根をどう表現するかに人間的な悩みと芸の勤めがある。普遍性を妥当な現実へと導く階程に太夫の人間的な個性を通過せずには居ないのであって、作の普遍性を検討することが必ずしも芸の批判と合致するものでない事が了解出来るのである。（二〇一二一頁）

それぞれにまったく異なる肉体と精神を持つ個性的な存在である太夫が、それぞれに異なるアプローチを選択し、異なる語り風を生み出すのは当然であり、むしろ「かゝる風を作る迄の努力に対して、我等はもっと研究し敬意の念を払わねばならないと思う」と祐田は書く（二一頁）。普遍的な「作の性根」の把握からもっとも適切な「表現」を割り出し、その理想形に照らして演者の芸を評価するだけでは、正当な批評とは言いがたいというのである。ここには武智の批評への批判的な眼差しを読みとることができる。そして祐田が、作の性根にどこまでもみずからの表現を副わしめようとする古靱太夫の姿勢を「理想派的態度」と呼び、それを土佐太夫や津太夫の態度と同様に正当なものとして位置づけるとき、古靱太夫ばかりを礼賛してきた『浄瑠璃雑誌』の批評の偏向に対する批判がそこに含意されていることは明らかである。

〔古靱太夫氏の〕理想派的態度に対蹠的な存在として、土佐太夫氏の技巧派的態度がある。津太夫氏の豪放な芸が鼎立して、夫々各自の持前と解釈の上に樹つ絢爛華麗な舞台を繰広げたのであった。か丶る対立は芸の進歩の上に非常に役立つのであって、こ丶に態度が生ずるのである。（三二一頁）

この文章の最後で、祐田はもうひとつ批評的なアクセントをつけ加える。自分は絶えず新作に注意を払ってきた、と宣言するのである。現在のうちにある新しい生への胎動に向けられた眼差し。それが祐田の歴史研究の根底にあることが明かされる。しかしほんらい、そうした現在への注視は、あらゆる批評の条件にほかならない。

私は新作に絶えず注意を払っている。前にも言った如く、私独自の観察眼より注意の眼を見張っているのである。新しき、生への胎動、それがどんな姿で示されているか、移って行くかについて、絶えず立派に育て上げてくれかしとの眼を以て、観察して来た心算である。近松が偉い、義太夫が秀れている、若太夫《わかたゆう》がどうの、政太夫がどうのと結果的な観察よりも、旧を破ろうと絶えず努力した団平の苦悩、それは失敗の連続とも称すべきものであったが、その方に、より興味を懐くのである。（三二三頁）

ここで表明される、明治期に積極的に新作に取り組んだ豊澤団平への関心は、石割松太郎以来の団平の仕事に対する評価から一線を画している。石割は「豊澤団平の研究」（昭和七年一月）において、団平の重要性は「新しい浄るりの創始者ではなくて、古来の浄るりの節の集大成者であった」点にあるとし、団平の新作曲は「団平をして重からしむるに足らない」と評していた。(77) 武智もまた「豊澤仙糸礼賛」（昭和十五年十月）のなかで、団平の功績は新作の作曲ではなく、風を重視した節付の整備にあるとの見解を示している。[78] 祐田はそうした評価に疑問を呈し、大きく変化する時代のなかで新たな浄瑠璃を作り出そうとした団平の苦闘にこそ注目すべきではないかと問いかける。同人化以後の『浄瑠璃雑誌』が、新作にほとんど関心を払っていなかったことを考え合わせるなら、「新作の方向、それこそもっと協同的な眼を以て批判し指導さるべきものと思っている」と述べ、「新作に対する批判こそもっと活発に、もっと違った見解より行わるべきものと考えている」と文章を締めくくる祐田こそ、もっとも鋭敏な批評性を具えた書き手だったと言えるかもしれない。[79]

大西重孝と吉永孝雄　記録と観察

大西重孝と吉永孝雄は同じ高校（旧制大阪高校）の先輩後輩であり、当時『上方』に文章を寄稿していた吉永に大西が声を掛けて『浄瑠璃雑誌』への参加が決まったようである。[80]

『浄瑠璃雑誌』における二人の仕事には、いくつかの共通点がある。第一に、二人とも『浄瑠璃雑誌』では、厳密な意味で「批評」と呼べる仕事からは距離を取っていた。両人とも戦後には『観照』や『幕間』で文楽座の劇評を執筆しているが、『浄瑠璃雑誌』の同人としては、純然たる劇評とは異なる種類の文章を執筆した。また二人はともに人形遣いの芸に多大な関心を抱いており、鴻池、武智、中野が太夫の語りを批評の中心に据えていたのとは対照的である。ここでは『浄瑠璃雑誌』における二人の仕事を簡潔に振り返っておきたい。

大西重孝は『浄瑠璃雑誌』三八八号（昭和十五年四月）から同人に加わり、実質的に編集長の役割を担うことになった。外部執筆者の原稿の差配などは基本的に大西が行っていたようである。[81] 戦後、『幕間』などに掲載された劇評を読めばわかるとおり、大西は優れた批評の書き手だった。作品の成り立ちや浄瑠璃本文の評価、上演時のポイントなどを手際よく述べたうえで、過度に礼賛的にも辛辣にもならずに、演者の奏演の優れた点と至らぬ点を指摘する批評は、きわめてバランス感覚に富んでいる。[82] しかし『浄瑠璃雑誌』では、大西は批評を他の同人に任せ、みずからは人形の「型」の記録に精力を注いだ。同誌に掲載された大西による型の記録は、戦後、より整理された形で国立劇場発行の上演資料集などに掲載され、『文楽人形の演出』（昭和四十九年）にまとめられている。

『浄瑠璃雑誌』に大西が寄稿した人形の型の記録は、すべて吉田栄三を対象にしている。最初に掲載されたのは「「白大夫」覚書」（三九八号）で、そこではまだ「鳴澤孝輔」という筆名が用いられていた。この文章の冒頭で大西は「素より「型」と呼ぶ程専門的なものでもなければ、正確なものでもない。筆者の単なるノートで、見誤りもあろうし、表現の至らないところも多かろうと思う」と書いているが、大西が試みたような人形の所作の詳細な記録は、人形浄瑠璃では前例のないものだった。たとえば「「寺子屋の松王」（承前）」（『浄瑠璃雑誌』四一九号）では、次にように栄三の人形操作が記述されている。

源蔵の「にっこりと笑ろうて」で首を垂れるが、思わず「ウ、」と身体を起して扇子の手で向うを差すと共に目を移して、間一髪、上手斜に身体をそむけてパラリと扇子を開いて下手の源蔵の方から見えないように図って「ウハ、、、」と泣き笑いになり「アハ、、、」と眉を一杯に上げて段々と涙混りとなるので、涙を飲込もうとして「カ、…」となる時、思わず扇子が手から離れて船底に落ちるので、我に返り、下手の源蔵の方を憚って気を換え上手に身体をそむけて、今度は力なく「ワハ、……」と眉を上げてウレイ一杯の泣き笑い、鼻汁をすゝって懐紙で目と鼻とを拭き、その懐紙を懐中に仕舞って「出かしおりました」となる[83]

この例からもわかるとおり、大西による型の記録は、明治三十年代後半から大正初年にかけて三木竹二らが取り組んだ歌舞伎の型の記録に通じる特徴を備えている。矢内賢二によれば、竹二らの型の記録の特徴は次の四点にまとめられる。（1）台帳および附帳の内容に依拠しつつそれを敷延する構造をもつこと、（2）身体表現である所作を言語によって記録するという独自の試みであること、（3）実演者や製作者の視点ではなく観客側の視点に立つ記述であること、（4）型を保存し伝承するという目的意識に基づいていること[84]。大西の型の記録には、（1）以外の特徴がすべて見いだされる。大西は人形の所作を言葉によって正確に記述しようと試みており、その記述は一貫して観客の視点からなされていた。また、歌舞伎における型の記録が団菊の死（明治三十六年）に象徴される歌舞伎存続への危機感の高まりを背景とし、型の崩壊への懸念からその保存を目指したものだったように[85]、大西による人形の型の記録も人形浄瑠璃の芸の継承への危機感を背景としていた。すでに高齢であった栄三や文五郎がいなくなれば人形の芸の正統な体現者が失われ、型の崩壊が生じるのではないかという懸念は、当時、広く共有されていた。ちなみに上村以和於は、竹二による型の記録と杉贋阿弥によるそれとの違いとして、批評性の有無を指摘しているが、[86] 大西の型の記録にも、それ自体としてみれば、批評性は皆無である。しかし、大西が一貫して栄三の型のみを記録し続けたことは、その根底に批評的な視座が存在したことを示唆している。[87]

吉永孝雄は晩年に武智を痛烈に批判し、「文楽を面白くなくしたのは武智君です」と断言した。[88] そこで吉永が批判したのは、武智の批評によって浄瑠璃の評価軸が一面的になり、本来は複数の異なる芸風が併立するところに存した人形浄瑠璃の活力が損なわれ、山城少掾（古靫太夫）の芸風一辺倒になってしまったという点だった。だが武智の仕事への批判的眼差しは、晩年になってはじめて芽生えたわけではなかった。『浄瑠璃雑誌』の同人に参加した時点ですでに、吉永には武智らの批評から距離を取る意識が明確に存在したと思われる。というのも、吉永が『浄瑠璃雑誌』に書いたすべての文章に通底するのは、批評性の――おそらくは意図された――欠如だからである。そこには高校教師であった吉永自身の資質も大いに関わっていると思われるが、同時に『浄瑠璃雑誌』の言説への批評性も認められる。ここでは吉永の仕事を二つの観点から特徴づけてみたい。

吉永が『浄瑠璃雑誌』に執筆した文章は、二つのグループに分類することができる。第一のグループに属するのは、多数の資料を駆使し該博な知識に裏打ちされた論考や注解である。「寺子屋のいろは送りの解釈」（四〇四号）、「大阪の落城を取り扱った浄瑠璃作品」（四〇七号、四〇八号）、「浄瑠璃解註　寺子屋」（四一七号、四二〇号、佐藤愛子との共著）などがこれに当たる。これらの文章には見事なまでに批評性が欠けている。祐田が書いた「櫓」についての論考にあったような、人形浄瑠璃の現在を捉え返す問題意識は見いだされない。たとえば「大阪の落城を取り扱った浄瑠璃作品」という文章を吉永が書いたのは、たまたま文楽座で大坂城の落城を扱った作品が立て続けに上演されたからだった。これらの文章で目指されているのは、上演の批評でも、新たな知の産出でもない。吉永は、みずが所有する知識によって読者の側にある知識の欠落を埋めようとしているのである。こうした吉永の文章の特徴を、ここでは教育的と呼んでおきたい。吉永の文章の教育性は、近代批評に固有の啓蒙性とは似て非なるものである。

吉永はまた別のタイプの記事も執筆している。それは並外れた「演劇的動体視力」（神山彰）の産物とも言える観察的な文章である。たとえば「『道行初音の旅路』見聞記」（四一二号）や「見たまゝ聞いたまゝ『伊勢《いせ》音頭《おんど》恋寝刃《こいのねたば》』」（四一四号、四一五号）といった記事がそれにあたる。すでにタイトルでも示されている通り、これらの文章で吉永は『演芸画報』から始まった「芝居見たまま」の形式を人形浄瑠璃に導入している。『演芸画報』における「芝居見たまま」の特徴は、観劇を代行する読み物として読まれることを意図していた点にあるとされるが[89]、吉永の文章の場合にも、それは当てはまる。読者はいわば吉永の眼と耳を通して、人形浄瑠璃の舞台を追体験することになるのである。そのさい特に印象的なのは、吉永の人並み外れた観察眼である。

吉永の「見たまゝ聞いたまゝ」では、大西の型の記録とは異なり、人形の所作が細かく記述されるだけにとどまらず、演者（人形遣い）の姿や観客の反応も描かれる。そして、歌舞伎の「芝居みたまま」と同様に、吉永の文章においても、芸の解釈や評価は最小限にとどめられる[90]。だがそれにもかかわらず、吉永の「見たまゝ聞いたまゝ」では、時折、その文章に辛辣さや皮肉が入り交じる。それは吉永の批評精神の現れというよりも、人並み外れた観察眼の副産物である。吉永の鋭い観察は、舞台装置の不備や演者の衣装のわずかな乱れも決して見逃さず、観客の反応に潜む歪さにもただちに反応してしまうのである。たとえば「『道行初音の旅路』見聞記」では、文楽座の宣伝興行ではじめて人形浄瑠璃の舞台に触れた女性客の反応に対して、次のようにコメントされる。

愈々《いよいよ》見物は大喜びでパチ〳〵〳〵と拍手を送る。「ウフ、、……。上手にするわ」と隣の娘さんもすっかり満足して何度も同じ様な形容詞でほめる。(91)

初めて人形浄瑠璃の芸に触れた若い女性客のウブな反応をほほ笑ましく描く文章のなかに、チクリと辛辣な味が交じるのである。「見たまゝ聞いたまゝ　『伊勢音頭恋寝刃』」の文章は「です・ます調」で書かれ、演者は「さん」付けで言及される。その柔らかな文体は、批評者として演者とのあいだに一線を画し、時に厳しい言辞を投げかける武智や鴻池の文体とはまったく異なっている。こうした文体的側面にも、武智らの批評から距離を取ろうとする吉永の批評的な意識が透けて見える。

本章では、昭和十四年十月に始まる『浄瑠璃雑誌』の同人化を人形浄瑠璃における近代批評の始まりを告げる出来事とみなし、同誌を舞台に展開した批評の刷新を六名の書き手の仕事を通して考察した。人形浄瑠璃の「近代」の始まりは、新しい批評の形成をもって完全なものとなる。

ここで取り上げた六名の書き手は、いずれも四ツ橋文楽座の客席で人形浄瑠璃をめぐる思考を深めていった。その文章を検討するとき、ただちに明らかになるのは、彼ら一人ひとりの舞台との向き合い方が、それぞれ異なっていたことである。彼らは同じ同人のメンバーとして相互に刺激を与え合いながらも批評的な緊張感を失わず、それぞれのやり方で人形浄瑠璃の現在に向けるべき言葉を模索していた。そこには一枚岩的な集団性ではなく、自立した思考の複数性があった。戦時下の日本社会の現実のなかで、そうした自由な精神の交流の場が人形浄瑠璃をめぐって成立していたことは、注目に値する事実だと思われる。

私たちが考察した六人の書き手の多様性は、四ツ橋文楽座の観客の多様性に通じている。第二章で参照したように、山口廣一は、昭和十六年に四ツ橋文楽座の観客のラディカルな混淆性を「欧州諸国からの避難民が押し寄せるリスボンの波止場」に譬えた。そこでは四ツ橋文楽座で「古典芸術」として人形浄瑠璃を発見した新しい観客たちと御霊文楽座以来の古参の観客たちが混ざり合っていただけではない(92)。前者の新しい観客たち自身もまた、多様な観客から構成されていたのである。たとえば、武智と吉永の文章の違いに見て取れるように、新しい観客たちの古典芸術への態度にも幅があり、その点でも一枚岩的な集団とみなすことは困難である。

私たちは、本章で取り上げた六人の書き手を、四ツ橋文楽座の新しい観客たちの例外として、すなわち特別な才能に恵まれた個人として扱うべきではないだろう。なぜなら、彼らを例外として扱うとき、私たちは旧来の観客をも含めた他の観客たちを画一的な「大衆」とみなしてしまうからである。そうした画一化によって、私たちは大阪の観客たちの姿を、つまりその不純な混淆性を見失ってしまう。

大阪の観客は、しばしば東京の論者によってステレオタイプ化された均質的な集団として扱われてきた。そして、東京から差異化しようと躍起になる大阪の論者によっても、それが強化されてきた。そうした見方は大阪の観客の本質的な混淆性を捉え損ねてしまう。大阪という都市自体がそうであるように、四ツ橋文楽座の客席は、いくつもの時間が層をなして積み重なり共存する場として存在していた。そこでは、良くも悪くも、古いものと新しいものが併存し、客席が一色に染まることはなかったのである。本章では、六人の書き手をそうした四ツ橋文楽座の多様な観客たちの一人として扱うことを試みた。彼らの文章に表れている人形浄瑠璃との向き合い方の多様性は、四ツ橋文楽座の新しい観客たちのあいだにも同様に見られたはずである。

終章　古典芸能から遠く離れて

本書で私たちは、人形浄瑠璃の「近代」の始まりを観客史の観点から考察してきた。観客という観点から人形浄瑠璃の近代にアプローチするとき、その始まりを告げる出来事として注目されるのは、昭和初年におけるモダニティの感受性を内面化した観客の出現であり（第一章）、さしたる予備知識も持たずに人形浄瑠璃の舞台と出会い、知識を学ぶことでその魅力を知ろうとする「無知な」観客の登場であった（第二章）。この新しい観客は、近代的な設備を備えた劇場で、人形浄瑠璃の舞台に「古典芸術」として向き合い始めた観客でもあった。人形浄瑠璃の「近代」とは、それが多くの人々によって「古典」とみなされるようになる時代なのである（第三章）。四ツ橋文楽座開場後に大量に出現した新しい観客たちは、旧来の浄瑠璃愛好家たちとは異なる観劇態度で舞台と向き合ったが、昭和十年代半ばには、彼らのあいだから新しいタイプの批評の書き手が登場してくる。それらの書き手は、それぞれのやり方で、人形浄瑠璃に近代批評を導入したのだった（第四章）。

私たちは、序章において、ひとつの事実を確認することから出発した。すなわち、人形浄瑠璃が「古典芸能」であることは、今日、ほとんど疑いの余地のない自明の前提となっているという事実である。「古典」というあり方は人形浄瑠璃の不変の本質を表しているかのように、私たちには感じられる。ここまで本書の議論を追ってきた読者にはすでに明らかだろうが、本書で私たちが試みたのは、この自明の前提を問い直すことだった。人形浄瑠璃の「近代」の始まりを観客という観点から考察することで、それが「古典」とみなされるようになった経緯に光を当てること。それは人形浄瑠璃における「古典」というあり方を歴史化することにほかならない。「古典」なるものが、歴史の一時点に成立した――したがってまたいつか過ぎ去るであろう――特殊な「ものの見方」であることを確認することは、上述の自明の前提を問い直す最初の一歩なのである。

本書の探求の最後に、私たちは眼差しを現在に転じ、人形浄瑠璃における「古典」というあり方の現在地を一瞥してみたい。そのさい導きの糸となるのは内山美樹子の仕事である。二十世紀後期の人形浄瑠璃研究において、人形浄瑠璃文楽が「古典」であることの意味を、内山以上に徹底して考え抜いた研究者＝批評家はいなかった。歴史研究者として批評に手を染めることをみずからに禁じた祐田とは異なり、内山の場合、研究と批評は思考の両輪としてつねに分かちがたく結びついていた。内山の研究論文――特に『浄瑠璃史の十八世紀』に収録されたもの――を読むと、作品成立当時の歴史的文脈に即した厳格な戯曲読解が、著者自身の鑑賞経験に由来する洞察によって裏打ちされていることに気づかされる。また内山の批評を読むと、演者の奏演に対する時に厳しい評価が、透徹した戯曲理解に支えられているのを感じ取らずにはいられない。学術研究と批評を、内山が成し遂げたほどの高度な水準で結び合わせることのできた知性は、同時代の人形浄瑠璃研究はもとより、文学・芸術研究の全体を見渡してもほとんど見当たらない(1)。ここではまず一人の観客としての内山の姿を確認したうえで、彼女が提出した「古典」の概念を検討し、最後に人形浄瑠璃とそれを語る言葉の現在に目を向けてみたい。

四ツ橋文楽座以後の観客

いま述べたように、研究と批評の両面で優れた仕事を残した内山を、四ツ橋文楽座の「新しい観客たち」の末裔とみなすとしたら、意外に思われるだろうか。しかし、内山自身が書いた文章から観客としての内山の姿を再構成するとき、私たちは第二章で考察した「新しい観客たち」との接点を見出すのである。

内山が初めて人形浄瑠璃の舞台に触れたのは、昭和二十九年、三越劇場で開催された三和会《みつわかい》の文楽教室だった。当時、雙葉学園の中学三年生だった内山は、教員に引率されて、この教室に参加した。学生向けの鑑賞教室で初めて文楽を体験すること。いまではありふれたこうした文楽との出会いが始まったのは、四ツ橋文楽座だった。第二章で述べたように、昭和五年に四ツ橋文楽座の新しい試みのひとつとして、学生向けのマチネー公演が定期的に開催されるようになったのである。このときの内山は他の生徒たちの大半と同様に「無知な」観客の一人だった。内山は当時の体験を次のように回想している。

何ともテンポののろい、現代と隔絶した、訳の分からぬものに、一時間半もつき合わされたというのが、中学生である筆者の偽らざる感想だった。（中略）終演後、夏の日射しを受けて、三越

の六階から路上へ出た時、これで文楽というものと接触することは、一生に二度とあるまいと思ったのである。(2)

人形浄瑠璃との最初の出会いはこのようなものだったが、その一年後、どういうわけか一人で切符を買い、文楽因会《ちなみかい》の新橋演舞場公演の観客になりすましていた、と内山は続ける。もう一度見てみようと思わせる何かが、三和会の舞台にはあったのだろう。

第二章で四ツ橋文楽座の新しい観客たちを「無知な」観客として特徴づけたとき、「無知」とは知識の欠如を言うのであって、知性の欠如を意味してはいないという点を強調しておいた。じっさい、「無知な」観客の第一の特徴は、その旺盛な知的好奇心――知ろうとする意欲――にある。その意欲の真剣さに、石割は衝撃を受けたのだった。「無知な」観客とは、知性をもって、意識的に人形浄瑠璃に接近を試みる観客である。内山の人形浄瑠璃への接近も、そうした新しい観客たちの姿勢と似通っている。

内山が読売新聞に批評を書き始めた一九七〇年代は、内山自身の言葉を借りれば、「国立劇場文楽公演に理念があった」時代である。(3)当時の東京国立劇場では、意欲的な通し狂言の企画が次々に実現し、それが若い世代の観客の支持を集めて大入りが続いたのだった。この時期の内山の批評からは、「文楽再興」に立ちあう著者の高揚感が伝わってくる。

文楽はいまや滅びかけている過去の遺物ではない。後継者なしといわれた三味線部門にすら前記の三人、続いて四、五人の新人が生まれようとしている。客席は連日超満員の盛況だ。現代は文

楽に何かを求めているのだ。（六二頁）

一九七二年の劇評で当時三十四歳だった内山は、そう断言している。

だが、東京の新しい観客たちは、旧来の文楽愛好家からの批判にもさらされた。一九八二年の『演劇界』に掲載された文章のなかで、内山は、国立劇場の客席を埋める若い観客たちの「教養主義」を批判した山田庄一の発言に反論し、「筆者及びそれ以下の世代の東京の観客」の観劇態度を擁護している。これらの観客は「何らかの問題意識をもって文楽に接する」のであり、したがって「必然的に「正しい鑑賞眼を備える」ための努力」をすることになる、と内山は言う（二二三―二二四頁）。そして、そうした観客の観劇態度が、ときに知性偏重に陥ることがあるとしても、それは「古典」として文楽に向き合おうとする観客の姿勢の表れでもあるのだと主張する。

ともかく、時には感性面より知性面に頼る態度も含みこみながら、喰い下がっていくうちに、文楽との距離が縮まり、ある時、真にすぐれた舞台において、求めていたものに出会い得たとすれば、その感動は、古典を通じて人間なるものに出会い得た喜びに通ずる普遍性を持つ。（二二四頁）

四ツ橋文楽座の新しい観客たちが、人形浄瑠璃に「古典」として向き合った最初の観客たちであったことを思い出そう。

では、そうした姿勢で文楽と向き合う観客たちで埋まった劇場の客席とは、どんな場所なのだろう。古典としての人形浄瑠璃の鑑賞にふさわしい客席の雰囲気とはどんなものなのか。内山は「一九八四年の文楽」を回顧した記事のなかで、大阪国立文楽劇場で開催された学生鑑賞教室での高校生たちの観劇態度に触れている。朝日座時代とは打って変わって「実に行儀よく」鑑賞していたというのである。内山によれば、こうした観客の変化は学生だけに限ったものではなかった。

> 否、文楽教室に限らず、国立文楽劇場開場以後、大阪の観客にも、次第に東京風が及び、開演中、客席での飲み食いや談話が（中略）少なくなり、東京と同様、静かな客席に床本をめくる音が一斉に聞えるようになった。（二七六頁）

ここで内山が「東京風」と呼んでいるのは、もちろん東京国立劇場の観客の観劇態度であり、それは内山にとって、古典としての人形浄瑠璃の鑑賞にふさわしいものだった。私語も飲食もせずに全神経を集中させて舞台と向き合い、プログラム冊子に付属する床本に時折目を走らせながら浄瑠璃の響きに耳を傾けること。そうした観劇態度は、四ツ橋文楽座以前には成立しようがなかった。第二章で詳しく検討したように、食堂を設置することで飲食を客席から追放するとともに、椅子席によって一人ひとりの観客が個別に舞台に向き合うように条件づける近代の劇場構造が、そうした「鑑賞」をはじめて可能にしたのである（もちろんそれに抵抗する観客も根強く存在した）。また、床本が掲載されたプログラム冊子が劇場で販売されるようになるのも、四ツ橋文楽座が最初である。内山は一九七〇年代の東京国立劇場について、人形浄瑠璃の公演を御霊文楽座時代のあり方にまで復帰させる試みだったという趣旨の発言を何度か行っている[4]。しかし、この主張が妥当性を持つのは、演目と上演方式（通しか見取りか）のみに注目し、劇場構造と観客の観劇態度を度外視する場合だけである。第二章の議論から明らかなとおり、御霊文楽座の観客の観劇態度は、東京国立劇場の観客のそれとは似ても似つかぬものだった。彼らは観劇と社交の機能分化も、近代的な作品概念も知らなかったからである。

以上からわかるとおり、観客としての内山は、四ツ橋文楽座の新しい観客たちの末裔だった。人形浄瑠璃との出会いも、それに接近する仕方も、望ましいとする観劇態度も、四ツ橋文楽座以後の歴史の刻印を刻まれている。では、そうした観客として、内山は人形浄瑠璃文楽の古典性をどのように考えていたのだろうか。簡潔に確認してみたい。

「古典」としての人形浄瑠璃

内山にとって、人形浄瑠璃の古典性は、ジャンルに帰属するものではなく、あくまでも個々の作品に認められるべきものであった。ある特定の時代に成立した特定の作品だけが「古典」と呼ばれるに値するのであって、人形浄瑠璃という表現ジャンルの全体が古典であるわけではない。内山によれば、古典の名に値する人形浄瑠璃作品は、二つの基準を満たさねばならない。第一の基準は、その作品が叙事詩と劇の接点に立つ形式のもとで「十八世紀の社会と人間像」を描き出していることであり、第二の基準は、そこに描かれる人間性が時代を超えて観客の胸を打つ普遍性を備えていることである(三二五頁)。言い換えれば、古典としての人形浄瑠璃は、徹頭徹尾、十八世紀的なものであると同時に普遍的でなければならないのである。内山の考えでは、十八世紀の表現であることを突き詰めた作品こそが、当時の人々の切実な現実に根ざしているがゆえに、普遍性を獲得し得るとされる(5)。

まず第一の基準を検討しよう。内山にとって、人形浄瑠璃は本質的に十八世紀の芸術である。これが意味するのは、人形浄瑠璃が、その形式と内容の両面において、十八世紀の現実と結びついているということである。人形浄瑠璃は、享保十年（一七二五年）から宝暦元年（一七五一年）の二十六年間に現行の形式へと発展し、全盛期を迎え、その最も完成した表現に到達したが、そうした隆盛の背景には、享保の改革以降の近世大阪の現実が存在した。(6)貨幣経済の恩恵をうけて活発に活動し始めていた大阪の庶民に対して享保の改革がもたらした社会的抑圧が、当時の人々に人形浄瑠璃を切実な表現手段として選ばせたと、内山は指摘する。「享保の改革期の大阪の観客は、自身の意志に基づいて自由に行動できる生身の俳優よりも、操られる存在である人形に自分達の姿を見た――すでに結末が決まっている運命を、それとは知らずに自らきりひらこうと必死に生きぬく、それはむなしいことであるとしても、人間にとっては避けがたい宿命なのだという、浄瑠璃の世界観に、切実な現代性をうけとめたのです(7)」。言い換えれば、三人遣いの人形も、劇（近世人の主体的行動によって生み出される劇的葛藤）と叙事詩（中世的な無常観、運命と時の流れを前にした個人の無力さに立脚する語り物）の接点にたつ叙事詩劇の形式も、すべては享保の改革期以降の大阪の人々が、みずからの生きる現実に肉迫する表現を求めた結果だったのである。

したがって、内山にとって、古典の基準を満たす作品は、同時代の人々にとって「現代劇」たりえた作品に限られる。だが上述のように、人形浄瑠璃の形式と内容は、享保の改革期以後の現実と固く結びついていたがゆえに、宝暦以降、享保期の現実が薄れていくにつれて、叙事詩劇を生み出す基盤は失われていく。内山によれば、現代劇たりえた「最後の優れた新作」は『絵本太功記』（一七九九年）であり、それを一区切りとして「現代劇」としての人形浄瑠璃の時代は終わりを告げ、「古典劇」の時代に移行する。[8]

内山は、十八世紀末以降、優れた新作は姿を消すと述べるが、「優れた新作がない」ということは、「新作が存在しない」ということと同義ではない。じっさいには、幕末まで人形浄瑠璃はコンスタントに新作を生み出し続けている。[9]しかし、内山の考えでは、それらの新作は現代劇であることとは別のところに拠り所を求めており、すでに変質した「末期的作品」であった。たとえば、文化三年（一八〇六年）に初演された『玉藻前《たまものまえ》曦袂《あさひのたもと》』について、内山は次のように書く。

> 「玉藻前」は、現代劇としての生命を失った十九世紀の文楽が、お定まりの愁嘆場にケレンや扇情的場面を取り合わせて、観客の興味をつなぎとめようとした、末期的作品である。狙いが当たり、幕末から明治まで大衆的人気を得ていたのは事実だが、たとえば無意味に幼児を惨殺して、親に肉を食わせるような芝居（二段目）は正視に耐えず、古典芸術としての現代文楽が取り上げるべき演目ではない。（二二〇頁）

明治期以降の新作が「古典」でないのはもちろんのこと、十九世紀初頭の江戸期の作品ですら、内山にとっては「古典」の基準を十全に満たしているとは言い難いのである。

以上のような古典理解にもとづいて、内山は古典作品を上演する演者たちに対して、十八世紀の近世人の精神と肉体を生き生きと舞台上に現出させることを求めた。人形浄瑠璃の古典としての価値が、

「近世の生活感、近世人の肉体と精神による統一性」を保持している点にある以上、演者が無自覚に「近代以後の演劇の方法を持ち込んでしまう」ことは避けねばならない（一一三頁、三〇八頁）。内山が「原作の本文も伝承された演技演出も変えることなく」作品全体を通しで上演することを要求し続けたのも、同じ理由による。(10)

しかし、古典としての人形浄瑠璃が本質的に十八世紀の芸術であるとするなら、それは私たちの生きる現在とは何の接点も持たない、純然たる過去の芸術なのだろうか。もちろん、そうではない。なぜなら、人形浄瑠璃の古典作品は、十八世紀の人間の姿をさまざまと描き出すことを通して、普遍的な人間性の表現に到達しているからである。これが古典の第二の基準である。しかし、普遍的な人間性――内山はそれをある劇評で「普遍的な人間の哀歓」と言い表している（三六四頁）――が舞台上に表現されるためには、人形浄瑠璃の歴史性が突き詰められる必要がある。というのも、演者が徹底して人形浄瑠璃の十八世紀性を追求するときにのみ、時代を超えて私たちの胸を打つもの、すなわち古典作品の持つ普遍性が、観客の前に鮮明に立ち現れるからである。現代人に分かりやすくするために浄瑠璃の文章を改変したり、演出を変えたりすると、かえって観客が普遍性に触れるのを妨げることになる。(11)さかしらな戯曲の現代的解釈も同様である。この点に関して内山は、武智の浄瑠璃解釈にも問題を認めている。武智の戯曲解釈には「文楽の叙事詩性に関する視野が乏しい」と述べ（二九三頁）、「仮名手本忠臣蔵　九段目」の武智による読解が「封建悪への反抗、明るい人間性の世界への約束」という論点に一方的に傾斜していると指摘するとき、(12)内山は武智の戯曲解釈に潜む近代主義的傾向を正確に剔出している。

古典の高い壁と大阪の観客

古典としての人形浄瑠璃は、十八世紀の芸術であることによってのみ、普遍的となり得る。内山が提出した古典の概念は、本書で考察した戦前・戦中期の古典芸術をめぐる議論だけでなく、谷崎の痴呆芸術論をも批判的に受容し更新している。

簡単に振り返っておくと、昭和初年に人形浄瑠璃における「古典芸術」の概念を最初に定式化したのは、批評家の石割松太郎だった。石割は古典芸術としての人形浄瑠璃を、「内容の新清」を欠いているが、芸の技巧に豊かな形式美を保持している「過去の芸術」と規定した。それに対して、武智鉄二は、昭和十年代半ばに人形浄瑠璃の古典的性格を究明し、古典芸術としての人形浄瑠璃を、古典性（古典的規矩としての風の追求）と現代性（丸本の現代的解釈）の弁証法によって定義したのだった。一方、谷崎潤一郎は、昭和二十年代前半に痴呆芸術論を執筆し、近代における人形浄瑠璃と観客との関係に無視しがたい問いを投げかけた。

内山の議論は、人形浄瑠璃の十八世紀性を強調することで、近世の芸術を近代の価値観によって批判する痴呆芸術論の近代主義的偏見を退けている。しかしそれと同時にまた、内山は、人形浄瑠璃に普遍的な人間性の表現を認めることで、痴呆芸術論の反動として現れる様式美論――無内容ではあるが美しい芸としての人形浄瑠璃の称揚――に陥ることも回避する。そうした様式美論は石割の古典理解への退行にすぎない。内容を欠いた形式の芸として人形浄瑠璃を理解することを拒否したとき、内山は武智の古典芸術論を受け継いでいる。しかし、古典性と現代性の弁証法に代えて、歴史性と普遍性からなる二段階の論理で古典を定義したとき（それは人形浄瑠璃の現代性を否定することでもある）、内山は、武智の古典理解に潜む近代主義的傾向からも、はっきりと一線を画したのだった。その意味で、内山の議論は、まさしく二十世紀後期を代表する古典の理論的考察だったと言うことができる。

しかしながら、この古典理解を観客の立場から眺めるなら、それは人形浄瑠璃の鑑賞を困難な課題に変えるものだった。なぜなら、この古典理解のもとでは、演者たちが優れていればいるほど、つまり彼らが十八世紀の近世人の精神と肉体を生き生きと舞台に現出させることに成功すればするほど、舞台上に描かれる近世的世界は、現代人である観客の日常的な感覚から隔絶したものとなるからである。それゆえ、古典としての人形浄瑠璃の舞台は、高く分厚い壁として観客の前に立ちはだかることになる。この壁を越える意志的な努力なしには、ひとは人形浄瑠璃の普遍性に触れ得ないのである。

> 筆者自身、文楽、能で、優れた演者の立派な演技を前に、どうにもついていけず、惨めな思いをした経験は、いやという程ある。いや、今でもないとは言えぬ。むしろ、このもどかしい体験を積み重ねつつ壁を乗り越えていくことが、古典の世界との出会いには不可欠であると思う。（二九六頁）

別の劇評では次のようにも述べられている。

> 文楽の、近世の言語、思想、舞台のテンポ等と、現代生活との隔たり、三味線音楽への親しみ薄

さ、諸々の障壁を乗り越えて文楽に肉迫するには、観客の側に相当意志的なものが要求される。筆者自身、中学ではじめて文楽を観せられた時から、真に文楽と出会い得たと言い切れるまでに、七、八年かかったと思う。（一二三頁）

内山は古典として人形浄瑠璃に向き合うすべての観客に、同じ意志的な努力を要求した。というのも、観客が「本物でない芸をきびしく批判できる目」を養うことが、古典の芸を弛緩させないために必須だからである。(13)

しかし、おそらく本音を言えば、内山には、二〇世紀後期の人間である観客が、古典としてではない仕方で人形浄瑠璃の舞台に向き合うことなど、到底、可能だと思えなかったに違いない。古典としてではなく、まるで同時代の舞台作品でも見るような態度で人形浄瑠璃を気楽に楽しむ観客は、おそらく内山にとって理解不能な存在だった。しかし、そのような観客は実在した。それが大阪の観客である。

内山の文楽評を通覧すると、大阪の観客への違和感が繰り返し表明されていることに気がつく。いくつか取り上げてみよう。

東京では文楽は、まさしく「古典芸術」だが、大阪では、「古典」とか「芸術」とかいう前に、まず娯楽であって、耳なれた節や、花やかな人形の振りが随所になければ観客は承知しないのかも知れない。（昭和五十年、一一三頁）

昔から文楽なり古い大阪なりの雰囲気に親しんできた年齢層の観客は、しゃべったり食べたりしながら気楽に舞台を楽しんでいる。あのくつろいだ気分のどこかに一本、芸に対するきびしい視線が貫かれていれば申し分ないが、現在の大阪の客席からは、どうもそれは感じられない。（昭和五十七年、二二三頁）

大阪では、まだ文楽は今日の娯楽として生きている、ないし生きうる面があるのだろう。それは確かに重要な意味を持つ、その際に、十八世紀が生きているか、叙事詩でありうるか、などという議論は、場違いとしか、受け取られないのかも知れない。（昭和六十年、三一八頁）

観客がそういう舞台〔『夫婦善哉』〕を楽しんでいるからには、大阪ではまだ世話浄瑠璃が生活の中に生きているのだ。（昭和六十二年、三三八頁）

第四章の末尾で論じたとおり、内山もまた、大阪の観客をステレオタイプ化された均質的な集団として扱っている。大阪の観客は、内山によって、東京の観客とはまったく異なる存在として描かれている。しかし、もちろん大阪にも古典として人形浄瑠璃に向き合う観客は、少なからず存在したはずである（彼らもまた四ツ橋文楽座以後の観客なのだ）。ただ、それらの観客は、内山が要求するほどには、古典に対して純粋でもストイックでもなかった。このことは新作への態度に典型的に表れている。内山の考えでは、古典として人形浄瑠璃を鑑賞する観客が、新作を楽しむことなどできないはずだった。(14)

ところが大阪の観客は、古典も新作も同じように楽しんでいるようにみえる。この大阪の観客の不純さが、内山の違和感をかき立てたのである。内山が大阪の観客を語るさいに頻出する「～かもしれない」「～だろう」という文末表現や「世話浄瑠璃が生活の中に生きている」といった実感を欠いた発言は、内山が大阪の観客の正体を摑みかねていたことを示唆している。人形浄瑠璃の「本場」、大阪の観客は、内山にとって他者であった。

古典のアポリア

人形浄瑠璃の古典作品に普遍的価値を認める一方で、観客に対し、高く分厚い壁を乗り越える努力を要求する内山の議論は、「古典」という近代に特有の「ものの見方」に固有のアポリア（解決不能な困難）を極端な形で示している。すなわち、人形浄瑠璃の普遍性の主張が、それを特殊化してしまうのである。ある作品なり表現ジャンルなりを「古典」と認定することは、それを他とは異なる特別なものとして「聖別」することを意味する。したがって、たとえ聖別化が普遍的価値の認定であるとしても、それは不可避的に対象を特殊化してしまう。人形浄瑠璃を古典――古典芸術、古典芸能――と認定することは、その普遍的価値を広く社会に認めさせることであるが、それは同時にまた、人形浄瑠璃を他の同時代の表現から切り離し、何か特殊なもの、容易には近寄り難いものに変えてしまう。序章で述べた今日の人形浄瑠璃をとりまく状況――少数の熱心な愛好者を持ちながらも、分厚い無関心の壁に取り囲まれている――は、そうした古典のアポリアの必然的な帰結に他ならない。

この問題は、すでに戦時中の人形浄瑠璃をめぐる議論のなかで認識されていた。昭和十七年十一月に刊行された『文楽芸術』第一三号には、塩谷壽雄の「文楽狭隘性の解放」という文章が掲載されている。そこで塩谷は、文楽を古典として称揚することの問題点を的確に指摘している。やや長くなるが以下に引用したい。

例えば「文楽」の批評とか、解説とかいったものを読んで感じるのは、何かしら「文楽」を一種特別なものにしてしまい、特殊な芸術として、敢えて文楽を特殊視し、そのことによって狭隘化し、その狭い文楽の囲いのなかで芸術性をつゝきまわっている風にみえる。一般文化人はそんな文章に接することによって、文楽の芸術的価値を認めつゝも親しみ近づいて行けない一つの溝を感じているのである。文楽なんか予備知識をもたないで観たって少しも解らないだろうとか、充分知識を持ってからでないと少しも面白くないだろうとか、むつかしくて自分達には手に合わないだろうとか言って敬遠してしまうのではないかと思う。一般に我々がある一芸術に親しんでいく場合、事前に充分研究してから接していくということは極く稀れで、特殊な場合に限られている。殆んどが最初何んらの知識もなく接していって、心に刻まれた或種の感銘を後に至って少し宛《ずつ》判然たらしむるべく色々と調査研究することゝなり、次第にその芸術の本質に触れていくと同時にその芸術に対する深い愛情が育てられていくのではないか。もっともこうなるには最初接したときに、何らかの感銘乃至深い印象が後から研究させるだけの熱意を持たせる原動力となって与えられなければならない。文楽が初めて接した人達にかゝる原動力を与えないと、悲観的に考える必要は少しもないと思う。（中略）大抵の人が「歌舞伎よりもい、ですね」とは洩らすのである。そして「又観たいと思う」と付け加えることを忘れない。この又観たいということが、文楽に親しむ重大な契機となって、次第に研究、鑑賞欲をもたせる原因となり、度重なる鑑賞は正しい文楽の芸術価値の認識とまでなり得る貴重な胚種である。[15]

ここで塩谷は文楽の狭隘化――私たちが古典のアポリアと呼ぶもの――を指摘し、そこから文楽を解放する方途を示唆している。すなわち、文楽を特殊化することをやめ、ごくフラットに、他の同時代の芸術表現と同じ態度で接することができるようにするのである。塩谷が明確に述べているように、それは文楽をわかりやすくする（予備知識を不要にする）ということではない。そうではなく、他の芸術表現と同様に、わからないことが障壁にならないようにするのである（そのためには「予備知識」という問題含みな概念を問い直す必要がある）。それはまた、文楽を同時代の多種多様な表現から切り離す――聖別する――のではなく、むしろそれらのあいだに存在するものとして扱うことをも意味している。これは文楽の独自性を否定することではない。映画と演劇がそれぞれ異なる特徴を持ち、したがって異なる鑑賞の仕方を要求し、異なる鑑賞体験をもたらすように、文楽もまた独自の特徴を持ち、独自の鑑賞の仕方を要請し、独自の鑑賞体験を提供する。脱特殊化することで、文楽は「古典」という特権的なステータスを失うが、独自性を失うわけではない。さらに言えば、「古典」のステータスを失うことは、文楽が伝統芸術でなくなることを意味してもいない。人形浄瑠璃の歴史が証明するとおり、三業《さんぎょう》の芸の伝承は「古典」という観念を必要としてしてはいなかった。明治期に「古典」の概念が日本語に移入される以前から、演者たちは厳しい修業のなかで芸を伝承してきたのである。芸の伝承を支えるのは、芸そのものの持つ力であって、「古典」というレッテルではない。

補助金騒動がもたらしたもの

以上の考察をふまえ、人形浄瑠璃における「古典」の現在地を見定めようとするとき、二〇一〇年代前半に起こった補助金騒動を無視することはできない。それは人形浄瑠璃の今日のあり方に決定的な影響を与える出来事だった。

まずは騒動の経緯を簡単に確認しておこう。二〇一一年十二月、新たに就任した大阪市長は、特定団体への補助金見直しの一環として、文楽協会への補助金の大幅カットを表明した。それまで市は毎年五二〇〇万円を補助金として支出していたが、二〇一二年度はそれを二十五パーセント減額する方針が示された。この問題はメディアで大きく報道され、文楽座関係者やファンや文化人から猛烈な反対の声が上がったが[16]、最終的にこの方針が変更されることはなかった。二〇一二年度は市長と技芸員の意見交換の結果、削減後の金額（三九〇〇万円）が満額支給されたが、二〇一三年度からは、そのうち二九〇〇万円分を国立文楽劇場の観客動員数に連動させる方式が採用され、二〇一五年度には文楽協会への補助金を全廃、アーツカウンシルが事業ごとに申請を審査し助成する方式に移行した。

この補助金騒動は、人形浄瑠璃文楽にとって、二つの意味で重要な出来事だった。

第一に、この騒動は「古典（芸能）」というステータスが——少なくとも大阪において——文楽への公的支援を無条件に正当化する根拠としては機能しなくなったことを示唆している。毎日新聞の特集記事で住太夫が「三百年の伝統」を引き合いに出して補助金カットを批判したとき、市長は、「文楽は保護されて当たり前」というのが演者の認識なのかと反発した。(17) こうした市長の言動を文化に理解のない政治家の個人的見解に過ぎないとみなすのは、楽観的に過ぎるだろう。義太夫節揺籃の地の首長が古典芸能としての文楽の公共的価値を公然と疑問に付したことの意味はきわめて重い。

少なくとも演者たちは事の重大さを十分に理解していたようである。というのも、この騒動以後、従来の枠組みを超える演者たちの活動が活発化するからである。これが補助金騒動のもうひとつの意味である。この騒動は、結果的に、国や自治体によって生かされている現状を当たり前とせずに、演者たちがみずからの力を自覚して活動を積極化させる契機になったのである。この点で補助金騒動後の演者たちの行動は、松竹によって生かされていることを潔しとせず、みずからの芸の力で観客を獲得して生きようとした三和会の活動に繋がっている。(18)

二〇一五年以降に本格化する一連の新たな活動は、大きく二種類に分けられる。ひとつは、人形浄瑠璃の古典作品を、普段とは異なる会場や仮設の会場で、これまで文楽にあまり馴染のなかった観客向けに上演する試みである。具体的には、大阪市中央公会堂でトークも交えて舞台を見せる「中之島文楽」（二〇一五年～）や中堅・若手中心の演目をグランフロント大阪のナレッジシアターで上演する「うめだ文楽」（二〇一五年～）、六本木ヒルズや難波宮跡公園の野外ステージで飲み食いしながら舞台を楽しむという趣旨で開催された「にっぽん文楽」（二〇一五年～二〇二三年）を挙げることができる。

とりわけ、にっぽん文楽は、四ツ橋文楽座以後に定着した観劇態度を相対化する試みとして注目に値する。これらの公演は基本的に新しい観客を開拓する試みであり、一九八〇年代に吉田簑助らが中心となってラフォーレ原宿で開催した「原宿文楽」に連なる企画だと言えるだろう。[19]

本書の関心にとってより興味深く、また重要なのは、もうひとつの活動の系統、すなわち同時代の他の表現ジャンルとのコラボレーションの活発化である。確かに一九八〇年代にも、吉田簑太郎時代の桐竹勘十郎や桐竹紋寿らが異分野とのコラボレーションを行っていたが、全体として見れば、能、狂言、歌舞伎に比べて、人形浄瑠璃の演者が他ジャンルの表現者と共演することは少なかった。[20] それにたいし、特に二〇一〇年代後半以降、文楽座の演者たちは積極的に異分野とのコラボレーションに取り組むようになる。美術家・杉本博司による『杉本文楽　曾根崎心中』(二〇一一年初演)や劇作家・三谷幸喜による『其礼也心中』(二〇一二年初演)は補助金騒動以前の企画だが、騒動後の関西での再演は特に大きな注目を集めた。そしてその後も、ボーカロイド映画(『ボーカロイド™オペラ　葵上 with 文楽人形』二〇一四年)、ファッション(舘鼻則孝による「TATEHANA BUNRAKU : The Love Suicides on the Bridge / Nomadic Nights」二〇一六年)、初音ミク(「恋娘紬迷宮」二〇二〇年)、現代美術(『人間浄瑠璃　新・鏡影綺譚』二〇二一年)、現代音楽(「KYOTOPHONIE 文楽人形」二〇二三年)、メディアアート(「浪のしたにも都のさぶらふぞ」二〇二三年)など、ポピュラーカルチャーからハイアートにまで及ぶ多彩な活動が展開されている。人形浄瑠璃をより身近にすることを目指す前者の活動とは異なり、これらのコラボレーションは現行の人形浄瑠璃の形式を捉え直す批評性や実験性を具えている点に特徴がある。

こうしたジャンル越境的な活動を、私たちはどのように評価すべきだろうか。それは従来からなされてきた普及活動の一環に過ぎないのだろうか。それともそれ以上の何かであり得るのだろうか。

内山の理解に従うなら、これらの活動は、古典としての人形浄瑠璃のあるべき姿からのあからさまな逸脱である。なぜなら、これらの活動で演者たちは、人形浄瑠璃の十八世紀性を追求するかわりに、人形浄瑠璃を現代の多様な表現と関係づけているからである。純粋な古典追求の立場からすれば、そうした活動に演者が費やすエネルギーと時間は純然たる損失にほかならない[21]。

だが、私たちはまた、それらの活動を、塩谷壽雄の言う「狭隘化からの解放」の試みとしても理解することができる。なぜなら、人形浄瑠璃を同時代――二十一世紀――の多様な表現から切り離し、聖別するのではなく、そうした表現のあいだに、それらと隣接して存在するものとして位置づけることで、演者たちは人形浄瑠璃を脱特殊化していると言えるからである。そのとき彼らが探求しているのは、明らかに人形浄瑠璃と現在との結びつきであるが、それだけでなく、伝統の意味もまた自問しているはずである。かつて狂言師の野村万作は自身の行った実験的な試みを振り返って次のように述べたことがある。

> 新しい試みも随分してきましたので、そんな時には、このような二つの考え方〔引用者注記：伝統を守る立場とそこから離れる立場〕の間を行きつ戻りつしながら、意識的に伝統の摂取ということにぶつかってきたように思えます。伝統の中にひたりきった人には、真の伝統の姿をつかみ

得ないのではないでしょうか。[22]

同様のことは、人形浄瑠璃にも当てはまる。私たちは近年のジャンル横断的な活動を古典作品の上演と対立させるべきではない。またそれらの試みを古典作品の上演実践から切り離して、それ単体で評価しようとするべきでもないだろう。むしろ実験的な試みと古典作品との往・復・運動のうちに、現代における人形浄瑠璃の存在理由を問う営みを見るべきなのだ。そうした営みのなかでこそ、祐田善雄の言う、芸の伝承と「時代の創造性」との結びつき——名人の芸の外形的模倣によって見失われるもの——もまたおそらく見いだされることだろう。

人形浄瑠璃を語る新しい言葉

内山美樹子は「一九八八年の文楽」を回顧した文章のなかで、古典追求の営みが切り捨てるものについて自問している。

文楽は（中略）近代と隣同志の「江戸（近世）庶民文化」、大阪の郷土芸能の側面まである。普遍性という基準からは、こぼれ落ちてしまう卑俗味や非合理性、時に幕末明治的庶民感覚も、文楽の本質とからみ合っていることは否定し難い。古典芸能としての文楽の質をひたすら向上させ、能や雅楽と肩を並べ、世界的規模において生きる道を、と考える時、どこかで大変な取り違え、または裏切りを犯しているのではないか、との危惧を覚えない訳ではない。文楽は生きており、生き続けねばならない。一九八九年二月現在の筆者の思考は、ここで障壁に突き当たったままで

ある。（三五六頁）

内山が自身の古典概念に反省的な眼差しを向けたこの一節は、人形浄瑠璃の持つ多面性と多様性を、内山が十分に認識していたことを示している。内山は、そうした多面性・多様性に対して古典の概念が行使する排除と抑圧に自覚的だった。

観客の経験という観点からみるとき、古典の概念によってまっさきに抑圧され、排除されるのは、第一章で私たちが注目した『蓼喰ふ虫』の主人公のような観客である。人形浄瑠璃の舞台を観劇しながら、十八世紀と二十世紀、日本とアメリカ、人形浄瑠璃と映画を重ね合わせる観客は、正しい古典の鑑賞者ではありえない。なぜなら、この観客は、本質的に日本の十八世紀の芸術である人形浄瑠璃の鑑賞に、異質な要素を持ち込んでいるからである。同様に、昭和七年に執筆された「生ける人形」というエッセイで、人形浄瑠璃をトーキー映画と比較した寺田寅彦もまた、古典鑑賞の規範から逸脱した観客として扱われることになるだろう。(23) 古典として人形浄瑠璃を鑑賞する観客、古典の高く分厚い壁を越える努力を惜しまない観客の目から見れば、そうした考察はせいぜい文楽初心者の突飛な見解としてのみ許容されるにすぎない。

だが、そうした抑圧と排除は正当なものなのだろうか。『蓼喰ふ虫』の主人公が人形浄瑠璃を見ていたのは昭和初年の弁天座であり、寺田が人形浄瑠璃を見たのは昭和七年の東劇だった。人形浄瑠璃は、二十世紀を生きる演者たちによって、二十世紀の大都市の劇場で、映画に慣れ親しんだ二十世紀の観客たちの前で上演される舞台芸術であった。その意味で、それは現代の芸術でもあった。それら二十世紀の観客にとって、人形浄瑠璃は――同時代の都市空間とメディア環境のなかで――現実に映画と隣り合っていたのである。『蓼喰ふ虫』における主人公の観劇体験の記述や寺田寅彦の考察は、そうした現代の芸術としての人形浄瑠璃の一側面を的確に指摘している。古典の概念は、現代の芸術として人形浄瑠璃を研究する多様なアプローチに対しても抑圧的に作用するのである。

現在、私たちは、演者自身が人形浄瑠璃を現代の多様な表現と隣り合うものとして位置づけるのを目撃している。すでに述べた通り、それは古典作品や伝統に背を向けることを意味してはいない。それはむしろ、古典作品や伝統のもつ力を再認識する機会をも提供している。今後もいましばらくは、人形浄瑠璃は古典芸能であり続けるのかもしれない。しかし、本書の議論が明らかにした――と著者は希望するが――ように、「古典」というあり方を人形浄瑠璃の不変の本質とみなすことはできない。伝統に支えられた現代の芸術という観点のもと、人形浄瑠璃の活動の全体を注視し、そこに見いだされるであろう「新しき、生への胎動」（祐田善雄）に批判的に伴走する言葉を、私たちは必要としている。

注

序章

（1）代表的な文献としては以下のものがある。鳥越文蔵・内山美樹子・渡辺保責任編集『今日の文楽』（岩波講座　歌舞伎・文楽第10巻）、岩波書店、一九九七年。倉田喜弘『文楽の歴史』、岩波書店、二〇一三年。財団法人文楽協会編『義太夫年表（大正篇）』、「義太夫年表」（大正篇）刊行会、昭和四十四年。内山美樹子「文楽」、内山美樹子・志野葉太郎『文楽・歌舞伎』所収、岩波書店、一九九六年、四四-五三頁。祐田善雄「人形浄瑠璃芝居の変遷（明治）」、「人形浄瑠璃芝居の変遷（大正）」、『浄瑠璃史論考』所収、中央公論社、昭和五十年、五三〇-六一四頁。

（2）毛利三彌は観客に関する研究の少なさは演劇学一般に見られる傾向であると指摘し、その背景として従来の演劇研究における「舞台中心主義」を挙げている。毛利三彌「はじめに」、毛利・天野文雄編『東アジア古典演劇の伝統と近代』、勉誠出版、二〇一九年、二三-二四頁。

（3）藤木秀朗『映画観客とは何者か―メディアと社会主体の近現代史―』、名古屋大学出版会、二〇一九年。菅原慶乃『映画館のなかの近代―映画観客の上海史』、晃洋書房、二〇一九年。板倉史明編著『神戸と映画　映画館と観客の記憶』、神戸新聞総合出版センター、二〇一九年。近藤和都『映画館と観客のメディア論　戦前期日本の「映画を読む／書く」という経験』、青弓社、二〇二〇年。服部幸雄『大いなる小屋　江戸歌舞伎の祝祭空間』、平凡社ライブラリー、一九九四年。神楽岡幼子『歌舞伎文化の享受と展開：観客と劇場の内外』、八木書店、二〇〇二年。神山彰『近代演劇の水脈　歌舞伎と新劇の間』、森話社、二〇〇九年。『藝能史研究』第五〇号（「特集　観客論」）、藝能史研究会、一九七五年。鳥越文蔵・内山美樹子・渡辺保責任編集『歌舞伎文化の諸相』（岩波講座　歌舞伎・文楽第4巻）、岩波書店、一九九八年。

（4）鴻池幸武編『吉田栄三自伝』、相模書房、昭和十三年、一八九-一九〇頁。

（5）「文楽座の印象」、『道頓堀』昭和五年二月号、道頓堀編集部、七四-七五頁。
（6）高谷伸「文楽漫談」、『道頓堀』昭和五年四月号、道頓堀編集部、二四頁。
（7）青木繁・山田和人構成『吉永孝雄の私説昭和の文楽』、和泉書院、一九九五年、五頁。
（8）三宅周太郎「文楽のために一言」、『演劇評話』所収、新潮社、昭和三年、三八六頁。
（9）竹本住太夫『文楽浄瑠璃物語』、正文館書店、昭和十八年、四四四頁。
（10）例えば以下を参照。守随憲治「浄瑠璃」、『守随憲治著作集第四巻』、笠間書院、昭和五十四年、三八六頁。内山「文楽」、四八-四九頁。倉田、前掲書、一九八頁。
（11）倉田、前掲書、一九八頁。
（12）国立文楽劇場義太夫年表昭和篇刊行委員会編『義太夫年表　昭和篇第一巻　昭和二年〜昭和十一年』、和泉書院、平成二十四年、二〇一-三一一頁参照。
（13）『松竹百年史』によれば、昭和六年には「不況がますます深刻化し、減給首切り、失業者増大、労働攻勢、左右勢力の闘争など相次ぎ、興行界もそのあおりを受けて、中小興行者や劇場主の中には倒産するもの、転業するものなどが続出」したという。松竹においても「前年に給料二割減で急場を凌いだが、二、三の当たり狂言はあっても、多くの劇場や俳優、従業員の生活を支えていくのは並大抵ではなかった」という（松竹株式会社『松竹百年史』、平成八年、二一二頁）。松竹全体の収益の推移を見ると、昭和四年下半期から昭和七年上半期まで収益が約七五％減少している（同書一二二頁）。
（14）たとえば昭和六年六月の文楽座興行の劇評では、不景気の影響を心配していたものの、「入場して見て何となく心強きものを感じた、午後の四時で七分の入りとはまずもって景気と言わねばならない」と述べられている（「六月の文楽座」、『浄瑠璃雑誌』三〇四号、二七頁）。また昭和七年の七月興行の劇評でも「相当の客を入れている」とある（「お祭月の文楽」、『浄瑠璃雑誌』三一三号、三一頁）。一方、昭和七年十一月興行の劇評では客入りの悪化が話題になっている（「文楽座十一月興行概括評」、『浄瑠璃雑誌』三一八号、九頁）。ちなみに昭和八年以降も、文楽座ではずっと不入りが続いたわけではなかった。昭和十五年六月の『浄瑠璃雑誌』では、前年から文楽座は満員続きだと報告されている（「昭和維新の浄瑠璃界!!　いきるか…死ぬるか…」」、『浄瑠璃雑誌』三九〇号、一頁）。多田英俊も昭和十二年から十五年にかけて小さいながらも文楽ブームが起っていたと指摘している。多田英俊「思想教育の芸術鑑賞に及ぼす影響について」、『演劇学論叢』一五号、大阪大学文学研究科演劇学研究室、二〇一六年三月、四〇頁。

(15) 石割松太郎「人形芝居当面の事」（昭和四年）、『人形芝居雑話』所収、春陽堂、昭和五年、二五八頁。

(16) 森西真弓「四つ橋文楽座開場前後」、『藝能懇話』第一一号、一四二頁-一五五頁。

(17) 祐田善雄「人形浄瑠璃芝居の変遷（明治）」、前掲書、五六八頁、五七二頁、五八七頁参照。

(18) 森西、前掲書、一四七頁。

第一章

(1) 祐田善雄「人形浄瑠璃芝居の変遷（明治）」、『浄瑠璃史論考』所収、中央公論社、昭和五十年、五九三頁。

(2) 同書、五四五-五四六頁。

(3) 上村以和於『時代《とき》のなかの歌舞伎——近代歌舞伎批評家論』、慶應義塾大学出版会、二〇〇三年、二〇頁。

(4) 同書、一七頁。

(5) 山口廣一「文楽軒以後の文楽」、『国立文楽劇場芸能鑑賞講座　文楽』、国立劇場事業部、昭和五十年、三九-四〇頁。渡辺保『明治演劇史』、講談社、二六七-二六八頁。後藤静夫「四ツ橋文楽座の開場と三代竹本津太夫——松竹の文楽経営の視点」、後藤静夫編『近代日本における音楽・芸能の再検討』、京都市立大学日本伝統音楽研究センター、平成二十二年、一九-三三頁。

(6) 渡辺保『昭和の名人　豊竹山城少掾』、新潮社、一九九三年。

(7) 法月敏彦「文楽の芝居と天保の改革」、鳥越文蔵・内山美樹子・渡辺保責任編集『黄金時代の浄瑠璃とその後』（岩波講座　歌舞伎・文楽第9巻）所収、岩波書店、一九九八年、二七一頁。内山美樹子「文楽」、『文楽・歌舞伎』所収、岩波書店、二七-三

三頁。後藤静夫「人形浄瑠璃（文楽）の発展」、服部幸雄監修『日本の伝統芸能講座　舞踊　演劇』所収、淡交社、二〇〇九年、三一二―三一三頁。なお「古典化」の通説を資料にもとづいて検証した仕事として、神津武男による「浄瑠璃史の十九世紀」の議論を参照のこと。神津武男『浄瑠璃本史研究　近松・義太夫から昭和の文楽まで』、八木書店、二〇〇九年、三一一―三一八頁。

（8）高木浩志「幕末の名人たち」、『黄金時代の浄瑠璃とその後』所収、二八六頁。

（9）神山彰「演劇の「古典」意識と近代化―古典とクラシック」、毛利・天野編『東アジア古典演劇の伝統と近代』、一四二―一五六頁。塩川徹也「古典とクラシック」、逸身喜一郎・田邊玲子・身﨑壽編『古典について、冷静に考えてみました』、岩波書店、二〇一六年、二一一―二六頁。塩川は明治初期に「古典」という語がclassicという概念と結びついた経緯を辿り直し、「文化的カテゴリーとしての古典の概念と名称は近代の産物」であると結論している（二六頁）。

（10）万よし亭散人「蓄音機と肉声浄瑠璃の演出は創作なり」、『浄瑠璃雑誌』二三一号、大正十三年五月、八頁。詳細は第三章を参照のこと。

（11）内山「文楽」、三〇頁。

（12）Thomas Elsaesser, "City of Light, Gardens of Delight", in *Cities in Transition. The Moving Image and the Modern Metropolis*. Ed. Andrew Webber and Emma Wilson. London: Wallflower Press, 2008, pp.88–101.

（13）垣内幸夫「近代との摩擦―大正期の文楽―」、『今日の文楽』（岩波講座　歌舞伎・文楽第10巻）所収、六九頁。

（14）森西真弓「四つ橋文楽座開場前後」、『藝能懇話』第一一号、一四三頁。

（15）「御霊文楽座の盆替り興行」、『浄瑠璃雑誌』二五四号、大正十五年十月、一六頁。

（16）三宅周太郎「文楽二題」（大正十二年六月）、『演劇評話』、新潮社、昭和三年、七五頁。「芸術至上主義」は三宅が大正十五年の文章「築地小劇場と文楽と」（『演劇評話』一九頁）で用いた形容である。

（17）三宅周太郎『文楽之研究』、春陽堂、昭和五年、二一七頁。

(18)「文楽座の滅法界」、『浄瑠璃雑誌』八号、明治三十三年四月、一頁。「茶屋場の掛合」とは七段目（「祇園一力茶屋の段」）のこと。

(19) 道楽山人編『大阪名勝記：附・近傍名所案内』、小谷卯三郎、明治三十四年、一九-三〇頁。首藤文雄編『大阪案内』、日本電報通信社大阪支局、明治四十二年、二一〇-二一一頁。

(20) 石割松太郎「新築移転以来の文楽座」、『人形芝居雑話』、春陽堂、昭和五年、三六八頁。

(21) 高木浩志「激動の昭和文楽」、『今日の文楽』（岩波講座　歌舞伎・文楽第10巻）所収、八三頁。

(22) 怠佛「斯くて文楽座は遂に滅亡する」、『浄瑠璃雑誌』二五七号、昭和二年二月、一三頁。

(23) 石割、前掲書、三六九頁。

(24) 武智鉄二「文楽　その芸　その人々」（昭和四十七年）、『定本・武智歌舞伎③文楽舞踊』、三一書房、昭和五十四年、三四七頁。

(25)『昭和四年十二月竣工　文楽座建築概要』、松竹土地建物興行株式会社、昭和四年。青木繁・山田和人構成『吉永孝雄の私説昭和の文楽』、八-一二頁。

(26) 例外的な言及が次の著作にみられる。橋爪紳也『京阪神モダン生活』、創元社、二〇〇七年、一〇六-一〇七頁。

(27) 増田周子「『大阪時事新報〈文藝欄〉』解説」、関西大学大阪都市遺産研究センター編『大阪時事新報記事目録』所収、関西大学大阪都市遺産研究センター、二〇一一年、一頁。

(28) 鈴木貞美「モダニズムと伝統、もしくは「近代の超克」とは何か」、竹村民郎・鈴木貞美編『関西モダニズム再考』、思文閣出版、二〇〇八年、五二三頁。

(29) 笹川慶子『明治・大正　大阪映画文化の誕生』、関西大学大阪都市遺産研究センター、平成二十四年、二一頁。

(30) 石割、前掲書、三八三、三八四頁。三宅、前掲書、一七九頁。

(31) 三宅、前掲書、三四四頁。

(32) 同書、三四四-三四五頁。

(33) 谷崎文学における人形浄瑠璃体験の意味については次の研究を参照のこと。佐藤淳一『谷崎潤一郎　型と表現』、青簡舎、二〇一〇年。また『蓼喰ふ虫』の主題と関連づけたこの場面の解釈として、次の著作も参照のこと。永栄啓伸『評伝　谷崎潤一郎』、和泉書院、一九九七年、一二八-一三四頁。

(34)谷崎潤一郎『蓼喰ふ虫』、『谷崎潤一郎全集第十四巻』、中央公論社、二〇一六年、六六頁。以下、本書からの引用は頁数のみを本文中に記す。

(35)五味渕典嗣は『蓼喰ふ虫』において「文楽／人形芝居は、操作する主体＝男性／操作される客体＝女性という関係の理念型」として設定されていると指摘している。五味渕典嗣「隠喩としての人形――『蓼喰ふ虫』と一九三〇年代の日本文化論」、『国文学　解釈と教材の研究』（第四九巻六号）所収、学燈社、二〇〇四年、九七頁。

(36)「文楽座十一月興行概括評」、『浄瑠璃雑誌』三一八号、昭和七年十一月、一一頁。また同じ年に人形浄瑠璃を映画と結びつけて鑑賞した観客の発言として、寺田寅彦の次の随筆も参照のこと。寺田寅彦「生ける人形」（昭和七年六月）、小宮豊隆編『寺田寅彦随筆集第三巻』、岩波文庫、二〇一三年、一九二-二〇〇頁。

(37)谷崎潤一郎「饒舌録」、『谷崎潤一郎全集第十二巻』、中央公論社、二〇一七年、三三三頁。以下、引用は頁数を本文中に記載する。

(38)たつみ都志「谷崎文芸と文楽」、『春琴抄読本』所収、国立文楽劇場、昭和六十一年、五〇頁。

(39)谷崎潤一郎「所謂痴呆の藝術について」、『谷崎潤一郎全集第二十巻』、中央公論社、二〇一五年、四一六頁。

(40)谷崎潤一郎「大阪の藝人」、『谷崎潤一郎全集第十七巻』、中央公論社、二〇一五年、三五六頁。以下、引用は頁数を本文に記載する。

(41)谷崎潤一郎「私の見た大阪及び大阪人」、『谷崎潤一郎全集第十六巻』、中央公論社、二〇一七年、二九五-三〇一頁。

(42)石割、前掲書、三六八頁。

(43)谷崎、「饒舌録」、三三六頁。

(44)同書、三三五頁。

(45)谷崎「所謂痴呆の藝術について」、四〇七頁。以下、頁数のみを本文中に記載する。

(46)佐藤、前掲書、二五二頁。

(47)正宗白鳥「演藝時評」（昭和二年）、『正宗白鳥全集第二十四巻』、福武書店、一九八六年、三二一頁。

(48) 正宗白鳥「明治劇壇総評」（昭和六年）、前掲書、三八六-三八七頁。

(49) 佐藤、前掲書、二四八頁。

(50) 上村、前掲書、一五一-一七〇頁。

第二章

(1) 怠佛「名狂言の粋を集めたる文楽座の四月興行」、『浄瑠璃雑誌』二九〇号、昭和五年四月、一頁。

(2)「浄瑠璃事大思想」、『浄瑠璃雑誌』二〇五号、大正十年八月、三頁。三宅周太郎「築地小劇場と文楽と」（大正十五年三月）、『演劇評話』、新潮社、昭和三年、二一〇頁。

(3) 高木浩志「激動の昭和文楽」、『今日の文楽』（岩波講座　歌舞伎・文楽第10巻）所収、九二-九五頁。山口廣一「文楽軒以後の文楽」、『国立劇場芸能鑑賞講座　文楽』所収、国立劇場事業部、昭和五十年、四〇-四二頁。内山美樹子「文楽」、内山美樹子・志野葉太郎『文楽・歌舞伎』所収、岩波書店、四四-五三頁。内山美樹子「(付) 人形浄瑠璃文楽の上演形態」、『浄瑠璃史の十八世紀』、勉誠出版、平成元年、六二二頁。後藤静夫「四ツ橋文楽座の開場と三代竹本津太夫——松竹の文楽経営の視点」、後藤静夫編『近代日本における音楽・芸能の再検討』、京都市立大学日本伝統音楽研究センター、一九-三三頁。『吉永孝雄の私説昭和の文楽』には、吉永氏の回想に加えて「学生鑑賞の始まり」および「文楽の新しい観客」についての記述がある（一一八-一二二頁）。また次の論文も注目に値する。多田英俊「思想教育の芸術鑑賞に及ぼす影響について—戦前の女学校向け人形浄瑠璃公演を中心に—」、『演劇学論叢』一五号、大阪大学文学研究科演劇学研究室、二〇一六年三月、四〇-五八頁。

(4) 四ツ橋文楽座の開場後、『道頓堀』と『浄瑠璃雑誌』に女学生による人形浄瑠璃初体験の感想文が掲載された。それらの感想文は当時の女学生がどのように人形浄瑠璃の舞台に接したのかを知る手がかりになるが、一定の基準にもとづいて編集部が選別した文章であり、当時の新しい観客の観劇体験へと一般化することを許さない。「文楽座の印象」、『道頓堀』（昭和五年四月号）、五八-六一頁。「文楽を見た女学生の感想（一）」、『浄瑠璃雑誌』二九〇号（昭和五年四月）、一七-二二頁。「文楽を見た女学生の感想（二）」、『浄瑠璃雑誌』二九一号（昭和五年五月）、一四-一七頁。こうした感想文の扱いについては前掲の多田論文における議論も参照のこと。
（5）石割松太郎「古靭の「太十」―四月の文楽座―」、『演芸月刊』第一一号、昭和五年、一〇頁。「文楽はどうなる?-」、『郷土趣味　大阪人』、昭和五年五月号、一六頁。
（6）石割松太郎「新築移転以来の文楽座」、『人形芝居雑話』、春陽堂、昭和五年、三七二-三七三頁。昭和四年十二月六日の大阪朝日新聞に掲載された「新文楽座　モダンな装い」という記事でも、四ツ橋文楽座は人形浄瑠璃専門の劇場ではなく舞踊や音楽にも使用し、築地小劇場の公演も予定されているとある。
（7）近藤和都『映画館と観客のメディア論　戦前日本の「映画を読む／書く」という経験』、青弓社、二〇二〇年、三〇頁。
（8）『二月興行　文楽座人形浄瑠璃』（公演プログラム）、昭和五年二月。
（9）『文楽座四月興行　人形浄瑠璃』（公演プログラム）、昭和五年四月。改行省略。
（10）『文楽座五月興行　人形浄瑠璃』（公演プログラム）、昭和五年五月。
（11）藤木秀朗はこの時代の松竹のポスターにも認められる前衛芸術に影響を受けた商業デザインの視覚言語を「形象の美学」として分析している。藤木秀朗『映画観客とは何者か　メディアと社会主体の近現代史』、名古屋大学出版会、二〇一九年、一〇六-一一〇頁。また松竹における宣伝部の体制とポスター、広告、出版物の図案文字を論じた論文として次を参照。西村美香「一九二〇年代日本の映画ポスター：松竹合名社山田伸吉の作品について」、『デザイン理論』三七号、意匠学会、一九九八年、一五-三〇頁。
（12）このとき松竹は四ツ橋文楽座の新しい観客たちを、権田保之助が「モダン生活の主体」と呼んだ人々、すなわち階級的には有産有閑階級、プティ・ブルジョワであり、年齢的には青年の男女であり、職業的には学生や独身のサラリーマンないしオフィスレディである人々と理解していたと言えるだろう。権田保之介「民衆娯楽論」（昭和六年）、『権田保之助著作集　第二巻』、学術出版会、二〇一〇年、二四一―二四四頁参照。ちなみに開場時の四ツ橋文楽座の入場料金は一等座席三円五〇銭、一等椅子席三円、二等一円五〇銭、三等八〇銭だった。同時期の松竹座の入場料金は、新聞広告（大阪朝日新聞、昭和五年一月七日朝刊）によれば、一等席二円五〇銭、二等席一円五〇銭、三等席八〇銭、紅札席（天井桟敷）五〇銭である。四ツ橋文楽座は入場料金の面で松竹座とほぼ同水準にあったと言える。国立劇場義太夫年表昭和篇刊行委員会編『義太夫年表　昭和篇第一巻　昭和二年～昭和十一年』、和泉書院、平成二十四年、二〇四頁。

（13）『文楽座七月興行　人形浄瑠璃』（公演プログラム）、昭和五年七月。

（14）編集兼発行人は大塚良三・大阪四ツ橋文楽座、印刷者は永井太三郎、印刷所は永井英日堂。

（15）「文楽はどうなる?」、前掲書、一七頁。

（16）吉川閑少「文楽座の忠臣蔵を聞く」、『浄瑠璃雑誌』二九七号、昭和五年十一月、一―二頁。

（17）永井聡子『劇場の近代化　帝国劇場・築地小劇場・東京宝塚劇場』、思文閣出版、二〇一四年、三八頁。

（18）同書、六七頁。

（19）服部幸雄『大いなる小屋　江戸歌舞伎の祝祭空間』、平凡社ライブラリー、一九九四年、三八八―三九八頁。

（20）「文楽雑話」、大阪朝日新聞、昭和四年七月十四日。

（21）武智鉄二「文楽　その芸　その人びと」、『武智鉄二全集　定本・武智歌舞伎③文楽・舞踊』、三一書房、昭和五十四年、三四七頁。

（22）生島遼一「文楽の思い出」、『文楽の魅力』、国立文楽劇場、昭和五十七年、一三四頁。

（23）「文楽座の印象」、『道頓堀』昭和五年二月号、七四頁。

（24）同書、七四頁。

（25）「文楽はどうなる?」、前掲書、二一頁。

（26）宮本又次「思い出の御霊文楽座と四ツ橋文楽座」、『文楽の魅力』、一七頁。

（27）服部、前掲書、三九〇頁。

（28）清水裕之『劇場の構図』、鹿島出版社、昭和六十年、五六―五七頁。

（29）永井、前掲書、三八頁。

(30) 清水、前掲書、二四一頁。傍点原文。
(31) 安藤鶴夫『文楽　芸と人』、朝日新聞社、一九八〇年、九〇頁。
(32)「文楽座の師走興行」、『浄瑠璃雑誌』二九八号、昭和六年一月、四九頁。同年の以下の劇評でも電気照明が話題になっている。「文楽座三月興行の概評」、『浄瑠璃雑誌』三〇一号、二二頁。たかきや生「文楽九月興行」、『浄瑠璃雑誌』三〇五号、二九頁。
(33) 神山彰『近代演劇の水脈　歌舞伎と新劇の間』、森話社、二〇〇九年、一八三頁。服部、前掲書、三九〇頁。
(34) 安藤、前掲書、八九頁。
(35)「社説　劇場と衛生」、『浄瑠璃雑誌』一三二号、大正三年五月、二頁。
(36) 清水、前掲書、二四三頁。
(37) 例として昭和五年六月の公演プログラム冊子、五一頁を参照。傍点原文。
(38) 後藤静夫「四ツ橋文楽座の開場と三代竹本津太夫――松竹の文楽経営の視点」、二三頁。この問題はすでに同時代の演者や批評家にも認識されていた。竹本津太夫「文楽座の印象」、『道頓堀』昭和五年二月号、七五頁。石割松太郎「新築移転以来の文楽座」、『人形芝居雑話』、春陽堂、昭和五年、三八四-三八五頁。
(39) 高木浩志「激動の昭和文楽」、前掲書、九三頁。内山美樹子「文楽」、四八-四九頁。神津武男「紹介『中西仁智雄コレクション　浄瑠璃番付写真集』―付論・人形浄瑠璃文楽の現況と問題―」、『近松研究所紀要』第一八号、園田学園女子大学近松研究所、二〇〇七年、二三-二六頁。
(40)「文楽座の大革新」、『浄瑠璃雑誌』六二号、明治四十年十二月、一五-一六頁。
(41) 祐田善雄「人形浄瑠璃芝居の変遷（大正）」、『浄瑠璃史論考』所収、中央公論社、昭和五十年、六〇九頁。高木浩志も「大序は空席が目立つ状況だったようだ」と述べている。高木「激動の昭和文楽」、前掲書、九三頁参照。
(42) 小山内薫「人形浄瑠璃断想」（昭和三年）、『小山内薫演劇論全集第Ⅳ巻　伝統演劇編（上）』、未来社、一九六六年、三〇五頁。
(43) 竹本摂津大掾『義太夫の心得』、中島辰文館、明治四十四年、二四-二五頁。

(44)「新年の文楽座」、『浄瑠璃雑誌』一三九号、大正四年一月、三〇頁。
(45)中村商海子・中村柳雨子・呑田愚天氏　合評「評言　文楽・堀江両座の忠臣蔵における見物比較評」、『浄瑠璃雑誌』五六号、明治四十年五月、三七頁。
(46)同書、三七頁。
(47)石割松太郎「浄瑠璃の「形式」と浄瑠璃の「風」」、『近世演劇雑考』、岡倉書房、昭和九年、一–四七頁。
(48)「文楽はどうなる?」」、前掲書、二二頁。
(49)石割「新築移転以来の文楽座」、前掲書、三八九–三九〇頁。
(50)石割松太郎「勾欄雑考」、『近世演劇雑考』、岡倉書房、昭和九年、一八五頁。改行省略。
(51)石割はつねづね東京の観客の浄瑠璃への無理解を公言して憚らなかった。「人形芝居の研究」の冒頭には次のような一節がある。「東京の人々はほんとに浄るりを知らない、浄るりにおける東京の人々の耳は、顔の横に付いている椎茸にすぎません。」石割松太郎「人形芝居の研究」、『人形芝居雑話』所収、二二頁。
(52)小山内「人形浄瑠璃断想」、前掲書、三〇六頁。
(53)石割「勾欄雑考」、前掲書、一八六頁。
(54)石割松太郎「人形芝居当面の事」、『人形芝居雑話』、二五八頁。
(55)山口廣一「古典文楽の現代的展望」、『劇評・随想　大阪の芝居』所収、輝文館、昭和十七年、三四三頁。
(56)武智、前掲書、三四七頁。

第三章

(1)塩川徹也「古典とクラシック——ことばとことがら」、『古典について冷静に考えてみました』所収、岩波書店、二〇一六年、二四頁。
(2)「古典芸術の殿堂　立派な文楽座」、大阪朝日新聞、昭和四年一月二十四日。
(3)『俊成記念初春興行　文楽座人形浄瑠璃』(公演プログラム)、昭和五年一月。
(4)「モダン建築の大阪文楽座　二十六日に開場式」、京都日出新聞、昭和四年十二月二十六日。
(5)「新時代の色美しき殿堂に　古典の文楽・三番

叟　文楽座けふ晴れの幕開け」、大阪毎日新聞夕刊、昭和四年十二月二十七日。「文楽座けふ華々しく開場式」、大阪朝日新聞夕刊、昭和四年十二月二十七日。
(6)「文楽座の印象」、『道頓堀』昭和五年二月号、道頓堀編集部、七一-七五頁。
(7)同書。
(8)「文楽座の印象」、『道頓堀』昭和五年四月号、道頓堀編集部、六〇頁。
(9)「文楽を見た女学生の感想（二）」、『浄瑠璃雑誌』二九一号、昭和五年五月、一五頁。
(10)加藤亨「文楽座新築に際して」、『道頓堀』昭和五年一月号、道頓堀編集部、五七頁。
(11)「国立国会図書館デジタルコレクション」(https://dl.ndl.go.jp)、収録点数は二〇二四年一月二一日時点。
(12)ここでは全文検索によってヒットしたページを一件とカウントしている。また出版年不明の書籍・雑誌、広告、再版書籍は除外している。用例数は二〇二三年八月四日時点のもの。
(13)三宅周太郎「阪神の三座」(大正七年一月)、『演劇往来』、新潮社、大正十一年、二四六頁。
(14)大正十一年の『岩波哲学辞典』の「古典主義」の項では、「古典的」の意味として「価値において歴史的の古典芸術に匹敵する最も傑出した芸術」を指す場合を挙げている。宮本和吉他編『岩波哲学辞典』、岩波書店、三二七頁。また昭和五年の『岩波哲学小辞典』でも同じく「古典主義」の項で「古典的」の意味として、「歴史的の古典芸術に、その「完成」、その「純美」において匹敵し、類比するものを指す」場合が挙げられている。伊藤吉之助編『岩波哲学小辞典』、岩波書店、四一六頁。
(15)「二月号の編集に臨みて」、『能楽』第一一巻二月号、大正二年。雑誌『能楽』における能楽の近代化をめぐる議論については、次の論考を参照。中尾薫「能楽の近代化と池内信嘉――能楽の改良しるゝや否や」、『演劇学論叢』一二号、大阪大学文学研究科演劇学研究室、二〇一二年七月、七-二三頁。また近代における能楽と能楽研究の歩みについては、以下も参照のこと。横山太郎「能楽研究は近代能楽に何をもたらしたか」、『能と狂言』第一〇号、能楽学会、二〇〇九年、八一-九二頁。宮本圭造編『近

代日本と能楽』、法政大学能楽研究所、二〇一七年。

(16)山本修二「人形よ、残れ」、『劇壇縦横』創刊号、大正十四年十月、三頁。改行省略。

(17)小林一二(小林一三)「人形浄瑠璃に就いて」、『劇壇縦横』創刊号、四頁。改行省略。

(18)「一　あなたは文楽座から何を得られましたか?　二　如何にして今後の文楽座を保存すべきでしょうか?」、『劇壇縦横』創刊号、二一-三九頁。

(19)石割松太郎「人形浄るりの新作に可能性なし」、『人形芝居雑話』、春陽堂、昭和五年、二四九頁。

(20)「更生したる佐野屋橋の文楽座」、『浄瑠璃雑誌』二八七号、昭和五年一月、三四頁。

(21)『世界の人類にとって取返しのつかぬ損失』、朝日新聞、大正十五年十一月三十日。

(22)大谷竹次郎「文楽座焼失について」、『歌舞伎』第三年一号、昭和二年一月、三頁。

(23)大谷竹次郎「東京の地より」、『劇壇縦横』創刊号、四九頁。

(24)「各国大使等文楽座へ」、東京朝日新聞、昭和三年十一月十三日。『浄瑠璃雑誌』二九七号(昭和五年十一月)では、文楽座を訪問したカナダ実業視察団団長の「あゝした古典芸術を持っていることは全く大阪の世界的誇りです」という談話が報告されている。「文楽座十一月」、『浄瑠璃雑誌』二九七号、昭和五年十一月、二九頁。

(25)「議員等の真剣味と斯道家の自覚や如何」、『浄瑠璃雑誌』三三〇号、昭和八年二月、二七頁。「文楽協会」、『浄瑠璃雑誌』三三四号、昭和八年七月、一五頁。

(26)木谷蓬吟「新文楽座へ　いろいろ注文帖」、大阪朝日新聞、昭和四年七月十四日。

(27)同紙。

(28)同紙。

(29)同紙。

(30)同紙。

(31)「文楽はどうする?」、『郷土趣味　大阪人』五月号、昭和五年五月、一八頁。

(32)同書、一九頁。傍点原文。

(33)「六字会夏季研芸会」、『浄瑠璃雑誌』一〇七号、明治四十五年七月、四九頁。

(34)『郷土趣味　大阪人』の座談会での木谷の発言に対しては、東京を拠点にする雑誌『民俗芸術』の書き手からも反論が寄せられた。小寺融吉「文楽座の将来―『大阪人』五月号を読む―」、小田内通久「文楽保存問題に就いて」、『民俗芸術』第三巻第六号、昭和五年六月、七三〇-七三四頁。

(35) 石割松太郎「人形浄るりの新作に可能性なし」(昭和四年七月)、『人形芝居雑話』、春陽堂、昭和五年、二四五頁。以下この文章からの引用は頁数を本文中に記載する。

(36) 同書、二四九-二五〇頁。引用にあたって改行を省いている。

(37) 石割松太郎「義太夫協会創設趣旨」(昭和三年)、『人形芝居雑話』、二八四頁。

(38) 石割松太郎「浄るりの「曲風」の発生と、今日批判の標準」(昭和八年)、『近世演劇雑考』、昭和九年、二三〇頁。

(39) 同書。

(40) 石割松太郎「義太夫協会創設趣旨」、二八一頁。

(41) 同書。なお、ここで石割が述べている世界各地の人形劇の「原始性」は、ある時期まで人形浄瑠璃の独自性を称揚する言説のなかで頻繁に表明された偏見である。

(42) 同書、二八六-二八七頁。

(43) 石割松太郎「浄るりの「曲風」の発生と、今日批判の標準」、二三二頁。

(44) 小山龍之輔編『日本浄瑠璃史』、大正三年、アカギ叢書、一二-一三頁。

(45) 木谷蓬吟『文楽今昔譚』、『道頓堀』編集部、昭和五年、四九頁。以下、本書からの引用は頁数を本文中に記載する。

(46) 河竹繁俊『日本戯曲史』、南雲堂桜楓社、一九六四年、五五四頁。

(47) 『郷土趣味　大阪人』の座談会で木谷は、「要するに天才が現れてほしい」と発言している。「文楽はどうする?」、『郷土趣味　大阪人』五月号、昭和五年五月、二〇頁。

(48) 後藤静夫「人形浄瑠璃(文楽)の発展」、服部幸雄監修『日本の伝統芸能講座　舞踊・演劇』所収、淡交社、二〇〇九年、三一二頁。

(49) 小島錦糸軒「近江聖人　雪の曙」、『浄瑠璃雑誌』七号、明治三十三年三月、二九-三四頁。

(50) 出雲不二樓「乃木軍神大和魂」、『浄瑠璃雑誌』一一八号、大正二年五月、八-一五頁。

(51)「古き語り物を伝え置くべし」、『浄瑠璃雑誌』九号、明治三十三年五月、一頁。
(52)森田碧海子「特別寄書　浄瑠璃漫言」、『浄瑠璃雑誌』四〇号、明治三十八年五月、二頁。
(53)宇野山利「禿筆集」、『浄瑠璃雑誌』一三三号、大正三年七月、一四頁。
(54)白根庵呂光「浄瑠璃振興作（其二）」、『浄瑠璃雑誌』一六一号、大正五年十一月、二頁。
(55)「賞を懸て新作浄瑠璃を募集す」、『浄瑠璃雑誌』二一四号、大正十一年八月、二頁。ちなみに同年には朝日新聞でも近松二百年祭企画として新作浄瑠璃の懸賞募集が行われている。「近松二百年祭記念　懸賞募集の三篇」、朝日新聞、大正十一年二月十九日。
(56)「新作浄瑠璃当選発表」、『浄瑠璃雑誌』二三〇号、大正十三年四月、七-一〇頁。
(57)「浄瑠璃界廓清の烽火」、『浄瑠璃雑誌』二四二号、大正十四年八月、一頁。
(58)怠佛「斯くて文楽座は遂に滅亡する」、『浄瑠璃雑誌』二五七号、昭和二年二月、一四頁。
(59)「文楽青年太夫連」、『浄瑠璃雑誌』二四八号、大正十五年四月、一七頁。
(60)「日本お伽話桃の続」、『浄瑠璃雑誌』二六六号、昭和三年二月、七-一〇頁。
(61)「松山延年氏の主催　敬老会人形浄瑠璃」、『浄瑠璃雑誌』二六五号、昭和三年一月、三二頁。
(62)怠佛「浄瑠璃の新興策を論ず」、『浄瑠璃雑誌』二六二号、昭和二年七月、二頁。怠佛は吾笑のペンネームのひとつ。
(63)たとえば昭和五年の記事では、「古典芸術」の尊重と新作の取り組みは両立すると述べられている。森光介「文楽座の若手諸君に呈す」、『浄瑠璃雑誌』二九二号、昭和五年六月、八-九頁。
(64)万よし亭散人「蓄音機と肉声浄瑠璃の演出は創作なり」、『浄瑠璃雑誌』二三一号、大正十三年五月、八頁。
(65)樋口吾笑「現代浄瑠璃界に異議あり」、『浄瑠璃雑誌』三二五号、昭和七年九月、二頁。
(66)樋口吾笑「浄瑠璃時事問題」、『浄瑠璃雑誌』三二六号、昭和七年十月、二頁。
(67)「其幻影血桜日記」、文楽座プログラム、昭和七年九月。なお四ツ橋文楽座の戦時浄瑠璃の床本については多田英俊氏が主宰するウェブサイト「音曲の司」の資料（http://www.ongyoku.com/E2/j123/jouhou123.htm）を利用させていただいた。

(68) 樋口吾笑「浄瑠璃時事問題」、二頁。

(69) 同書、五頁。

(70)「三勇士とマルキスト」（原作・節付　周防泰麟）、『浄瑠璃雑誌』三一二号、昭和七年六月、一八-一二頁。周防泰麟は源福太夫の筆名。

(71) 金太郎「浄瑠璃復興策」、『浄瑠璃雑誌』二八七号、昭和五年一月、一八-一九頁。

(72) 楽阿弥「浄曲漫稿」、『浄瑠璃雑誌』三二一号、昭和八年四月、二四頁。

(73)「浄瑠璃打開策」『浄瑠璃雑誌』三五九号、昭和十二年四月、一頁。また昭和十六年の「温故知新に逆ける芸道人　古典芸術の名を返上せよ」と題された記事も参照のこと。車戸轟生「温故知新に逆ける芸道人　古典芸術の名を返上せよ」、『浄瑠璃雑誌』四〇〇号、昭和十六年六月、一三-一五頁。

(74) 青木繁・山田和人構成『吉永孝雄の私説昭和の文楽』、和泉書院、一九九五年、一八三-一八五頁。

(75) 小山内薫「新作時代を待つ」（昭和三年）、『小山内薫演劇論全集第Ⅳ巻　伝統演劇篇（上）』、未来社、一九六六年、三一八-三一九頁。

(76) 小山内薫、同書、三一九頁。

(77) 西尾福三郎「新作是非」、『浄瑠璃雑誌』四〇〇号、昭和十六年六月、五一頁。

(78) 国立文楽劇場義太夫年表昭和篇刊行委員会編『義太夫年表　昭和篇第二巻　昭和十二年～昭和二十年』、和泉書院、平成二年、二三三頁。

(79)『海国日本魂』、文楽座プログラム、昭和十六年五月、九-一五頁。http://www.ongyoku.com/E2/j123/j123_1605.pdf.二〇一三年八月十三日閲覧。

(80) 同様の構成は『戦時訓』（昭和十六年三月）、『国威は振う』（昭和十七年一月）にも見られる。

(81)「海国日本魂」、一一頁。

(82) 時局物の新作を論じた例外的な劇評として次を参照。神矢純一「新作「出陣」の価値」―十月文楽評―」、『文楽芸術』第一三号、昭和十七年十一月、一〇-一六頁。

(83) 大阪市編『昭和大阪市史第7巻（文化篇）』、大阪市、一九五三年、二八一頁。

(84)「浄瑠璃界廓清の烽火」、『浄瑠璃雑誌』二四二号、大正十四年八月、一頁。
（85）「浄瑠璃打開策」『浄瑠璃雑誌』三五九号、昭和十二年四月、一頁。
（86）石割松太郎「新築移転以来の文楽座」、『人形芝居雑話』、三九三頁。

第四章

（1）武智鉄二「古靱の堀川」、『劇評』第八号、昭和十四年十一月、二七頁。『定本・武智歌舞伎③文楽舞踊』（三一書房、昭和五十四年）に収録されたバージョンでは、『浄瑠璃雑誌』に言及した冒頭部分が削除されている。
（2）武智鉄二「文楽　その芸　その人びと」、『定本・武智歌舞伎③文楽舞踊』、三五八頁。
（3）武智は「結局大西重孝が編集長の役目をひきうけ、鴻池幸武、沼艸雨、北岸佑吉、吉永孝雄、辻部政太郎、それに私などが同人となり、紙面の刷新を図ることになった」（三五三頁）と述べているが、武智が挙げているメンバーで同人発足時に参加していたのは、鴻池と武智のみである。大西の参加は三八八号（昭和十五年）から、辻部、吉永は四〇九号（昭和十七年）からである。北岸と沼の二人は最後まで同人になっていない。また同人発足時には辻部の父の円三郎が参加していた。
（4）多田英俊「鴻池幸武による「文楽評」の成立――背景と特徴分析」、多田英俊編著『鴻池幸武文楽批評集成』、大阪大学出版会、二〇一九年、八–九頁参照。
（5）清水徹「サント＝ブーヴ――《批評》の誕生と確立」、福井芳男・阿部良雄他編『フランス文学講座6　批評』、大修館書店、昭和五十五年、一〇七頁。以下、本書からの引用は頁数を本文中に記載する。
（6）大澤聡『批評メディア論　戦前期日本の論壇と文壇』、岩波書店、二〇一五年、三九頁。以下、本書からの引用は頁数を本文中に記載する。
（7）大澤聡「大宅壮一と小林秀雄――批評の「起源」における複数的可能性」、仲正昌樹編『歴史における「理論」と「現実」』、お茶の水書房、二〇〇八年、二九五–三二七頁。
（8）大宅については前掲書二九八–三〇五頁、小林については三〇五–三一二頁参照。

（9）六二連の活動と『役者評判記』の展開については、次の研究も参照のこと。矢内賢二『明治の歌舞伎と出版メディア』、ぺりかん社、二〇一一年、一二二-三九頁。

（10）上村以和於『時代のなかの歌舞伎——近代歌舞伎批評家論』、慶應義塾大学出版会、二〇〇三年、五頁。以下、本書からの引用は頁数を本文中に記載する。

（11）たとえば『歌舞伎資料選書・9　六二連　俳優評判記　上』（日本芸術文化振興会、平成十四年）に収録された「初編」の評言を参照のこと。また江戸期の役者評判記における評者と読者の関係については次を参照。水田かや乃「役者評判記の世界——観客が欲するもの」、阪口弘之編『近世演劇を学ぶ人のために』、世界思想社、一九九七年、二三八-二五一頁。

（12）矢内、前掲書、五二頁。

（13）大澤『批評メディア論』、一七-二三頁。

（14）森下辰之助「本誌の使命と天職」、『浄瑠璃雑誌』三九〇号、昭和十五年六月、一〇頁。

（15）木谷蓬吟『文楽今昔譚』、『道頓堀』編集部、昭和五年、四頁。

（16）「文楽座一寸覗き」、『浄瑠璃雑誌』三一号、明治三十六年十月、四〇頁。

（17）「文楽座六月興行」、『浄瑠璃雑誌』一四四号、大正四年六月、二四頁。

（18）中村商海子・同柳雨子「堀江座の人形浄瑠璃素人評」、『浄瑠璃雑誌』七三号、明治四十二年三月、四一頁。傍点は省略した。

（19）浄瑠璃雑誌同人「吾人の告白」、『浄瑠璃雑誌』三八三号、昭和十四年十月、二頁。

（20）「同人改組に就きて」、『浄瑠璃雑誌』四〇一号、昭和十六年八月、目次。

（21）鴻池は大正末年に御霊文楽座を初めて訪れたと書いているが、義太夫節を好んだ父親は文楽座には行かなかったとも述べており、本格的に人形浄瑠璃の舞台に通い始めたのは弁天座以降だと思われる（鴻池幸武「吉田扇太郎丈の長逝を悼みて」、多田英俊編著『鴻池幸武文楽批評集成』、五九頁。「森下辰之助さんの思い出」、同書二四二頁。「古靫の「寺子屋」」、同書九四頁）。武智は大正二年の摂津大掾の引退興行を母の膝の上で聴いたと書いているが、このとき武智は生後間もない赤子であり、流石に観劇体験に数え入れることはできない。武智が子どものころに親に連れていかれたのは歌舞伎芝居であり、人形浄瑠璃を熱心に鑑賞しはじめたのは、弁天座かららだった（武智鉄二「文楽　その芸　その人びと」、『定本・武智歌舞伎③文楽舞踊』、三四五頁。武智鉄二『私の芸術・人生・女性』、ノーベル書房、昭和四十三年、四五頁。権藤芳一「武智鉄二と伝統芸能」、岡本章・四方田犬彦編『武智鉄二　伝統と前衛』所収、作品社、二〇一二年、二三四頁）。中野は年齢的に御霊文楽座を知っていてもおかしくないが、兵庫県在住だったこともあり、書いたものを読む限り、人形浄瑠璃の観劇は弁天座以降のようである（中野孝一「豊竹古靱太夫の「堀川」その他」、『浄瑠璃雑誌』三八三号、昭和十四年十月、三〇頁）。吉永が四ツ橋文楽座で人形浄瑠璃を見始めたことはすでに本文中で言及した。祐田は生家が御霊文楽座に近かったので、子どものころに訪れていた可能性はあるが、詳しいことはわからない。大西は滋賀県の生まれだが、京都の祖父母に連れられて小学生のころから文楽に親しんでいたという。高校は大阪だったので、おそらく御霊文楽座も知っていたと思われる（大西重孝『文楽人形の芸術』、演劇出版社、昭和四十三年、三七三頁）。

(22) 森英彰『武智鉄二という藝術』、水曜社、九六頁。「森下辰之助さんの思い出」、『鴻池幸武　文楽批評集成』二四二頁。

(23) たとえば鴻池は『浄瑠璃雑誌』三八三号の合評で、古靱太夫の「堀川」における婆の語りを三代目大隅太夫のレコードを引き合いに出して論じている。「文楽座十月興行合評記」、『鴻池幸武　文楽批評集成』一一三頁。中野孝一も古靱太夫の寺子屋に言及した批評で、劇場で観賞する前にレコードで聴いていたことを明らかにしている。中野孝一「文楽座（一月公演）を聴いて」、『浄曲新報』第三五号、昭和十二年二月一日、四頁。

(24) 森下辰之助「本誌の使命と天職」、『浄瑠璃雑誌』三九〇号、昭和十五年六月、八-九頁。

(25) 鴻池幸武「四ツ橋文楽座　豊竹古靱太夫の寺子屋」、『浄瑠璃雑誌』三八二号、昭和十四年九月、二〇-二二頁。以下、本記事から引用は頁数を本文中に記す。

(26)たとえば、次の文章における角太夫への批判を参照。鴻池幸武「放送曲の義太夫名曲選について」、『浄瑠璃雑誌』三九八号、昭和十六年四月、五一頁。
(27)山口廣一「寺子屋の語り口」、『郷土研究 上方』一二一号、昭和十六年一月、六九頁。
(28)鴻池幸武「文楽評の評」、『浄瑠璃雑誌』四〇二号、昭和一六年九月、八頁。
(29)武智鉄二「文楽の寺子屋」、『劇評』第三号、昭和十四年六月、四一頁。
(30)三宅周太郎「演劇的に見た文楽の「寺子屋」」、『演劇評話』、新潮社、昭和三年、一五一―一六一頁。
(31)武智鉄二「古靱の堀川」、『劇評』第八号、昭和十四年十一月、二七―四三頁。
(32)鴻池幸武「織大夫・団六の「川連館」その他」、『浄瑠璃雑誌』三九三号、昭和十五年九月、四四頁。
(33)同書、四四頁。
(34)鴻池幸武「古靱大夫の「熊谷陣屋」」、『浄瑠璃雑誌』四〇七号、昭和十七年二月、二六―二八頁。
(35)井野辺潔『浄瑠璃史考説』、風間書房、平成三年、二二九頁。
(36)鴻池幸武「古靱大夫の「熊谷陣屋」」、二三頁。
(37)多田英俊「鴻池幸武による「文楽評」の成立」、『鴻池幸武文楽批評集成』、二七頁。
(38)鴻池幸武「三味線の藝系について」、『郷土芸能 上方』一二一号、昭和十六年一月、五七頁。
(39)鴻池幸武「織大夫・団六の「川連館」その他」、四六頁。
(40)近江精華「樋口吾笑氏に」、『太棹』一一一号、昭和十五年一月、七頁。
(41)煙亭生「執拗な天狗雑誌―蒸し返す二問題―」、『太棹』一一七号、昭和十五年八月、二五頁。
(42)近江精華「樋口吾笑氏に」七頁。
(43)同書、七頁。
(44)同書、七頁。
(45)平井真次朗「緑煙亭雑記」、『浄瑠璃雑誌』三八八号、昭和十五年四月、三五頁。
(46)武智鉄二「近江精華様に」、『浄瑠璃雑誌』三八七号、昭和十五年三月、六頁。以下、この記事からの引用は本文中に頁数を記載する。
(47)武智鉄二「「織大夫の忠九」批判」、『浄瑠璃雑誌』三八六号、昭和十五年二月、一〇頁。以下、こ

の記事からの引用は本文中に頁数を記載する。
(48) 武智鉄二「豊竹駒大夫の封印切」、『浄瑠璃雑誌』三九三号、昭和十五年九月、二二頁。
(49) 松井今朝子「近代の逆襲」、『歌舞伎　研究と批評』三号、歌舞伎学会、一九八九年、二九‐三〇頁。
(50) 武智鉄二「津大夫論など―六月の文楽座―」、『浄瑠璃雑誌』三九二号、昭和十五年八月、二一頁。以下、この記事からの引用は本文中に頁数を記載する。
(51) 武智鉄二「豊竹駒大夫の封印切」、『浄瑠璃雑誌』三九三号、昭和十五年九月、二四‐二六頁。武智の批評で「風」への言及が最初に現れるのは、『観劇』第一〇号に掲載された「古靭の須磨浦」だろう。ただし、そこでの言及はごく簡単なものにとどまっている。武智鉄二「古靭の須磨浦」、『観劇』第一〇号、昭和十五年一月、五八頁。
(52) 武智鉄二「「古靭の」鰻谷―文楽座十月興行批評―」、『浄瑠璃雑誌』四〇四号、昭和十六年十一月、二八頁。以下、この記事からの引用は本文中に頁数のみを記載する。
(53) 大西利夫「古靭と南部」、『文楽芸術』第二号、昭和十六年十月、一三‐一五頁。
(54) 武智鉄二「大西利夫氏の『古靭と南部』批判」、『浄瑠璃雑誌』四〇五号、昭和十六年十二月、一四頁。以下、この記事からの引用は本文中に頁数を記載する。
(55) 児玉竜一「武智歌舞伎と文楽」、岡本章・四方田犬彦編『武智鉄二　伝統と前衛』、一三〇‐一三一頁。
(56) 石割松太郎「浄るりの「曲風」の発生と、今日批判の標準、(昭和八年)、『近世演劇雑考』、岡倉書房、二三〇頁。
(57) 同書、二三二頁。
(58) たとえば次の批評を参照。石割松太郎「古靭太夫「堀川」の解釈―五月の文楽座と狂言の立て方―」、『演芸月刊』第二二号、昭和六年四月、一‐九頁。
(59) 中野孝一「播州高室芝居の役者たち」、『演劇界』第二五巻第一〇号、演劇出版社、昭和四十二年十月、八八頁。
(60) 同書、八八頁。中野は昭和五年一月の『民俗芸術』に「播磨甘地の獅子舞」という論考を寄稿している。中野孝一「播磨甘地の獅子舞」、『民俗芸術』第三巻第一号、昭和五年一月、一〇-一七頁。

(61)「発刊の辞」、『浄曲新報』第一号、昭和十年九月、一頁。

(62)中野孝一「ラヂオ浄曲漫評」、『浄曲新報』第三三号、昭和十二年一月、八頁。

(63)中野生「お叱りに答ふ」、『浄曲新報』第三七号、昭和十二年三月、四頁。

(64)中野孝一「文楽座（一月公演）を聴いて」、『浄曲新報』第三五号、昭和十二年二月、四頁。

(65)中野孝一「如是我聞　四月、五月文楽座雑感」、『浄瑠璃雑誌』三九〇号、昭和十五年六月、一八頁。

(66)中野孝一「武智氏に呈上す」、『浄瑠璃雑誌』三九五号、昭和十五年十一月、三一頁。

(67)中野孝一「如是我聞」、『浄瑠璃雑誌』三九一号、昭和十五年七月、一一頁。

(68)同書、一一頁。

(69)武智鉄二「豊澤仙糸礼賛」、『浄瑠璃雑誌』三九四号、昭和十五年十月、四三頁。

(70)中野孝一「武智氏に呈上す」、三一頁。以下、この記事からの引用は本文中に頁数を記載する。

(71)武智鉄二「古靭の須磨浦」、五九頁。

(72)大澤聡「大宅壮一と小林秀雄——批評の「起源」における複数的可能性」、三一一頁。

(73)祐田善雄「操り芝居の櫓について」、『浄瑠璃雑誌』四〇七号、昭和十七年二月、二頁。

(74)同書、二-三頁。

(75)たとえば次の論考を参照のこと。祐田善雄「浄曲矜持の論及」、『日本文化』第一六号、昭和一四年四月、七三頁。祐田善雄「海音の時代」（『郷土芸能　上方』一二九号、昭和一六年九月）、『浄瑠璃史論考』、中央公論社、昭和五十年、一五五頁。

(76)祐田善雄「漫評瑣談」、『浄瑠璃雑誌』四一〇号、昭和十七年六月、二九頁。以下、この記事からの引用は本文中に頁数を記載する。

(77)石割松太郎、「豊澤団平の研究」（昭和七年一月）、『近世演劇雑考』、二二一頁、二二八頁。

(78)武智鉄二「豊澤仙糸礼賛」、『浄瑠璃雑誌』三九四号、四一頁。

(79)祐田善雄「漫評瑣談」、三三頁。

(80)青木繁・山田和人構成『吉永孝雄の私説昭和

の文楽』、和泉書院、一九九五年、四五頁。
(81)「編集を終えて」、『浄瑠璃雑誌』四二二号、昭和十八年十月、七一頁。
(82)たとえば次の劇評を参照。大西重孝「文楽の炬火衰えず」、『幕間』四〇号、昭和二十四年三月、四二―四三頁。「三月の文楽」、『幕間』六八号、昭和二十六年四月、七四―七五頁。
(83)大西重孝「「寺子屋」の松王丸（承前）」、『浄瑠璃雑誌』四一九号、昭和十八年五月、六二頁。
(84)矢内賢二『明治の歌舞伎と出版メディア』、一二四頁。
(85)同書、九三―一〇四頁。
(86)上村以和於『時代のなかの歌舞伎――近代歌舞伎批評家論』、五九―六〇頁。
(87)大西は文五郎の人形の型の記録も残しているが、それは戦後に書かれている。大西重孝「文五郎の型」、『文楽人形の芸術』、昭和四十三年、演劇出版社、三二六―三四一頁。
(88)青木繁・山田和人構成『吉永孝雄の私説　昭和の文楽』、一三八―一四六頁。
(89)矢内、前掲書、一三一―一三二頁。
(90)神山彰『近代演劇の脈拍――その受容と心性』、森話社、二〇二一年、一〇五―一〇七頁。
(91)吉永孝雄「『道行初音の旅路』見聞記」、『浄瑠璃雑誌』四一二号、昭和十七年九月、三一頁。
(92)本章では触れることができなかったが、『浄瑠璃雑誌』の同人にも森下辰之助や辻部円三郎といった御霊文楽座時代の名人の芸を知る人々がおり、鴻池や武智と言葉を交わしていた。次の記事を参照。「同人森下君の長逝を悼む」、『浄瑠璃雑誌』三九二号、昭和十五年八月、二一―一〇頁。武智鉄二「辻部さんの思い出」、『浄瑠璃雑誌』四〇四号、昭和十六年十一月、六六―六七頁。

終章

(1)内山の仕事については以下の文章も参照のこと。渡辺保「追悼・内山美樹子　文楽の本質を見つめて」、『月刊ダンスマガジン』第三二巻第一一号、二〇二二年十一月、新書館、七七頁。児玉竜一「弔辞（内山先生を悼む）」、『演劇映像』六四号、二〇二三年三月、早稲田大学演劇映像学会、六七―六九頁。

（2）内山美樹子「文楽・三和会と中西先生」、『早稲田大学史紀要』第一六巻、昭和五十八年、一八七頁。
（3）内山美樹子『文楽　二十世紀後期の輝き　劇評と文楽考』、早稲田大学出版部、二〇一〇年、三七頁。以下、本書からの引用は頁数を本文中に記載する。
（4）内山、同書、一一四頁。内山美樹子「（付）人形浄瑠璃文楽の上演形態」、『浄瑠璃史の十八世紀』、勉誠出版、平成元年、六二二頁。
（5）内山美樹子「文楽」、内山美樹子・志野葉太郎『文楽・歌舞伎』、岩波書店、二六頁。
（6）同書、一二－一四頁。内山『浄瑠璃史の十八世紀』、三九三頁。
（7）内山「文楽」、二五頁。また内山『浄瑠璃史の十八世紀』所収の論文「享保の改革と人形浄瑠璃」（一五七－一七七頁）も参照のこと。
（8）内山「文楽」、二七－三〇頁。
（9）神津武男『浄瑠璃本史研究』、三一一－三九二頁。特に「付表1　寛政以後、初演作品年表」（三五〇－三七一頁）を参照のこと。
（10）内山美樹子「人形浄瑠璃文楽の戯曲上演――一九六六年以後半世紀を軸に」、毛利三彌・天野文雄編『東アジア古典演劇の伝統と近代』、勉誠出版、二〇一九年、一三五頁。『文楽　二十世紀後期の輝き　劇評と文楽考』、三七五頁。
（11）内山『文楽　二十世紀後期の輝き　劇評と文楽考』、二二四頁。内山美樹子「古典演劇文楽の大志を」、『上方芸能』一八四号、二〇一二年、三二頁。
（12）内山『浄瑠璃史の十八世紀』、四一五頁。
（13）内山『文楽　二十世紀後期の輝き　劇評と文楽考』、二二四頁。内山は一九八七年の文楽を回顧した記事のなかで、切場語りの住太夫が大阪で一段丸ごと語った「盛綱陣屋」が、十九大夫（前）・伊達路大夫（後）による東京公演よりも劣っていたのは、演者から優れた演技を引き出さずにはおかない「迫力なり圧力なり」が大阪の客席には欠けていたからだと述べている（同書、三四〇頁）。一方、住太夫は、一九九四年の座談会で大阪と東京の観客の違いを問われ、「大阪の方が辛いですね」と答えている。「座談会　大切なファンづくり」、『上方芸能』一一八号、平成六年七月、一〇頁。

（14）たとえば次の発言を参照。「「春琴抄」が東京で上演されることはあるまい。東京の観客の多くは、文楽が古典であるからこそ、多少の解りにくさ、重苦しさも覚悟の上で、足を運ぶのだ。明治の母物の人形劇など一顧の値打ちもない。」（『文楽　二十世紀後期の輝き　劇評と文楽考』、三二八頁）

（15）塩谷壽雄「文楽狭隘性の解放」、『文楽芸術』第一三号、昭和十七年十一月、三頁。

（16）たとえば『上方芸能』一八四号の特集「文楽を守れ！――一三三氏からの熱いメッセージ」を参照。『上方芸能』一八四号、二〇一二年六月、一一-八〇頁。

（17）住太夫の発言は二〇一二年六月一日（東京夕刊）の毎日新聞の記事「特集ワイド：橋下市長の補助金削減　文楽軽視、我慢ならん」を参照。市長の発言は大阪市がホームページで公開した二〇一二年六月七日付のメールを参照。https://web.archive.org/web/20120703030816/https://www.city.osaka.lg.jp/yutoritomidori/page/0000174249.html、最終閲覧二〇二三年十一月十二日。

（18）戦後文楽の歩みにとって三和会の活動が持った意義を内山は強調している。「組合運動から派生した、組合派三和会劇団の最大の意義は、まさにこの大会社の恩恵にすがって、細々と命脈を保つ赤字文楽という後ろ向きの発想を断ち切ったところにあります。（中略）松竹の言う通り芸道に専念し、霞を食って芸阿呆の美談を残しつつ死ぬことを、組合派・三和会の人達は肯じなかった。けれども、決して生活を優先させて芸を軽んじたわけではありません。裸一貫から出発し、座員が一丸となり、芸を売って生きる決意をしたのです。」また「もし、戦後の文楽が、この三和会の実験を持たず、三和会だけでなく、二つの文楽が体験した様々の痛みを通らずして、昭和二十二年前半頃の時点で、文楽協会ができていたとしたら、二十三年以降におきた数々の不幸、末期的症状とまでいわれた三十年代中期の混乱や窮迫は避けられたでしょうが、それで文楽が今日のような演劇としての生命力を持ちつづけることができたかは、疑問であると思うのです。」内山美樹子「文楽」、一〇九頁、一一〇頁。

（19）原宿文楽については次の記事を参照。「インタビュー　原宿文楽『曽根崎心中』の成功　吉田簑

助・豊竹呂大夫」、『文楽』第六号、昭和六十三年二月、一〇―一五頁。

(20)「インタビュー／前衛舞踏との共演 M for PUPPET――命にかへて 吉田簑太郎」、『文楽』第八号、平成二年二月、五二―五五頁。「桐竹紋寿・吉田文吾リサイタル」、『文楽』第五号、昭和六十二年二月、一〇―一三頁。

(21) 内山は昭和四十六年の批評で次のように述べている。「「浅茅ヶ宿」などという無意味な新作に費やす力を「太十」に注いだら、どれほど舞台に厚味が加わったかと惜しまれてならない。」内山美樹子『文楽 二十世紀後期の輝き 劇評と文楽考』、五四頁。

(22) 野村万作「狂言と伝統」、伝統芸術の会・南博編『伝統と現代① 伝統とはなにか』、学芸書林、昭和四十三年、一一一頁。また同書に収録された以下の論考も参照のこと。廣末保「伝統論・その明日を拓くために」、二一六―二三八頁。

(23) 寺田寅彦「生ける人形」（昭和七年六月）、小宮豊隆編『寺田寅彦随筆集第三巻』、岩波文庫、一九二―二〇〇頁。

あとがき

異分野の研究者が専門外の研究分野に参入する場合には、二つの条件を満たす必要があると考えられる。ひとつは、当該分野を専門とする研究者たちによってまだ十分に研究されていない主題を扱うこと。もうひとつは、そこでなされる問いかけとその成果が、当該分野を専門とする研究者たちにとっても有意義なものとみなされ得ることである。本書の主題は、こうした二つの観点から選択されている。著者としては、本書が人形浄瑠璃に関心を持つ一般読者はもちろん、専門の研究者の批判的な眼差しにも迎えられ、何らかの仕方で、人形浄瑠璃研究における観客史的アプローチの広がりに寄与することになるならば、望外の喜びである。

人形浄瑠璃の研究に関心を抱き始めた当初、著者は本書とは異なる主題を考えていた。それは一種の文楽＝映画論とも言える構想で、人形浄瑠璃を映画研究の提供する視点から考察すると同時に、映画を人形浄瑠璃研究の知見によって捉え返すことで、それぞれの表現の特質に従来とは異なる角度から光を当てることを想定していた。しかし、この主題について最初の論文を執筆しようとする過程で、それが冒頭に掲げた二つの条件のうち、後者を満たしていないことに気づかされた。たとえ興味深い論考になったとしても、それが専門の研究者には相手にされないイロモノ研究に終ることは明白だった。最初になされるべきは、人形浄瑠璃を対象とする学術的研究のアプローチを多様化するさいに前提となる、歴史研究だったのである。本書の背景にはこのような問題意識が存在する。文楽＝映画論は今後の課題である。

本書の第一章、第二章は過去に論文として発表した研究成果をベースにしている。また第二章、第三章は大阪公立大学（旧大阪市立大学）の「上方文化講座」で行った講義の内容をその一部に含んでいる。

本書の執筆は多くの方々の助力なしには不可能だった。ここで本書の完成に寄与してくださった方々に謝意を表しておきたい。本書の議論の基礎をなすのは『浄瑠璃雑誌』の悉皆調査であるが、これが可能になったのは久堀裕朗氏（人形浄瑠璃史）のおかげである。久堀氏には資料の閲覧を認めていただいただけでなく、執筆の過程で度々相談に乗っていただき、質問に答えていただいた。小田中章浩氏（フランス演劇研究）は、西洋演劇研究の動向についてご教示くださっただけでなく、日本の伝統演劇を専門とする第一線の研究者の方々に私の論文を紹介する労をとってくださり、そのコメントを伝えていただいた。坂本美加氏（日本近世演劇史）には、本書の構想の初期段階に人形浄瑠璃とその研究について基本的な事柄を教えていただいた。山口庸子氏（舞踊史・芸術人形劇研究）には、本書のベースとなった論文を読んでいただき、感想とともに励ましの言葉をかけていただいた。そして中村ともえ氏（日本近代文学研究）と中島那奈子氏（ダンス研究）には、本書を構想し執筆するにあたって著者が必要としていた文献をピンポイントで示していただいた。

著者も企画委員に名を連ねる大阪公立大学の公開授業「上方文化講座」の講師を務めていただいている竹本錣太夫氏、鶴澤清介氏、桐竹勘十郎氏にも謝意を表したい。直接お話を伺う機会はなかったものの、三氏の鬼気迫る実演と真摯な言葉は、著者にとって、人形浄瑠璃の現在を生きる演者の思いと思考に触れる貴重な機会だった。加えて、まもなく二十周年を迎える本講座に毎年日本全国から駆けつける受講者の方々も、本書の成立に欠かせない存在である。長年にわたって人形浄瑠璃に親しみ、全国各地の文楽座公演に足を運ぶハードコアな文楽ファンから、最近その魅力を発見した大人のライトファン、そして生まれて初めて文楽の舞台に触れる大学生までが一堂に会するこの講座は、人形浄瑠璃の観客を主題とする本書にとって、現在の観客の姿に触れる得難い機会を提供してくれた。講義の後で直接に聞く受講者の方々の感想やアンケートに記された率直で時に辛辣なコメントは、励みになるだけでなく、今日の観客の多様な思考を垣間見させてくれるものだった。受講者の方々に感謝したい。また口絵資料の掲載を許可していただいた国立劇場図書閲覧室、京都府立京都学・歴彩館、関西大学図書館、大阪公立大学図書館にも感謝申し上げる。

刊行に際しては、和泉書院の廣橋研三氏にお世話になった。著者の問いかけを理解していただき、行き届いた配慮ときめ細かい編集でサポートしていただいた。お礼申し上げる。

◇著者紹介
海老根剛（えびね　たけし）

東京都生まれ。京都市在住。博士（文学）。

現在、大阪公立大学文学研究科文化構想学専攻表現文化学専修教授。

専攻は、表象文化論、ドイツ文化研究。

人形浄瑠璃関係の論文に「「無知な観客」の誕生　四ツ橋文楽座開場後の人形浄瑠璃とその観客」（『人文研究』73号、2022年）、「弁天座の谷崎潤一郎　昭和初年の「新しい観客」をめぐる一試論」（『伝統芸能の近代化とメディア環境』、2018年）。表象文化論関係の論文に「「大衆をほぐす」―シアトロクラシーと映画（館）」（『a+a 美学研究』第12号、2018年）など。

訳書に『自然と権力　環境の世界史』（ヨアヒム・ラートカウ著、共訳、みすず書房、2012年）、『ヴィデオ　再帰的メディアの美学』（イヴォンヌ・シュピールマン著、監訳、三元社、2011年）など。

人文学のフロンティア
大阪公立大学
人文選書　9

人形浄瑠璃の「近代」が始まったころ
観客からのアプローチ

2024年7月31日　初版第1刷発行

著　者　海老根剛
発行者　廣橋研三
発行所　和泉書院
大阪市天王寺区上之宮町7－6（〒543-0037）
電話 06-6771-1467／振替 00970-8-15043
印刷・製本　遊文舎
ISBN978-4-7576-1099-6 C0374

「人文学のフロンティア 大阪公立大学人文選書」について

本選書は、大阪市立大学時代の二〇〇八年、文学研究科教員の研究成果を一般に公開するために、文学研究科地域貢献推進委員会によって企画され、二〇一〇年に一冊目が刊行されました。その目的は、「人文学のフロンティア」という名称が示すように、文学研究科教員が切り開いた最前線の研究成果を公開することにありますが、それを学術・研究の枠内にとどめず、社会貢献の一環として、広く一般の方々に向けて発信することを主な目的としています。

これまで「大阪市立大学人文選書」として、合計八冊を刊行してきましたが、大学統合による大阪公立大学の開学を経て、今回の九冊目より、新たに「大阪公立大学人文選書」として再スタートすることになりました。通し番号は「大阪市立大学人文選書」からの継続とします。

折しも文学研究科では、森之宮キャンパスに移転する二〇二五年度より、附設の都市文化研究センターを改組し、様々な学問分野との連携を目指す組織として、新たに人文学学際研究センターを発足させる予定です。今後も狭義の「人文学」の枠にとどまらない最新の研究成果を公刊し、人間社会の未来に貢献していきたいと考えています。

なお、現在、本選書の企画の選定は文学研究科図書刊行委員会が担当し、その編集は地域貢献推進委員会が担当しています。

二〇二四年六月　文学研究科図書刊行委員会・地域貢献推進委員会

「上方文化講座」

大阪市立大学文学研究科「上方文化講座」企画委員会 編
上方文化講座　曾根崎心中
■品切

人間国宝・竹本住大夫はじめ、竹本津駒大夫、鶴澤清介、桐竹勘十郎という文楽界の名手たちが芸の奥義を語り、文学研究者が作品を分析。闡明される近松の世界を、『曾根崎心中』の新注と共に世に送る。

大阪市立大学文学研究科「上方文化講座」企画委員会 編
上方文化講座　菅原伝授手習鑑
■A5並製・二〇九〇円

文楽界の名手と大阪市立大学文学研究者とのコラボレーション。竹本津駒大夫（太夫）、鶴澤清介（三味線）、桐竹勘十郎（人形遣い）の三師を迎える。『菅原伝授手習鑑』「寺子屋」の世界を鮮やかに照射。

大阪市立大学文学研究科「上方文化講座」企画委員会 編
上方文化講座　義経千本桜
■A5並製・二二〇〇円

大阪市立大学文学研究科「上方文化講座」の成果をまとめた、シリーズ第三弾。『義経千本桜』四段目に焦点をあてた二〇〇八年度の講座内容に加え、新出・未翻刻資料を多数収載、最新の研究成果を盛り込んで世に送る。

（価格は 10％税込）

国立文楽劇場 義太夫年表昭和篇
刊行委員会 編

義太夫年表 昭和篇

全七巻完結

■B5上製・貼函入

昭和の人形浄瑠璃文楽の記録を集成。太夫、三味線、人形の役割を演目ごと、段ごとに表記。

第一巻	昭和二年〜昭和十一年	一九八〇〇円
第二巻	昭和十二年〜昭和二十年	一九八〇〇円
第三巻	昭和二十一年〜昭和二十九年	二〇九〇〇円
第四巻	昭和三十年〜昭和三十五年	二〇九〇〇円
第五巻	昭和三十六年〜昭和四十五年	二〇九〇〇円
第六巻	昭和四十六年〜昭和五十六年	二〇九〇〇円
第七巻	昭和五十七年〜昭和六十四年 補遺・索引	二〇九〇〇円

（価格は 10% 税込）